Alkemie

2020 – 2, n° 26

Alkemie

Revue semestrielle
de littérature et philosophie

L'âme

Sous la direction de Mihaela-Gențiana Stănişor
et Răzvan Enache

PARIS
CLASSIQUES GARNIER
2020

Administration et rédaction : 2 C, rue Prof. Dr. Ioan Moga, appt. 11, 550077 Sibiu (Hermannstadt), Roumanie
Courrier électronique : mihaela_g_enache@yahoo.com
Site web : http://www.revue-alkemie.com

Les auteurs sont priés de conserver un double des manuscrits, qui ne sont pas retournés.

Revue indexée dans les bases de données internationales EBSCO, CEEOL et INDEX COPERNICUS.

ISBN 978-2-406-11252-5
ISSN 1843-9012

SOMMAIRE

ARGUMENT

AGORA

DOSSIER THÉMATIQUE

L'ÂME

EXPRESSIS VERBIS

ÉCHOGRAPHIES AFFECTIVES

DÉS/DEUX ORDRES DU MONDE ET DU LANGAGE

CŒURRESPONDANCES

LE MARCHÉ DES IDÉES

ARGUMENT

ARGUMENT SUR L'ÂME

Anima à Rome ou *Psyché* à Athènes, y a-t-il notion plus exacte que l'âme pour traduire la présence, si difficile à cerner, de l'invisible en nous, comme celle du visible à l'œuvre dans la beauté du monde ? Depuis des millénaires, chaque civilisation a tenté d'ausculter ce pouls indéfinissable qui bat en chacun et dans tout ce qui vit, tout ce qui s'ordonne et s'harmonise. Même chez les athées les plus irréductibles, l'âme séduit. C'est qu'elle a pour elle, et quels que soient le pays ou la religion dans lesquels elle apparaît, de porter le signe transcendant du Bien, du Beau, du Vrai. Elle condense la quintessence de la pureté et de la perfection adamique. L'âme, cette petite part de l'Âme protéiforme de Dieu et que Dieu a déposée en notre corps mortel de pèlerin sur cette terre, porte en nous et avec elle la nostalgie de son origine. Cette origine est son horizon, son mouvement, le sens de son déploiement. Elle a un mode d'être pour cet ébranlement : l'Esprit qui l'enfante et rend possible sa réalité, dans sa croissance.

Pour moi, s'il fallait donner une preuve de la présence de Dieu, quelle que soit l'absurdité de cette entreprise, c'est à ses manifestations que je confierais la force d'un aveu. Quoi d'autre que l'âme me rend si maternelle à toute beauté, si fraternelle à toute douleur, si déraisonnable d'amour et dès lors m'enfante par degrés dans un monde supérieur ? Qui, sinon elle, m'oblige à devenir cette sœur de charité qu'évoque encore Rimbaud ? Mon âme, je la retrouve au creux de ma prière comme dans le remords de mes élans avortés. Je l'entends frémir dans l'émotion intense qui fait irruption lorsque je regarde un tout petit enfant ou bien, à son extrémité, un très vieil homme ou une très vieille femme.

Mon âme me pousse à travailler à la création. Elle est dès lors l'esprit même de l'art. Elle a un Verbe qui fait échelle pour atteindre le monde supérieur d'où elle vient, et que formulent la prière, la poésie et la musique, chacune selon ses instruments. Le Verbe, les mots, les notes, les combinaisons savantes de la syntaxe jouées par le poète révèlent l'Éden qui est l'envers des mots et que les mots cachent en n'en disant que des éclats. Qu'est-ce que la poésie, qu'est-ce que la musique, si ce n'est une Apocalypse de l'âme ? Elles exposent frontalement à la lumière de l'intelligence l'énigme autrement inexprimable des liens qui l'unissent du cœur aux cœurs. De sa singularité au Tout-Autre, et la font palpiter dans la communion des âmes pèlerines.

La poésie nous rappelle l'exil des âmes que Dieu a confiées à chacun d'entre nous, et qu'il appartient à chacun, selon sa formule, d'exalter. De là ce « *délice surhumain des stations* » qu'évoque Rimbaud et que j'éprouve à sa lecture, mais encore à celle de certaines poésies qui – comme beaucoup de musiques – me *pénètrent* littéralement, me transverbèrent et m'arrachent à ma condition mortelle, le temps de leur propre espace. Quelque chose de ce trouble indéfinissable que Ruysbroeck l'admirable nommait l'« ivresse spirituelle ». Qui pourra égaler l'évocation de la Genèse et de l'Éden que provoquent ces vers « *Elle est retrouvée, quoi, l'Éternité / C'est la mer allée avec le soleil* » ? L'entrevision de Dieu, saisie par saint Jean de la Croix, qui passe fugacement sur mon âme lorsque je lis cette poésie, presque une hymne :

> Mon ami, les montagnes
> Les vallons ombragés solitaires
> Les îles incroyables
> Les bruissantes rivières
> Les sifflements si pleins d'amour de l'air.
> La nuit calme et heureuse
> Toute proche du lever de l'aurore,
> Musique silencieuse
> Solitude sonore
> Repos, amour, le souper qui restaure.

Mon âme est mon destin. La fin qui nécessite les moyens de la prière, de Jean-Sébastien Bach, de saint Jean de la Croix ou de Fra Angelico, et toujours dans l'*hupomonè*.

Forte de la *santé essentielle* chère à Rimbaud, soit l'attention créatrice de mes sens portée à une acuité extrême, – la vue, l'ouïe, le toucher, le goût et l'odorat, ceux-là même qui rendent mon âme poreuse à Dieu et à sa beauté telle que l'exprime la Création –, je me dois de l'agrandir en Sa ressemblance. Mon âme m'oblige non pas à la distraire mais à vivre, ce qui s'appelle vivre : d'Amour, par l'Amour, dans l'Amour.

Alors, quand je la rendrai à Celui qui l'a arrachée au néant pour me la confier, à Celui qui lui a donné vie par son souffle et sanctifiée par son Esprit, je Le prierai de me pardonner de ne pas l'avoir pleinement gorgée de la charité que j'aurais pu *faire* et *être* ici-bas, de ne pas l'avoir agrandie de cette beauté qu'il m'était donné de créer, et qu'on appelle la grâce. Mais si, à ma faible mesure, j'étais parvenue un tant soit peu à la déployer, je louerai le Ciel. Car alors, je sais que l'âme ajoutera un peu de sa flamme à l'immense lumière qui construit le Royaume où règne le Christ, et qu'il nous appartient, avec elle, d'initier *hic et nunc*, ici et maintenant.

Christiane RANCÉ

AGORA

ÇA LÀ

I

Salah Stétié, comment ne pas penser au grand poète qu'il fut, alors que j'admire les gravures de Gustave Doré pour *La Divine Comédie ?* Voici ce qu'écrit Dante dans son *Paradis* au Chant XVIII, (vers 35 et 36) – une vision qui ne le cède en rien à celle d'Attâr, non plus qu'aux illuminations de Rimbaud : « De là parurent surgir plus de mille lumières, montant l'une beaucoup, l'autre peu, selon le partage que lui assigna le Soleil qui l'enflamme, / Et chacune en son lieu s'étant arrêtée, je vis la tête et le cou d'un aigle se former de ce feu distinct. »

Dante, Attâr, Rimbaud, ces auteurs, Salah Stétié les connaissait *par cœur.* Avec sa disparition, c'est comme si les cartes étaient rebattues : libre à chacun de reconstituer un jeu gagnant. Le décès de Salah Stétié est triste, et plus encore ; mais d'avoir été si puissamment *une fois*, c'est comme s'il était toujours ; mieux : *à jamais.* Rien de lui ne s'est perdu : tout ce qui venait de l'esprit est remonté à l'esprit, redescend et redescendra vers ses lecteurs. C'était son vœu, il est exaucé. Salah n'est plus, vive Salah – son règne peut débuter. Les grands hommes sont par essence *posthumes* : une source d'inspiration pour tous à l'horizon.

II

Quel âge avait-il ? Salah Stétié était de 1928 ou 1929. Il n'avait pas d'âge de toute façon : les poètes naissent avec le verbe de leurs aînés – pour lui, ce furent les Romantiques allemands, Novalis ou Hölderlin, et Nerval au point suprême, qu'il a su faire dialoguer comme nul autre avec les plus hautes figures spirituelles de l'Orient –, cependant qu'ils parcourent tous les temps. Poète de très haut lignage, Salah Stétié a aussi été longtemps l'Ambassadeur du Liban dans le monde : un homme animé par l'esprit de paix ; sa famille, comme il le rappelait, mêlait toutes les confessions. D'une ouverture et d'une largesse qui l'apparentent à celle de son ami Yves Bonnefoy, son œuvre peut désormais atteindre la plénitude de son disque flamboyant à midi pour chaque être épris de l'éclat pur.

III

La première fois où je l'ai lu, je devais avoir vingt ans. Je m'ennuyais à périr en khâgne où j'étudiais de piètres maîtres. D'emblée, je découvris *un classique* par son usage de la langue, par la majesté de sa pensée, par ce ton d'airain qui est la marque du style. J'ignorais qu'il avait été le disciple de Gabriel Bounoure, le propre disciple d'André Suarès, mais je voyais qu'il allait dans des directions qui ne trompent pas, à la suite de Baudelaire, Rimbaud et Mallarmé. Puis je l'ai connu des années plus tard, et nous sommes devenus amis à l'occasion de fous rires. En chair et en os, Salah Stétié pouvait toutefois faire penser à un buste de César oriental *romanisé*. L'auteur avait surtout une autorité impériale, de même qu'il ressemblait un peu au chat du Cheshire de Lewis Carroll.

IV

Venu du Liban, Salah Stétié a été élève des jésuites avec André Tubeuf en 1944. Il a participé à la création des *Lettres nouvelles* avec Maurice Nadeau, Roland Barthes et Yves Bonnefoy dans les années 1950. À la même époque, il fut proche de Ionesco et de Cioran qu'il convainquit de publier chez Plon son anthologie des proses de Gabriel Bounoure, *Marelles sur le Parvis*. Ce fut le seul succès de Cioran comme éditeur, puisque le livre reçut un prix, ce qui mit Gabriel Bounoure en fureur, au point qu'il exigea la mise au pilon de son *unique* livre. C'est assez dire si le succès pouvait être considéré comme un malentendu, la pire des insultes.

V

Mais encore ? Salah Stétié a écrit des pages mémorables sur nos plus grands écrivains dans un français qui lui a fait avouer « son aloi d'or pur ». Il était le type même du phénicien venu de la plus vieille antiquité qui se désolait de la violence islamique, « la Barbe bleue des civilisations ». Sa lecture de la tradition mystique musulmane a été par ailleurs riche de sens pour nous tous, que nous soyons ou non religieux, de même que l'a été sa condamnation sans ambiguïté de la culture de mort entretenue par des hommes dénués d'humanité. Il fallait un poète comme lui, riche d'une vision nette, précise et inspirée, pour dénoncer les crimes commis au nom de l'Islam et nous rappeler, d'un même mouvement, à la lecture de la poésie majuscule, celle d'Adonis, de Schéhadé ou de Fouad Gabriel Naffah. Avec génie, Salah Stétié a su unir sous le même ciel Rumî et Baudelaire, Shéhérazade et Apollinaire, et lui-même.

VI

Voilà trois ans, Salah Stétié m'avait téléphoné pour me convoquer. Il voulait que nous nous rendions sur sa tombe. J'avais eu beau protester qu'il était vivant, et que je me refusais à le suivre, il avait refusé de raccrocher tant que je n'aurais pas accepté. Un poète est d'abord un homme de résolution. Je me suis donc rendu dans les Yvelines au cœur d'un petit cimetière près d'une forêt. Cette tombe est située à côté de celle de Blaise Cendrars. Salah Stétié voulait reposer en France. Il voyait dans ce pays, dont il avait magnifié la langue, la terre de ses élections. Tous, nous l'aimions d'être resté ainsi fidèle au vœu de son enfance, comme nous l'aimions tous de ses *traits d'esprit* que je notais volontiers comme : « Roland Barthes est le maître d'hôtel qui découpe le gigot, mais qui n'a pas le droit d'y toucher » ; ou encore : « Il n'y a qu'un moteur en politique : la haine. »

VII

Circule une photo saisissante de Daniel Biber qui représente un vol d'étourneaux lancés dans le ciel comme s'ils formaient un oiseau. Puisque je parle de Salah Stétié, comment ne pas faire référence encore à Attâr, l'auteur de *La Conférence des Oiseaux*. *La Conférence des Oiseaux* ? Mais qu'est-ce ? Brûlés par le désir de trouver leur Roi, les oiseaux du monde se réunissent ; ils sont guidés par la huppe, messagère de Salomon ; ils décident de tous s'envoler vers le Sîmorg, *l'Être divin*, qui vit sur les hauteurs du mont mythique Qâf.

La Huppe connaît le long et difficile voyage, elle en sait les dangers et les épreuves. Il leur faudra traverser les sept vallées successives : celles du Désir, de l'Amour, de la Connaissance, de la Plénitude, de l'Unicité, de la Perplexité, du Dénuement et de l'Anéantissement, pour parvenir jusqu'au Trône royal.

Tout tient à ce jeu de mots suggestif ; en effet, « trente oiseaux » se dit « si morg » qui est l'autre nom de l'Être divin : « Sîmorg ». Je cite la traduction de Salah Stétié :

> Alors dans le reflet de leur visage ces trente oiseaux (« si morg ») contemplèrent la face du Sîmorg spirituel. Ils se hâtèrent de regarder ce Sîmorg et ils s'assurèrent qu'il n'était autre que « si morg ». Tous tombèrent dans la stupéfaction : ils ignoraient s'ils étaient restés eux-mêmes ou s'ils étaient devenus le Sîmorg. Ils s'assurèrent enfin qu'ils étaient véritablement le Sîmorg et que le Sîmorg était les trente oiseaux.

Aujourd'hui, Salah vole avec chacun d'eux.

J'aurais aussi bien pu citer notre cher Dante :

« Suis-moi, et laisse dire ces gens : sois ferme comme une tour dont la cime jamais ne ploie au souffle des vents. » (*Le Purgatoire*, Chant V, vers 42-44).

Stéphane BARSACQ

TRACES DE CLÉMENT ROSSET

Je me souviens de mes rencontres avec Clément Rosset, mon maître et ami. Je me souviens de quelques échos, de quelques impressions que je garde comme un trésor. Un trésor qui va sûrement disparaître, comme moi. J'ai décidé donc d'écrire des bribes, des miettes de ces rencontres, pour qu'elles puissent survivre, pour qu'elles puissent donner l'illusion de la survivance.

RIO DE JANEIRO

À part nos tête-à-tête, nombreux, à Nice et à Paris, j'ai rencontré Clément Rosset deux fois à Rio, la ville où j'habite. En 1989, nous nous sommes promenés dans le merveilleux Jardin Botanique de Rio. Je me souviens d'un commentaire de Clément où il a comparé la lumière d'une allée sombre du jardin à la lumière du grand Gottfried Schalken (1643-1706), le peintre des effets de lumière artificielle. En 2001, au mois d'août, je lui ai fait visiter le monastère de Saint Benoît et je lui ai dit que j'aimais m'y promener à cause du calme solitaire du site conventuel, de sa colline pour moi si chérie. Clément a réfléchi et m'a récité les vers de la fable « Le Songe d'un habitant du Mogol » de La Fontaine :

> Solitude, où je trouve une douceur secrète,
> Lieux que j'aimais toujours, ne pourrai-je jamais,
> Loin du monde et du bruit, goûter l'ombre et le frais[1] ?

Un jour, il faudrait étudier l'usage que Clément Rosset fait des contes et des fables dans ses œuvres. Clément les utilise en tant qu'exemples

1 J. de La Fontaine, « Le Songe d'un habitant du Mogol », in *Fables choisies*, livres 7 à 12, t. II, Paris, Larousse, coll. « Nouveaux Classiques Larousse », 1971, p. 102.

pour enrichir sa pensée. Ce qui confirme l'avis de Jacques Dewitte : « À côté de la rigueur de leur questionnement, tout le charme des écrits de Rosset tient à la richesse des exemples commentés[2] ».

Dans la même année 2001, je lui ai fait connaître la propriétaire de la librairie Leonardo da Vinci, la plus importante librairie de Rio, qui vendait de nombreux livres français : Vanna Piraccini[3]. Clément et *Dona Vanna* ont parlé un français impeccable. Clément a demandé à *Dona Vanna* : « Avez-vous connu Cioran ? ». Et *Dona Vanna* a répondu : « Non, mais j'ai connu Mircea Eliade ». Vanna Piraccini, d'origine italienne mais de mère roumaine, a été mariée à un Roumain de Bucarest, Andrei Duchiade, et parlait parfaitement plusieurs langues, parmi lesquelles le roumain. Elle a connu probablement Eliade dans l'un de ses voyages à Paris ou même en Roumanie. J'ai décidé de présenter Clément à *Dona Vanna* pour lui faire connaître l'un de mes refuges à Rio pendant ma jeunesse : la librairie Leonardo da Vinci.

Enfin, j'ai présenté à Clément la fameuse confiserie Colombo, avec son décor Belle-Époque. Ce n'était pas la petite confiserie Auer de Nice, que j'aimais, mais la grandiose Colombo que Clément a beaucoup aimée.

PIANO ET GROG

Clément Rosset, pianiste amateur, élève de Vladimir Jankélévitch, lui-même pianiste, a joué du piano chez moi à Rio, et chez lui, devant moi, à Nice. Après l'audition d'une de mes pièces *boogie-woogie*, il a joué du Mozart et m'a dit : « Je viens de le détruire ». La musique peut unir les êtres, comme disait Nietzsche, et le fait que je jouais du piano depuis l'enfance a été une raison de plus pour renforcer notre complicité.

Une autre fois, dans son appartement à Nice, il m'a présenté un grog, boisson totalement inconnue de moi. Clément, qui aimait les alcools,

2 J. Dewitte, « Le réel simple ou double. Sur "l'ontologie du réel" de Clément Rosset », *Critique*, n° 730, mars 2008, p. 191.

3 Sur V. Piraccini on peut consulter le livre important de Ático Villas-Boas da Mota, *Brasil e Romênia. Pontes culturais* [Brésil et Roumanie. Ponts culturels], Brasília, éd. Thesaurus, 2010, p. 401-403.

a beaucoup ri de ma difficulté à avaler ce grog qu'il m'avait préparé durant l'une des froides nuits de Nice.

BIBLIOPHILIE ET MARCEL AYMÉ

Pour finir, j'aimerais parler de la bibliothèque de Clément. J'ai beaucoup apprécié les collections complètes de Maupassant, Balzac et Zola que Clément possédait. Il avait la fameuse édition Ollendorff de Maupassant – Normand comme lui – avec ses illustrations émouvantes. C'est dans cette édition qu'il m'a montré le conte « Sur l'eau » que, selon lui, Cioran adorait. Il possédait aussi une édition ancienne, en plusieurs volumes, des *Mille et une nuits* dans la traduction de Mardrus, plus licencieuse que celle de Galland. Il avait les livres de Cioran, qui était son ami, à côté des livres d'Henri Gouhier, l'historien de la philosophie, qui a fait partie du jury de sa thèse soutenue en mai 1973 à la Sorbonne, thèse publiée la même année aux Presses Universitaires de France sous le titre de *L'Anti-nature*.

Un auteur que Clément Rosset aimait particulièrement était Marcel Aymé (1902-1967). Il m'a dit qu'à l'époque de la publication de sa *Lettre sur les Chimpanzés* (1965), Marcel Aymé lui avait fait un grand éloge, dont il était très fier. Marcel Aymé est d'ailleurs l'un des écrivains les plus cités par Rosset. Son ouvrage, *Le Confort intellectuel* (1949), est un vrai guide de lucidité selon Rosset. Roland Jaccard, dans *Sexe et sarcasmes* (2009), l'affirme aussi. Marcel Aymé, « un apparemment doux qui avait de notre pauvre humanité une idée bien amère, et totalement sans espoir[4] », est l'un des auteurs – avec Valéry Larbaud – qui peut nous donner une vague idée de l'atmosphère singulière des goûts et de la personnalité de Clément Rosset.

José Thomaz BRUM
Université Pontificale Catholique
de Rio de Janeiro

4 J.-J. Brochier, « À la teinture d'aloès », *Magazine littéraire*, n° 409, mai 2002, p. 6.

DOSSIER THÉMATIQUE

L'ÂME

L'ÂME EST-ELLE EXILÉE DANS LE CORPS ?

Réflexions sur l'origine d'une croyance néoplatonicienne

On voit fleurir, çà et là, des affirmations simplistes dans bon nombre de manuels de philosophie affirmant que, pour Platon, l'âme est exilée dans le corps. Même si l'on voit d'emblée par cette image ce que la philosophie platonicienne peut avoir à nous apprendre de l'opposition entre âme et corps, il n'est pourtant pas si évident d'adhérer à cette affirmation, étant donné que cela implique de se pencher sérieusement sur la conception de l'âme chez Platon autant que sur sa conception de l'exil. Par ailleurs, il nous appartient aussi d'analyser scrupuleusement ce que certains auteurs néoplatoniciens, dont Plutarque, ont attribué *a posteriori* à Platon, à la lumière de leur relecture des textes antérieurs au philosophe, puisque c'est, semble-t-il, par eux que cette affirmation s'est ancrée dans notre imaginaire philosophique pour y demeurer de façon durable.

ULYSSE CHEZ CALYPSO : SYMBOLE NÉOPLATONICIEN DE L'ÂME EN EXIL DANS LE CORPS

La particularité des auteurs néoplatoniciens est de faire, par leur grande érudition, des parallèles entre des penseurs que plusieurs siècles séparent, en proposant une relecture savante inédite. Ainsi, si le succès du périple d'Ulysse n'est plus à démontrer puisqu'il possède la particularité de divertir à toutes les époques, il contient surtout pour les Néoplatoniciens celle d'instruire, par la dimension symbolique que l'on peut lui donner. Il n'est donc pas étonnant que les penseurs postérieurs à Platon y trouvent un écho avec la théorie de la métempsychose, autrement dit la migration d'une âme dans un corps, puisqu'ils considèrent, en lisant les malheurs d'Ulysse, que « cet exilé qui pleure sa terre natale est le symbole de l'âme qui pleure sa vraie patrie[1] ». Chez ces penseurs qui se réclament de la philosophie platonicienne, il y aurait d'emblée un lien substantiel entre l'âme et la notion d'exil. On ne saurait, effectivement, trouver meilleur exemple de l'exilé antique qu'Ulysse, de même qu'on ne saurait trouver meilleur penseur antique de l'âme que Platon. Pourtant, plusieurs siècles séparent les différents substrats littéraires dont se nourrissent les Néoplatoniciens : rappelons que l'*Odyssée* est datée du VIIIe siècle après J.-C., tandis que le récit principal de la métempsychose se trouve chez Platon, plus de 350 ans après, dans *Phèdre*[2]. Que devons-nous penser de cet amalgame fait *a posteriori* entre l'âme et l'exil ? Platon pose-t-il réellement les jalons d'une philosophie de l'âme en exil ? Comment discerner ce qui revient à Platon de ce qui lui a été rapporté, de ce qui aurait été mélangé entre les différentes sources auxquelles les Néoplatoniciens font appel ?

La plus ancienne source littéraire est un bon exemple de ce que les penseurs néoplatoniciens utilisent comme matériau d'une relecture de la pensée platonicienne. Le célèbre passage d'Ulysse chez Calypso dans l'*Odyssée* est ainsi interprété de façon allégorique. Si l'on revient à l'œuvre originelle, on peut lire qu'Hermès, venu trouver Ulysse sur l'île de Calypso,

> entra dans la vaste grotte où la divine nymphe le reconnut en voyant l'Immortel venir à sa rencontre[3]. […] Mais il ne trouva pas Ulysse au fond de la caverne : il pleurait sur le promontoire où il passait ses jours, le cœur brisé de larmes, de soupirs et de tristesse, et promenant ses yeux mouillés sur la mer inféconde[4].

Cette première apparition dans l'œuvre d'un héros de la guerre de Troie est bien désarmante : loin d'apparaître dans toute sa gloire, il n'est

1 M. Détienne, « Ulysse sur le stuc central de la Basilique de la Porta Maggiore », *Latomus*, t. XVII, 1958, p. 270-286, p. 284.

2 Platon, *Phèdre*, 244-257, in *Plato I, Euthyphro, Apology, Crito, Phaedo, Phaedrus*, trad. angl. H. North Fowler, London, William Heinemann Ltd, Cambridge, Ma., Harvard University Press, 1947. Voir aussi Platon, *Ménon*, 81b et *sq.*, in *Plato IV, Laches, Protagoras, Meno, Euthydemus*, trad. angl. W. R. M. Lamb, London, William Heinemann Ltd, Cambridge, Ma., Harvard University Press, 1952.

3 Homère, *Odyssée*, V, 77-78, in *Homer, The Odyssey*, trad. angl. A. T. Murray, Cambridge, Ma., Harvard University Press, London, William Heinemann Ltd, 1995, 2 vol.

4 Homère, *Odyssée*, V, 81-84, trad. F. Mugler, in Homère, *L'Odyssée*, Actes Sud, coll. « Babel », 1995, p. 89.

d'abord qu'une absence au fond d'une grotte pour finalement se montrer au plus bas, en proie à une tristesse maladive. Le grand héros n'est donc qu'un prisonnier impuissant qui se languit en regardant l'origine de toutes ses aventures mais aussi de tous ses malheurs, la mer. Au-delà de la dimension tragique de cette apparition, les Néoplatoniciens voient dans Ulysse le symbole de l'âme qui serait retenue dans le corps qu'incarne symboliquement Calypso. Les pleurs d'Ulysse symboliseraient alors la nostalgie de l'âme exilée du monde de l'Invisible dont elle aurait gardé le souvenir et où, comme Ulysse, elle aimerait retourner. Cette image serait même devenue un emblème de nombreuses écoles de philosophie, comme le rappelle M. Détienne[5], en comparant une représentation d'Ulysse sur le stuc central de la Basilique de la Porta Maggiore avec une statuette de bronze de l'époque hellénistique et un autre bronze du Musée de Berlin[6] : il aurait la même posture de lassitude. Cette attitude d'Ulysse, tête dans la main, l'air abattu, suffirait à représenter cette grande idée de l'âme en exil dans le corps, en proie à la nostalgie de sa patrie d'origine. L'image est belle et, à bien des égards, permet d'exprimer le lieu commun de la nostalgie qui est le maître mot de l'*Odyssée* : nostalgie géographique, nostalgie temporelle, pourquoi pas donc nostalgie symbolique. Rien, pourtant, dans l'*Odyssée* n'exprime une réflexion théorique sur l'âme. C'est donc déjà par le prisme de la philosophie platonicienne que cette idée de l'âme en exil sur terre commence à émerger, avant même d'être associée à Platon.

LES MOUVEMENTS DE L'ÂME CHEZ PLATON ET LES MODALITÉS DE LA MÉTEMPSYCHOSE

Quelles sont donc les modalités de ce que l'on appelle la métempsychose, ou encore la transmigration des âmes, présente dans de nombreux textes platoniciens ? Platon parle-t-il explicitement d'exil concernant l'âme ? On apprend dans le *Ménon* que « l'âme de l'homme

5 M. Détienne, « Ulysse sur le stuc central de la Basilique de la Porta Maggiore », *op. cit.*, p. 275-279.

6 *Ibid.*, illustration p. 273.

est immortelle, et que tantôt elle arrive à un terme – c'est justement ce qu'on appelle "mourir" –, tantôt elle naît à nouveau, mais qu'elle n'est jamais détruite[7] », d'après ce qu'affirmait déjà le poète Pindare. Ce que l'on a coutume de nommer la réincarnation des âmes, à partir de la religion hindouiste, est donc un précepte qui est clairement prôné par Socrate, de façon très détaillée. L'âme effectuerait un va-et-vient entre différents plans et différents lieux, ce qui justifie, chez Platon, l'emploi d'un champ lexical du mouvement : « il existe une antique tradition, dont nous gardons mémoire, selon laquelle les âmes arrivées d'ici (*ἐνθένδε ἀφικόμεναι*) existent là-bas, puis à nouveau font retour ici-même (*πάλιν γε δεῦρο ἀφικνοῦνται*) et naissent à partir des morts[8] ». Une fois que l'âme est sortie du corps, par le processus de la mort, elle rejoindrait donc « ce qui lui est semblable : l'invisible [...] ce qui est divin, immortel sensé[9] », et donc le monde des Enfers pour ensuite rejoindre, au fil du fleuve Achéron, le lac Achérousias :

> c'est là qu'arrivent (*οὗ* [...] *ἀφικνοῦνται*) les âmes de la plupart des morts, et elles y demeurent le temps que la destinée leur a assigné – temps qui peut être plus ou moins long selon les âmes –, pour être renvoyées de nouveau (*πάλιν ἐκπέμπονται*) vers de nouvelles naissances, sous la forme d'êtres vivants[10].

Néanmoins, pour peu que cette âme soit toujours attachée au corps et à ce qui a trait à lui, elle peut errer loin du monde de l'Hadès :

> une âme de ce genre est tout alourdie, elle est tirée en arrière (*ἕλκεται πάλιν*) vers le lieu visible par peur de l'Invisible, de l'Hadès, comme on dit. Elle traîne à l'entour des tombeaux, des sépultures, tous endroits où, en vérité, on voit je ne sais quelles apparitions, ombres portées d'âmes, simulacres produits par des âmes délivrées alors qu'elles n'étaient pas pures mais participaient du visible – voilà d'ailleurs pourquoi on les voit [...] elles continuent d'errer (*πλανῶνται*) jusqu'au moment où, habitées par cet appétit qu'elles ont de leur compagnon – celui qui a forme corporelle –, elles sont de nouveau (*πάλιν ἐνδεθῶσιν*) attachées à un corps[11].

7 Platon, *Ménon*, 81b, trad. M. Canto-Sperber, in Platon, *Œuvres complètes*, s. dir. L. Brisson, Paris, Flammarion, 2011, p. 1065.

8 Platon, *Phédon*, 70c, in Plato *I, Euthyphro, Apology, Crito, Phaedo, Phaedrus*, trad. angl. H. North Fowler, London, William Heinemann Ltd, Cambridge, Ma., Harvard University Press, 1947 ; trad. M. Dixsaut, in *Œuvres complètes*, *op. cit.*, p. 1186.

9 Platon, *Phédon*, 81a, trad. M. Dixsaut, in *Œuvres complètes*, *op. cit.*, p. 1200.

10 Platon, *Phédon*, 113a, trad. M. Dixsaut, in *Œuvres complètes*, *op. cit.*, p. 1235.

11 Platon, *Phédon*, 81d-e, trad. 81c-d, trad. M. Dixsaut, in *Œuvres complètes*, *op. cit.*, p. 1201.

Il semblerait que, pour effectuer ces mouvements de va-et-vient, que rendent manifestes l'emploi des verbes et des adverbes de mouvement et en particulier l'adverbe *πάλιν* qui indique le retour en sens inverse, entre le corps et le monde de l'Invisible et inversement, l'âme soit dotée d'ailes :

> l'âme circule à travers la totalité du ciel, venant à y revêtir tantôt une forme tantôt une autre. C'est ainsi que, quand elle est parfaite et ailée, elle chemine dans les hauteurs et administre le monde entier ; quand, en revanche, elle a perdu ses ailes, elle est entraînée jusqu'à ce qu'elle se soit agrippée à quelque chose de solide ; là, elle établit sa demeure, elle prend un corps de terre qui semble se mouvoir de sa propre initiative grâce à la puissance qui appartient à l'âme[12].

Ainsi, il apparaît indéniable que l'âme est bien véhiculée, qu'elle circule entre différents plans et qu'il y a indéniablement lieu de remarquer sa nature mobile, que l'attribut des ailes, que Platon semble décrire de façon tant concrète que métaphorique, illustre particulièrement. Il n'y a donc pas lieu, à ce stade, de considérer que l'âme est exilée de quelque endroit, puisqu'il apparaît plutôt que cela fait partie de sa nature de partir dans un corps et donc d'effectuer de façon répétitive ce mouvement de va-et-vient. Si l'on doit voir des âmes exilées dans ce que Platon expose, c'est davantage, semble-t-il, dans le récit de ces âmes fantômes qu'il faut les trouver : à la façon des exilés dans les tragédies[13], elles sont en proie à l'errance, au regret de la vie terrestre et corporelle qu'elles menaient auparavant, s'accrochent au souvenir de cette vie passée, et sont donc en proie à cette même nostalgie que ressent Ulysse. Une âme normale ne connaît pas, elle, ce genre de regrets puisqu'une fois parvenue dans le monde de l'Invisible, « il lui est donné d'être heureuse, puisque errance, terreurs, déraison, désirs sauvages, bref tous les maux liés à l'humaine condition, elle en est débarrassée, et, selon la formule qui s'applique aux initiés, *c'est dans la compagnie des dieux, en vérité, qu'elle passe tout le temps à venir*[14]. »

---

12 Platon, *Phèdre*, 247b-c, trad. L. Brisson, in *Œuvres complètes*, *op. cit.*, p. 1263.

13 Voir A. Gouttefarde, « Lieux communs et représentations littéraires des exilés », *Pallas*, n° 112 : « Political Refugees in the Ancient Greek World » (s. dir. L. Loddo), juin 2020, p. 93-106.

14 Platon, *Phédon*, 81a, trad. M. Dixsaut, in *Œuvres complètes*, *op. cit.*, p. 1200.

LA QUERELLE DE LA COQUILLE : L'ÂME EST-ELLE ENFERMÉE DANS LE CORPS CONTRE SON GRÉ ?

Comment comprendre alors que, pour les Néoplatoniciens, l'âme soit exilée du monde de l'Invisible et pleure sa patrie perdue, alors que Platon lui-même ne semble pas présenter les faits selon la même image ? Rien dans le récit de la métempsychose ne se rapproche *a priori* de l'exil. Qu'est-ce qui a donc pu favoriser ce glissement de sens ? Revenons-en à l'interprétation par les Néoplatoniciens de l'*Odyssée* par le prisme de la philosophie platonicienne et de sa conception de l'âme :

> Lorsqu'Ulysse paraît pour la première fois, retenu par Calypso, c'est dans l'attitude de l'exilé qui n'a qu'une seule pensée, celle de sa patrie, de son pays natal. Eustathe qui [...] cite [les commentateurs], nous apprend que « ce qu'Ulysse regrette » c'est sa patrie selon la philosophie, c'est-à-dire le monde intelligible (*τῆς κατὰ τὴν φιλοσοφίαν ποθουμένης πατρίδος, ἤγουν τοῦ νοητοῦ κόσμου*), car selon les Néoplatoniciens, c'est la véritable patrie des âmes (*ὅς ἐστι κατὰ τοὺς Πλατωνικοὺς ψυχῶν πατρὶς ἀληθής*[15]).

Les Néoplatoniciens, d'après le commentateur du XIIe siècle Eustathe de Thessalonique, « interprètent Calypso (retenant Ulysse) par l'allégorie comme le corps de chacun d'entre nous ; c'est elle qui enveloppe la perle de l'âme à la manière d'une coquille [...] *ὡς συγκαλύπτουσαν ἐντὸς δίκην ἐλύτρου τὸν ψυχικον μάργαρον*[16] ». L'image de la coquille, désignée chez le commentateur par le mot *ἔλυτρος* (l'enveloppe, l'étui et par extension la coquille), est marquante : c'est ce même mot qu'utilise Platon dans *La République* pour désigner le corps humain considéré comme « enveloppe » de l'âme[17]. Plutarque reprend la même image en l'accentuant dans *De l'exil* pour désigner l'âme qui s'enchaîne au corps, « comme une huître (*ὀστρέου τρόπον*[18]) », et attribue directement cette image à Platon.

15 M. Détienne, « Ulysse sur le stuc central de la Basilique de la Porta Maggiore », *Latomus*, t. XVII, *op. cit.*, p. 278.

16 *Ibid.*, p. 279.

17 Platon, *La République*, IX, 588e, in Plato, *Republic*, trad. angl. C. Emlyn-Jones and W. Preddy, London, Cambridge, Ma., Harvard University Press, 2013, 2 vol.

18 Plutarque, *De l'exil*, XVII, 607e, in Plutarch, *Moralia, VII*, trad. angl. P. H. De Lacy, Cambridge, Ma., Harvard University Press, London, William Heinemann Ltd, *1959*, *On Exile*. Nous traduisons.

Par ailleurs, il y a un rapprochement évident entre le nom de Calypso qui vient du verbe *καλύπτω*, désignant ainsi « celle qui enveloppe » et l'emploi par Eustathe du verbe *συγκαλύπτω* pour désigner l'action du corps qui enveloppe l'âme. Effectivement, chez Platon, l'image du coquillage ou de l'huître sert souvent à désigner le rapport de l'âme au corps[19] : ainsi, dans *La République*, Socrate compare l'âme au dieu marin Glaucos : entièrement recouvert d'algues et de coquillages, il est méconnaissable, de même que la nature pure et divine de l'âme n'est presque plus visible une fois qu'elle est recouverte par le corps et les maux qui en lui sont attachés[20]. Mais c'est dans le *Phèdre* que l'on retrouve cette incontournable comparaison du corps avec l'huître : « dans une lumière pure, nous étions purs ; nous ne portions pas la marque de ce tombeau (*ἀσήμαντοι*) que nommant corps (*σῶμα*) nous promenons à présent avec nous, attachés à lui comme une huître (*ὀστρέου τρόπον*[21]) ». On pense alors indéniablement au célèbre jeu de mots entre le corps (*σῶμα*) et le tombeau (*σῆμα*), que Platon ne reprend pas complètement à son compte, même s'il y fait bien allusion ici. Dans le *Cratyle*, Socrate déclare ainsi à propos du corps que

> certains disent que c'est le tombeau (*σῆμα*) de l'âme, dans la mesure où elle y est présentement ensevelie. D'autre part, comme c'est par le corps que l'âme signifie tout ce qu'elle signifie, en ce sens aussi, il est correct aussi de l'appeler signe (*σῆμα*). Mais selon moi, les orphiques ont surtout établi ce nom dans l'idée que l'âme purge une peine qu'elle doit payer, et ils tiennent le corps pour une enceinte qui doit la garder (*σῴζηται*), à l'image d'une prison (*δεσμωτηρίου*) ; ils pensent donc que le corps est bien, comme son nom l'indique, garde (*σῶμα*) de l'âme, jusqu'à ce qu'elle ait payé sa dette, sans qu'il soit besoin de rien changer au mot, pas même une lettre[22].

Platon, à travers Socrate, fait appel à une pensée antérieure à lui, pour développer cette croyance du corps-tombeau. En prenant soin de détailler l'étymologie des termes majeurs, il fait émerger l'idée que même

19 Voir J. Luccioni, « Platon et la mer », *Revue des Études Anciennes*, t. 61, n°s 1-2, 1959, p. 15-47.

20 Platon, *La République*, X, 661c-d.

21 Platon, *Phèdre*, 250c, trad. L. Brisson, légèrement modifiée, in *Œuvres complètes*, *op. cit.*, p. 1266.

22 Platon, *Cratyle*, 400c, in *Plato IV, Cratylus. Parmenides. Greater Hippias. Lesser Hippias*, trad. angl. Harold North Fowler, London, Cambridge, Ma., Harvard University Press, 1926 ; trad. C. Dalimier, in *Œuvres complètes*, *op. cit.*, p. 214.

si la notion de prison est présente, le mot « corps (σῶμα) » peut être rapproché du verbe « garder, tenir sauf (σῴζηται) », ce qui induit plutôt l'idée de protection. Cette même idée est évoquée dans le *Phédon*, à travers l'expression « ἐν φρουρᾶι » qu'il est possible de traduire par « sous garde[23] », pour désigner la situation de l'âme dans le corps. Ainsi,

> tout semble indiquer que la φρουρά platonicienne est une transposition d'une théorie orphique beaucoup plus crue, celle du corps-tombeau, dans l'idée platonicienne d'un corps prison, gardien, voire refuge ou abri, dans lequel l'âme est sauve. La transposition qu'effectue Platon reflète ainsi une différence fondamentale de point de vue : celui des orphiques était centré sur l'au-delà. En effet, le monde matériel n'est pour eux qu'un lieu de passage, dans lequel nous sommes morts puisque nous y vivons séparés de la vraie vie, d'où leur conception du corps comme une tombe. Celui de Platon, par contre, est centré sur les aspects politique et moral ; le mythe comporte alors un enseignement sur la conduite correcte de l'homme en tant que citoyen, cette vie a une valeur reconnue, l'âme s'y retrouve, certes, « sous la surveillance » du corps, mais bien vivante et agissante[24].

L'âme ne serait donc pas emprisonnée dans le corps, dans le sens où elle serait retenue contre son gré, mais plutôt, pour garder l'image de l'huître et de la perle, retenue dans une coquille solide afin d'y être protégée. Mouvement de va-et-vient, enveloppement de l'âme dans le corps sont bien, à ce stade, les modalités de la métempsychose pour une âme normale, c'est-à-dire, qui accepterait cette prérogative qui est normalement inhérente à sa condition, à savoir intégrer un corps et y être enfermée pour sa propre protection, puis se détacher de ce même corps lorsque le moment de la mort est venu. Platon n'utilise donc pas, là non plus, le champ lexical de l'exil qu'on a pu, à tort, associer à l'image du corps-coquille ou du corps-tombeau.

---

23 Platon, *Phédon*, 62b. C'est le parti pris par A. Bernabé : A. Bernabé, « L'âme après la mort : modèles orphiques et transposition platonicienne », *Études platoniciennes*, 4/ 2007, mis en ligne le 1 septembre 2016 : https://journals.openedition.org/etudesplatoniciennes/900 (consulté le 24 mai 2020). Pour une discussion de la traduction de ce terme : *ibid.*, note 16.

24 *Ibid.*

L'EXIL DE L'ÂME DANS LES SOURCES NÉOPLATONICIENNES

C'est du côté des Néoplatoniciens que l'amalgame entre différentes sources littéraires a lieu et, de fait, entre les concepts d'exil d'un côté et d'âme de l'autre. L'exemple le plus flagrant est ce traité de Plutarque, au Ier siècle avant J.-C., consacré à l'exil, qui aborde en réalité la question de l'âme. On voit bien, dans ces lignes extraites de *De l'exil* que l'auteur fait appel à plusieurs références, avant de convoquer Platon :

> [Empédocle] montre que, non seulement lui-même, mais nous tous, sommes des émigrés (*μετανάστας*) ici, étrangers (*ξένους*) et exilés (*φυγάδας*). Car ce n'est le mélange ni du sang, dit-il, ni du souffle, ô hommes, qui a fourni l'être et le principe de nos âmes ; mais c'est le corps, né de la terre et mortel, qui procède de ces choses-là ; et puisque l'âme est venue d'ailleurs, il nomme la naissance par euphémisme (*ὑποκορίζεται*) au moyen du nom le plus doux (*τῷ πραοτάτῳ τῶν ὀνομάτων*) de « voyage à l'étranger (*ἀποδημίαν*) ». À la vérité, l'âme est en exil (*φεύγει*) et erre (*πλανᾶται*), chassée par des décrets et lois divins (*θείοις ἐλαυνομένη δόγμασι καὶ νόμοις*), puis, comme sur une île battue par les flots, comme le dit Platon, « ainsi qu'une huître », est enchaînée au corps[25].

C'est donc bien Plutarque qui affirme que l'âme est en exil, et non Platon. Tandis qu'il fait une brève allusion à la figure d'Ulysse retenu chez Calypso à travers la comparaison de l'« île battue par les flots », il reprend, ainsi qu'on l'a déjà exposé, cette image maritime proposée par Platon de l'âme que le corps enferme comme une huître. On voit bien ici que le champ lexical de la mer invite assez naturellement à rapprocher Homère et Platon, puisqu'il y a effectivement un point commun évident entre les deux références, à savoir l'idée de claustration et par extension celle d'isolement. Néanmoins, alors que Platon ne parle pas de la souffrance de l'âme retenue dans le corps, puisqu'il s'agit de sa prérogative, la convocation de l'image d'Ulysse fait, elle, appel à l'idée de souffrance. La claustration est alors, pour lui, subie et source de regrets. Il n'y a, de là, qu'un pas pour voir émerger la figure littéraire de l'exilé. Puisant dans bien plus de sources littéraires qu'Homère, qui constituent

25 Plutarque, *De l'exil*, XVII, 607d-e, trad. A.-L. Therme légèrement modifiée (in A.-L. Therme, « Une tragédie cosmique : l'exil amnésique des *daimones* d'Empédocle », *Rationalité tragique*, Zetesis – Actes des colloques de l'association, n° 1, 2010, p. 8).

au Ier siècle après J.-C. un imaginaire collectif, Plutarque dépeint l'exilé comme étant en errance, ainsi que le formalise l'emploi du verbe *πλανάω*, et comme étant chassé « par des décrets et des lois ». Comment ne pas voir dans cette description bon nombre de héros antiques dont les auteurs tragiques ont décrit les pérégrinations – pensons à l'errance d'Œdipe ou encore à celle d'Hippolyte dont Euripide dit que, « chassé de ce pays (*τῆσδε χώρας ἐκπεσών*), errant (*ἀλώμενος*), il traînera sa pauvre vie (*λυπρὸν ἀντλήσει βίον*) sur la terre étrangère (ξένην ἐπ' αἶαν[26]) » – tandis que la mention de lois et décrets fait clairement référence au système judiciaire qui encadre l'exil et l'ostracisme à l'époque classique.

Plutarque convoque enfin Empédocle, un philosophe du Ve siècle avant J.-C., donc antérieur à Platon. Il existe chez cet auteur des fragments qui mentionnent un exil, dont Plutarque a sans doute eu connaissance, et il n'est pas impossible qu'il s'en soit inspiré, étant donné qu'il était familier de l'étude de cet auteur. Chez Empédocle, dans les fragments des *Catharmes*, il est question de l'exil de *daimones*, d'entités dont nous ne savons rien, mais qui pourraient être une conception ancienne de l'âme[27]. Il y est expressément mentionné que « le bannissement s'apparent(e) à une chute[28] ». L'interprétation de cet exil peut aussi bien être prise au pied de la lettre que de façon métaphorique[29]. Ces *daimones* subissent un exil dont la cause est floue. Dans le fragment B115, les *daimones* coupables « errent (*ἀλάλησθαι*) » dans les formes diverses des mortels « à travers le temps », c'est-à-dire pendant « trois myriades de saisons[30] » et « loin des bienheureux (*ἀπὸ μακάρων*[31]) ». Un lien est ensuite établi entre l'exil et l'errance : « exilé du dieu et errant (*φυγὰς θεόθεν καὶ ἀλήτης*[32]) » et l'expression des malheurs de l'exil est même évoquée après cette chute : les entités se demanderaient « de quel bonheur (*ἐξ […] ὅσσου μήκεος*

26 Euripide, *Hippolyte*, v. 896-897, in *Euripides*, trad. angl. D. *Kovacs*, Cambridge, Ma., London, Harvard University Press, 6 vol., t. 2 : *Children of Heracles, Hippolytus, Andromache, Hecuba*, 1995. Nous traduisons.

27 Voir A.-L. Therme, « Des racines empédocléennes chez Platon ? », *Études platoniciennes*, 11, 2014, mis en ligne le 15 avril 2015 : https://journals.openedition.org/etudesplatoniciennes/528 (consulté le 24 mai 2020) ; M. Détienne, « La "démonologie" d'Empédocle », *Revue des Études Grecques*, t. 72, fasc. 339-343, janvier-décembre 1959, p. 1-17.

28 A.-L. Therme, « Une tragédie cosmique : l'exil amnésique des *daimones* d'Empédocle », art. cité, p. 2.

29 A.-L. Therme examine ainsi les deux possibilités (*ibid.*).

30 *Ibid.*, fr. B115, 6.

31 *Ibid.*

32 *Ibid.*, fr. B115, 13 ; B142.

ὄλβου[33]) » elles sont tombées. Elles déclarent ainsi : « Nous sommes venus sous le toit de cette caverne (*ἠλύθομεν τόδ' ὑπ'ἄντρον ὑπόστεγον*[34]) » ; « J'ai pleuré et poussé des cris en voyant le lieu étranger (*κλαῦσά τε καὶ κώκυσα ἰδὼν ἀσυνήθεα χῶρον*[35]) ». Là encore, il est troublant de constater quels points communs littéraires sont présents : l'isolement dans une caverne ou une grotte, la nostalgie et les pleurs font indéniablement penser à la figure d'Ulysse chez Calypso, tandis que l'idée de la chute des entités est assez proche du mouvement des âmes ailées décrit par Platon. Anne-Laure Therme, dans son article « Une tragédie cosmique : l'exil amnésique des *daimones* d'Empédocle », a montré la complexité de cette analyse et de son interprétation :

> Le problème se pose ainsi de la cause de la chute, de l'errance et de l'exil, mais s'avère en partie insoluble par des ambiguïtés textuelles. Quelle est en effet la nature de cette faute évoquée par les premiers vers de B115, et dans quelle mesure dépend-elle du *daimôn* lui-même ? Il est question en B115, 4, de parjure, *epiorkon* (*vs horkois*, serment, au vers 1), mais le vers n'est attesté que par une seule de nos sources (seul Hippolyte le cite). Il pourrait être question de « crime de sang » ou d'un meurtre originel (*phonôi*) en B115, 3 ; mais les manuscrits de Plutarque portent *phobôi*[36].

Ces causes probables d'exil sont cohérentes avec celles des exils contemporains de l'auteur et inscrivent de fait cet exil mystérieux dans un cadre vraisemblable au vu des causes de l'exil à l'époque classique, qu'il s'agisse de la parodie d'un exil tyrannique ou d'un exil pour meurtre, en passant par les représentations traditionnelles des malheurs de l'exilé. Par ailleurs, la dimension expiatoire de l'exil se retrouve aussi dans ce cas, puisque dans le même fragment qui expose les raisons possibles de cet exil, est mentionné « le fait qu'ils soient soumis à un décret nécessaire (B115, 1), [...] l'*anankès khrèma* qui règle leur sort » et cela « coïncide avec l'inexorable fatalité qui régit le cycle cosmique[37] ».

Au-delà de ce simple constat sur les modalités d'un exil réel dont on ne sait pas grand-chose, un rapprochement entre la pensée d'Empédocle

33 *Ibid.*, fr. B118 ; B119.
34 *Ibid.*, fr. B120.
35 *Ibid.*, fr. B118.
36 *Ibid.*, p. 6.
37 *Ibid.*

et celle de Platon dans le *Phèdre* à propos de la métempsychose[38] permet de donner aux fragments plus de cohérence dans la logique de la pensée d'Empédocle. Platon y parle effectivement lui aussi de la chute des âmes depuis le monde des idées, mais le vocabulaire de l'exil n'est pas aussi explicite que chez Empédocle, malgré certains parallèles évidents[39]. Là où dans les quelques fragments d'Empédocle, il y a des causes probables d'exil et la mention des malheurs de l'exil que l'on retrouve dans bon nombre d'œuvres littéraires, chez Platon, dans le long passage du *Phèdre* concerné[40], on trouve seulement le vocabulaire du mouvement. Le vocabulaire de la chute est également employé : quand l'âme a été alourdie et a perdu ses ailes, « elle est tombée sur terre[41] (*ἐπὶ τὴν γῆν πέσῃ*) » et doit alors chercher à « s'implanter (*φυτεῦσαι*[42]) » dans divers êtres vivants. Plutarque, en associant les deux auteurs, confond leurs idées – il n'est pas impossible que, dans le fond, elles étaient très semblables – par le biais de l'image de l'exil qui s'avère, *stricto sensu*, juste pour seulement un des deux auteurs, Empédocle. Et même dans son cas, la dimension métaphorique n'est pas évidente : il est bien question d'exil mais semble-t-il, davantage au sens propre qu'au sens figuré. Plutarque seul affirme que cet exil était métaphorique mais les extraits qui nous restent ne vont pas explicitement dans ce sens.

LE CONCEPT DE L'EXIL CHEZ LES NÉOPLATONICIENS ET CHEZ PLATON

Il convient donc de se demander sérieusement si Plutarque ne nous a pas induits en erreur au sujet de Platon, non seulement au sujet de l'âme, mais aussi au sujet de l'exil, et de poser ainsi, avec Mauro

38 Plutarque, *De l'exil*, XVII, 607c-e, cite plusieurs vers du fragment B115 d'Empédocle et les rapproche du *Phèdre* de Platon, 250c.

39 A.-L. Therme dresse un tableau comparatif des deux passages, mais force le trait pour ce qui est de trouver des points communs dans la « chute et l'errance » (« Une tragédie cosmique : l'exil amnésique des *daimones* d'Empédocle », art. cité, p. 11-12 pour le tableau comparatif).

40 Platon, *Phèdre*, 244-257.

41 *Ibid.*, 248c, trad. L. Brisson, in *Œuvres complètes*, *op. cit.*, p. 1264.

42 *Ibid.*, 248d, p. 1264.

Bonazzi, la question suivante : « peut-on vraiment dire que l'exil est la marque du platonisme[43] ? » La réponse n'est pas simple, puisque « si l'on considère dans leur ensemble les diverses positions prises par les Platoniciens, dans l'antiquité et au-delà, il en ressort qu'ils campèrent sur deux positions radicalement opposées ; l'une pourrait s'appeler "la négation de l'exil", l'autre la "résignation à l'exil[44]" ». La première idée consiste à affirmer que l'âme étant immatérielle, elle ne peut pas être soumise à un déplacement et n'occupe aucun lieu. Son immortalité pousse à sa recherche et à sa contemplation, ce qui exclut donc de dire d'elle qu'elle est exilée. Néanmoins, l'image postérieure de l'exil, véhiculée par Plutarque et d'autres platoniciens comme Plotin, s'explique de la façon suivante :

> L'image de l'exil est l'unique description réaliste de notre condition mortelle : tant que nous serons des âmes incarnées, tant que nous serons, en somme, un composé, il nous est impossible de rejoindre pleinement le monde dont nous nous sentons provenir ; il nous incombe nécessairement de rester dans le monde du composé, que nous ne ressentons pas pleinement nôtre[45].

Une forme de résignation à l'exil apparaît donc parmi les penseurs postérieurs à Platon : elle consiste à mettre en avant le fait que, loin du prétendu monde des Idées, le penseur ressent un sentiment proche de celui d'Ulysse désespérant de rentrer dans sa patrie, comme Plutarque[46] ou Plotin l'exposent, autrement dit, une forme de nostalgie née d'un exil théorique. On peut ainsi lire chez Plotin :

> Enfuyons-nous donc dans notre chère patrie[47], voilà le vrai conseil qu'on pourrait nous donner. Mais qu'est cette fuite ? Comment remonter ? Comme Ulysse, qui échappa, dit-on[48], à Circé la magicienne et à Calypso, c'est-à-dire qui ne consentit pas à rester près d'elles, malgré les plaisirs des yeux et toutes les beautés sensibles qu'il y trouvait. Notre patrie est le lieu d'où nous venons, et notre père est là-bas. Que sont donc ce voyage et cette fuite ? Ce n'est pas avec nos pieds qu'il faut l'accomplir ; car nos pas nous portent toujours d'une

43 M. Bonazzi, « Le platonisme, une philosophie de l'exil ? », conférence donnée le mercredi 3 avril 2013 à l'occasion du colloque « Le regard de l'exilé », Paris IV-Sorbonne dans F. Prost (dir.), *Actes du colloque Le regard de l'exilé*, Paris, Classiques Garnier, à paraître.

44 *Ibid.*

45 *Ibid.*

46 Plutarque, *De l'exil*, XVII, 607d-e.

47 Homère, *Iliade*, II, 140.

48 Homère, *Odyssée*, IX, 29 ; X, 375 et 483.

> terre à une autre ; il ne faut pas non plus préparer un attelage ni quelque navire, mais il faut cesser de regarder et, fermant les yeux, échanger cette manière de voir pour une autre, et réveiller cette faculté que tout le monde possède, mais dont peu font usage[49].

Pour Plotin, le recours à l'exemple d'Ulysse sert bien à illustrer une croyance très chrétienne : celle de l'appartenance à un monde divin dont nous aurions été chassés et qu'il faudrait rejoindre à tout prix. Le voyage de retour d'exil serait alors nécessairement symbolique lui aussi, puisque, comme le précise Plotin, aucun véhicule ne permet d'effectuer ce trajet-là, mais il faudrait se détacher, pour ainsi dire, de son corps pour convoquer cette âme qui sommeille en nous et n'attend que de repartir.

Chez Platon, l'exil est abordé de façon très pragmatique. C'est d'abord une formalité contemporaine de l'auteur, puisqu'il est établi que l'on peut être exilé pour différentes raisons, principalement pour meurtre, que l'on peut être ostracisé, que l'on peut prendre la fuite plutôt que d'affronter un procès[50], et qu'il existe enfin la possibilité de l'exil libre dans une autre cité. Les *Lois* de Platon laissent ainsi une place très importante aux nombreux cas de figure très concrets qui doivent préfigurer à l'exil hors de la cité d'un individu, mais aussi d'un animal ou d'un objet. L'exil ne fait pas, en vérité, l'objet de métaphore dans la pensée platonicienne, ou bien, comme c'est le cas dans ce passage du *Théétète*, à propos des valeurs morales, il est alors difficile de saisir la dimension symbolique de l'exil :

> Il n'est pas possible ni que les maux soient supprimés, car il est nécessaire qu'il y ait toujours quelque chose qui fasse obstacle au bien, ni qu'ils aient leur place parmi les dieux, mais ils font le tour (*περιπολεῖ*) de la nature mortelle et de ce lieu, par nécessité. C'est pourquoi, il faut essayer de fuir/s'exiler (*φεύγειν*) d'ici pour là-bas le plus vite possible. La fuite/l'exil (*φυγή*), c'est de se rendre semblable à un dieu selon ce qu'on peut (*φυγὴ δὲ ὁμοίωσις θεῷ κατὰ τὸ δυνατόν*). Se rendre semblable à un dieu, c'est devenir juste et divin, avec le concours de l'intelligence (*ὁμοίωσις δὲ δίκαιον καὶ ὅσιον μετὰ φρονήσεως γενέσθαι*). Mais en fait, excellent homme, ce n'est pas du tout une

49 Plotin, *Ennéades*, I, 6 [6], 8, 16-27, in Plotinus, *Ennead I*, trad. angl. A. H. Armstrong, London, Wiliam Heinemann, Cambridge, Ma., Harvard University Press, 1969 ; trad. É. Bréhier, in Plotin, *Ennéades*, Paris, Les Belles Lettres, 1924, t. 1, p. 104.

50 Voir S. Forsdyke, *Exile, Ostracism and Democracy. The Politics of Expulsion in Ancient Greece*, Princeton University Press, 2005.

chose facile à persuader que le fait que la plupart des gens disent qu'il faut fuir la bassesse (*πονηρίαν μὲν φεύγειν*) et poursuivre l'excellence vient de ce que c'est ce qu'il faut faire, et non pas du fait que c'est pour ne pas avoir l'air mauvais et pour avoir l'air bon[51].

Le premier obstacle vient de l'ambiguïté de l'emploi de *φεύγειν* et de son substantif *φυγή*, puisque ce verbe signifie à la fois « fuir » et « être en exil ». Le verbe et ses substantifs sont construits tantôt en emploi absolu, et, dans ce cas, on pourrait traduire par « s'exiler », tantôt sont suivis de l'accusatif, ce qui exclut une telle traduction. On traduirait alors plutôt *φεύγειν* par « fuir quelque chose ». La proposition « *φυγὴ δὲ ὁμοίωσις θεῷ κατὰ τὸ δυνατόν* » a certainement pu être interprétée comme une apologie de l'exil, et l'emploi absolu de « *φυγή* », qui plus est, dans une sorte de maxime, permet la traduction suivante : « l'exil, c'est d'être semblable au dieu selon ce qui est possible[52] ». Cette affirmation est pour le moins énigmatique. Dans un passage sur les valeurs morales, l'usage de l'exil comme élément métaphorique peut paraître difficile à appréhender. Mais si l'on suit le syllogisme de Platon, être en exil ce serait être « juste et divin ». Dans la pensée de Platon, deux exemples montrent que l'exil est, finalement, toujours une question d'éthique : le premier est l'exemple même de Socrate, expliquant qu'il était injuste de s'exiler, au moment où cette possibilité lui était offerte, lors de son procès[53], dans la mesure où il était inconvenant de se dérober aux lois de la Cité. Il existe bien une vision positive de l'exil des philosophes dans *La République*[54], mais c'est d'abord parce que l'exil contraint est une condition presque fortuite d'un éloignement loin d'une cité corrompue, de même que Platon envisage aussi l'exil volontaire d'une « grande âme » loin d'une « petite ville » quand cette dernière est corrompue[55]. Le deuxième exemple qui va dans ce sens est l'affirmation virulente de Socrate, dans *La République*, contre les exilés qui se pavanent, dit-il, dans

51 Platon, *Théétète*, 176a-b, in *Plato II, Theaetetus, Sophist*, trad. angl. H. North Fowler, London, William Heinemann Ltd, Cambridge, Ma., Harvard University Press, 1952 ; trad. M. Narcy, légèrement modifiée, in Platon, *Œuvres complètes*, *op. cit.*, p. 1933.

52 Nous traduisons.

53 Platon, *Criton*, 45-53, in *Plato I, Euthyphro, Apology, Crito, Phaedo, Phaedrus*, trad. angl. H. North Fowler, London, William Heinemann Ltd, Cambridge, Ma., Harvard University Press, 1947.

54 Platon, *La République*, VI, 496 a – 496a-b.

55 *Ibid.*

la cité comme des « demi-dieux[56] », dénonçant ainsi le fait que, bien que théoriquement exilés, ils font fi des lois, les narguant ainsi, en continuant de déambuler dans une cité qui a voulu les chasser pour mieux se préserver. Il existe, en somme, chez Platon une pensée complexe de l'exil :

1. Les exilés sont des êtres mauvais et gênants parce qu'ils incarnent en quelque sorte une Cité devenue mauvaise (*La République*, VIII, 558a).
2. Il faut, autant que possible, tout faire pour ne pas être exilé, afin de ne pas s'opposer à la Cité et pour ne pas participer à sa déliquescence (*Criton*, 45-53).
3. Quand la Cité agit de façon injuste, l'exil est une condition possible pour repenser la Cité (*La République*, VI, 496 a-b).

Il semblerait bien que l'exil chez Platon soit avant tout un principe concret, celui d'une condition d'existence à la fois politique et éthique qui est étroitement liée aux valeurs morales et, de façon plus générale, un principe lié à la conception de la cité elle-même. Son usage métaphorique, extrêmement rare, ne l'éloigne pas, qui plus est, de ce pragmatisme. En conséquence, on voit mal comment Platon aurait pu envisager d'allier les concepts d'âme et d'exil, tant ils sont éloignés l'un de l'autre : l'âme se conçoit exclusivement sur des plans métaphysique et physique tandis que l'exil se conçoit exclusivement sur des plans politique et éthique. Néanmoins, on comprend bien que l'idée de la métempsychose, parce qu'elle est représentée par des verbes de mouvements ou de chute loin d'un monde idéal, formalisée dans l'image ambiguë de la coquille, a pu être assimilée à une forme d'exil. Chez Platon, la métaphore de l'exil pour désigner la métempsychose est donc bel et bien absente, mais elle abonde chez les Néoplatoniciens[57], par le biais d'autres interactions qui participent à la confusion, comme le récit de l'exil des *daïmones* d'Empédocle ou une relecture de la séquestration et de la nostalgie d'Ulysse dans l'*Odyssée*. Les rapprochements entre l'exil d'Ulysse et la métempsychose chez Platon permettent effectivement aux penseurs

---

56 *Ibid.*, VIII, 558a.

57 On retrouve cette idée chez Télès, penseur grec du IIIe siècle avant J.-C., qui s'attache à montrer que ni le corps ni l'âme ne sont diminués par l'exil et qu'il délivre de la compagnie des méchants. Le philosophe stoïcien romain du Ier siècle après J.-C. Musonius reprend cette idée en y adjoignant celle que le monde est la véritable patrie de l'homme.

néoplatoniciens de développer une poétique de l'âme en exil et, par là même, une philosophie de l'exil, mais il semblerait que la pensée platonicienne n'était pas du tout portée vers ce type de métaphore. Quand on pense au mépris de Platon pour la poésie – qu'il voulait, justement, chasser de la cité –, on ne peut être que réticent à continuer d'employer cette belle image de l'âme exilée dans le corps, que l'érudition autant que le lyrisme des Néoplatoniciens ont créée et faussement attribuée à Platon. N'oublions pas que, pour ces derniers, l'exil est aussi une condition d'existence philosophique : Plutarque affirme que l'exil volontaire des philosophes et des intellectuels est la seule condition de la créativité[58], et chez les premiers chrétiens, l'exil du philosophe, dans un endroit souvent reculé et coupé du monde devient une véritable ascèse spirituelle et religieuse[59]. Par conséquent, il était sans doute facile, en relisant Platon, de lui attribuer, autant qu'à Homère ou à Empédocle, les amorces d'une vision nostalgique de l'existence, nourrie, à l'ère chrétienne[60], par la méfiance vis-à-vis du corps et la basse conception qu'on s'en fait, assez proche finalement du cliché du corps-tombeau que Platon s'employait pourtant déjà à relativiser.

Amandine GOUTTEFARDE
Université Paris-Sorbonne
(Laboratoire EDITTA)

58 Plutarque, *De l'exil*, 14.

59 Voir P. Blaudeau (dir.), *Exil et relégation. Les tribulations du sage et du saint durant l'Antiquité romaine et chrétienne (Ier-VIe s. ap. J.-C.)*, Paris, De Boccard, 2008.

60 Voir B. Pouderon, « Hélène et Ulysse comme deux âmes en peine : une symbolique gnostique, platonicienne ou orphico-pythagoricienne ? », *Revue des Études Grecques*, t. 116, janvier-juin 2003, p. 132-151.

LES MÉTAMORPHOSES D'APULÉE, UNE QUÊTE DE L'ÂME PAR LE RIRE

Les Métamorphoses d'Apulée, plus connues sous le titre *L'Âne d'or*, est un texte hybride écrit par Apulée de Madaure (entre sa quarantième et sa soixantième année) au IIe siècle de notre ère. Ce philosophe professant un platonisme teinté de mysticisme oriental (qui devait sa notoriété à ses traités concernant la pensée platonicienne, la cosmographie et la démonologie socratique) s'est fait romancier en produisant une sorte d'OLNI (objet littéraire non identifié) hybride, à savoir un récit fantastique en onze livres, relatant les aventures rocambolesques d'un jeune Grec nommé Lucius, malencontreusement métamorphosé en âne par une jeune femme, plus experte en techniques érotiques qu'en recettes magiques. Ce « roman » érotico-comique, mâtiné d'une ironie irriguant l'ensemble du texte, est également une réflexion d'inspiration platonicienne portant sur le souci d'améliorer son âme (afin de devenir le meilleur possible en vertu). Cette œuvre est-elle destinée à rire pour philosopher ou à philosopher par le rire ? Qu'en est-il de la quête de l'âme qui sous-tend et irrigue l'ensemble de ce récit bigarré et picaresque ?

LE RIRE, TREMPLIN VERS LA QUÊTE ET L'INITIATION

En quoi consistent les premières phrases des *Métamorphoses* ?

Eh bien moi, dans ce style milésien, je vais te broder une chaîne de contes variés, et si seulement tu ne renâcles pas à déchiffrer les gribouillis d'un calame du Nil sur un papyrus égyptien, te faire admirer en caressant d'un agréable murmure ton oreille amicale comme des humains changent de forme et de condition, puis derechef et à rebours se retransforment en eux-mêmes[1].

Cet incipit, aussi programmatique qu'incitatif, met notamment en évidence la dimension narrative complexe du texte (qui comprend moult récits enchâssés) ainsi que sa dimension de réflexion ontologique dont on peut supposer qu'elle incite le lecteur de toutes les époques à une systématisation éthique des comportements qui procède de l'idée socratique du « souci de soi », qui fut une préoccupation essentielle (dans la perspective du travail de soi sur soi, ce qui conduit à l'amélioration de sa façon d'être) de la philosophie – notamment pour Michel Foucault dans le troisième tome de son *Histoire de la sexualité* intitulé *Le Souci de soi* (1984). Il n'en demeure pas moins vrai que ce proto-roman picaresque (avec tout ce qu'il faut de rebondissements échevelés, de brigands terrifiants, de vierges malmenées et de femmes lubriques, sans oublier les histoires dans l'histoire) est placé sous l'égide du verbe *laetari*[2], qui signifie « se réjouir ». Le lecteur trouvera donc dans les onze livres de cette pièce narrative bigarrée de quoi se « réjouir », faire frétiller ses sens, ses zygomatiques ainsi que son imagination, stimuler son goût pour le mystère et la métamorphose (qui signifie en grec ancien « changement total[3] », ce qui présuppose un déplacement du moi par segments successifs). La curiosité maladive de Lucius (qui est *magiae noscendae ardentissimus cupitor*, III, 19) le conduit à penser que les connaissances procurées par la magie lui permettront d'accéder notamment à l'Au-delà et au divin. Il est animé d'un désir passionné pour la confrontation avec le surnaturel, et plus précisément par la solution de facilité, consistant à échapper au long processus de l'initiation. Or, c'est précisément en cela que réside son erreur de jugement dans la mesure où les connaissances fournies par la magie sont trompeuses.

Or l'initiation à la magie présente dans le récit n'est en réalité qu'une parodie grotesque de la vraie magie. En effet, au lieu de conduire Lucius à un état de béatitude totale (digne d'une divinité), elle le fait régresser à ce qu'on pourrait appeler une condition infrahumaine, à savoir un âne

1 Apulée, *Les Métamorphoses ou l'Âne d'or*, trad. O. Sers, Paris, Les Belles Lettres, coll. « Classiques en poche », 2007, p. 1.

2 « *Lector intende : laetaberis* » : « Lecteur, lis bien, tu vas te réjouir ! », *ibid.*, p. 1.

3 A. Rey, (dir.), *Dictionnaire culturel en langue française*, t. III, Paris, Dictionnaires Le Robert, 2005, p. 580.

(au lieu de l'oiseau qu'il rêvait d'être !). Ainsi, pour recouvrer une forme humaine, il sera contraint de manger des roses. Or, il passe de main en main (qu'il s'agisse de la troupe de brigands qui assaillent et pillent la maison de Milon, emmenant l'âne Lucius pour le transport du butin, des esclaves-bergers, de « moines-mendiants », d'un meunier, d'un maraîcher, d'un légionnaire romain, en passant par une grande dame dépravée dont il devient l'amant – toujours sous sa forme animale, et ce jusqu'à la fête de la déesse Isis au cours de laquelle il redevient un homme), subissant moult revirements de situation ayant pour conséquence que Lucius, comme le note Niall W. Slater dans son article intitulé « *Spectator and spectacle in Apuleius* », de spectateur devient spectacle[4]. Par ailleurs, comme le rappelle Giovanni Garbugino :

> [...] de curieux chercheur, [Lucius] devient l'objet de la curiosité des autres, avec des conséquences négatives pour lui, parce la théâtralisation finira par l'emprisonner dans des rôles ou bien ouvertement comiques (comme celui de l'âne) ou bien ambigus (comme celui du prêtre d'Isis[5]).

Dans une telle optique, durant la fête du Dieu Rire (« Risus » ; III, 1-18), et à la suite de l'épisode de « l'outricide » tragi-comique dans le cadre duquel Lucius transperce, au lieu d'hommes, des outres de vin (prenant le vin pour du sang), ce dernier s'aperçoit, à sa grande surprise, que la foule amassée autour de lui éclate de rire (III, 7 – le terme latin *cachinnus*, renvoyant à une réaction railleuse et narquoise, désigne le rire de la foule, ignorante de reconnaître le savant, et ce dans une volonté de l'humilier). Éclate ainsi au grand jour le caractère théâtral de cette fête du dieu Risus : sous-tendu par l'originalité d'un emploi fonctionnel du rire, cet épisode est d'autant plus remarquable qu'il est le premier où Lucius est confronté à la magie (du moins en tant que protagoniste, qu'« *actor* » de son récit). Apulée présente cet événement même comme un hapax dans la civilisation gréco-romaine, c'est pourquoi il fait dire à Byrrhène :

---

4 N. W. Slater, « Spectator and spectacle in Apuleius », in *The Ancient Novel and Beyond*, Boston, Brill, 2003, p. 85-100.

5 G. Garbugino, « La fête du Dieu Rire dans *Les Métamorphoses* d'Apulée », in C. Bost-Pouderon et B. Pouderon (dir.), *Les Hommes et les Dieux dans l'ancien roman* [Actes du colloque de Tours, 22-24 octobre 2009], Lyon, Maison de l'Orient et de la Méditerranée Jean Pouilloux, coll. « Collection de la Maison de l'Orient méditerranéen ancien », Série littéraire et philosophique, 48, 2012, p. 151.

> [...] c'est demain la fête annuelle du très révérend dieu Rire. [...] Pour se le rendre propice, le rite veut qu'on rie bien fort et de bon cœur[6].

Le rire dominant est bien celui de la moquerie, qu'il s'agisse du compagnon d'Aristomène se moquant de sa crédulité (I, 2), de Socrate riant à son tour d'Aristomène (I, 18), etc. Tout cela n'empêche pas ce récit d'être aussi le témoignage pluridimensionnel d'un parcours initiatique (intimement lié au voyage), conduisant Lucius à la fois à une quête des roses salvatrices (qui sont le remède à sa métamorphose) et au souci d'améliorer son âme.

Ainsi, aux tribulations picaresques de Lucius correspond l'odyssée de ce héros qui prend, en plus de celle de ballottements multiples et variés, la forme d'un voyage intérieur sous-tendu par une quête de la Connaissance et de l'Amour, thèmes typiquement platoniciens. La philosophie est en effet au fondement de l'ensemble de l'œuvre d'Apulée, que nous pouvons certes considérer comme un « romancier », un brillant conférencier, mais surtout comme un *philosophus Platonicus* (c'est surtout dans son florilège, intitulé *Florida* qu'il insiste sur cet attachement à la doctrine platonicienne). Notons au passage que, de façon générale, l'intérêt philosophique des *Métamorphoses* se manifeste dans l'ensemble de l'ouvrage, notamment à travers le thème de la *curiositas*, qui en constitue le véritable leitmotiv. Cette *curiositas*, avec tous les tenants et aboutissants néfastes qu'on lui connaît, n'est pas sans lien avec le *thaumazein* platonicien, « l'étonnement », qui constitue, selon le célèbre postulat de Platon, l'origine de la philosophie[7]. Dans son traité intitulé *Métaphysique*, Aristote ne dit pas autre chose :

> C'est en effet par l'étonnement que les humains, maintenant aussi bien qu'au début, commencent à philosopher[8].

Or, cette curiosité que l'on pourrait qualifier « d'ubristique[9] » constitue une mauvaise *acquirendi ratio* dans la mesure où Lucius en subira la funeste

6 Apulée, *Les Métamorphoses ou l'Âne d'or*, *op. cit.*, p. 77.

7 Platon, *Théétète*, 155d, trad. M. Narcy, in *Œuvres complètes*, Paris, Flammarion, 2008, p. 1909 : « Car c'est tout à fait de quelqu'un qui aime à savoir, ce sentiment, s'étonner : il n'y a pas d'autre point de départ de la quête du savoir que celui-là ».

8 Aristote, *Métaphysique*, 982b, trad. M.-P. Duminil, A. Jaulin, in *Œuvres complètes*, Paris, Flammarion, 2014, p. 1740.

9 S. Lancel, « *Curiositas* et préoccupations spirituelles chez Apulée », *Revue de l'histoire des religions*, t. 160, n° 1, 1961, p. 25-46.

conséquence en étant métamorphosé en âne. Ce dernier ne perçoit pas que sa *curiositas* à l'endroit de la magie ne peut que lui faire découvrir des connaissances illusoires (la magie étant par nature une tromperie) et constituer un réel danger pour son intégrité physique. Ainsi, dans le livre XI, s'agissant des deux démesures que sont la curiosité et le plaisir sensible, le prêtre ne dit-il pas à Lucius (qui vient de retrouver sa forme humaine) :

> [...] asservi aux penchants de ta verte jeunesse tu t'es laissé glisser à de serviles amours où ta malencontreuse curiosité a trouvé sa funeste récompense[10] ?

L'épisode d'Éros et de Psyché, quant à lui, abondamment interprété par les historiens des religions, ne semble trouver sa véritable signification que dans une perspective platonicienne, qui se dessine par une série de rapprochements avec le mythe de Phèdre (248c – 252c). Le livre XI raconte l'initiation de Lucius aux mystères d'Isis et d'Osiris : empreint d'une religiosité mystique, il montre comment l'intérêt pour la religion isiaque s'accorde avec la personnalité philosophique d'Apulée dans la mesure où le platonisme apuléen revêt un caractère nettement religieux (au point que la philosophie ne serait, pour notre auteur, qu'une phase propédeutique aux mystères).

Au demeurant, s'agissant de la sagesse que Lucius (à l'instar du lecteur), arrivé au terme de son parcours initiatique, est censé acquérir, les notions de *prudentia* et de *sapientia* sont particulièrement opérantes : s'appuyant sur le *Timée* (41c-d) de Platon, Apulée attribue à l'homme la *sapientia* qui lui permet de l'emporter sur le reste des êtres animés terrestres, comme en témoigne le passage suivant précisant que le plus éminent de tous les dieux

> [...] a aussi créé pour toute la durée des temps des êtres mortels par nature, supérieurs en sagesse au reste des êtres animés terrestres[11]

Bien qu'elle vienne lentement (et qu'elle soit en ce sens une *tarda sapientia*[12]), la sagesse est bel et bien l'apanage de l'être humain. À cela s'ajoute l'idée que, comme le rappelle Apulée, le même Platon

10 Apulée, *Les Métamorphoses ou l'Âne d'or* (XI, 15), *op. cit.*, p. 485.

11 Apulée, *De Platone et eius dogmate*, 3, 12, 206, trad. J. Beaujeu, in *Opuscules philosophiques et fragments*, Paris, Les Belles Lettres, C.U.F., 1973, p. 72.

12 Apulée, *De deo socratis*, IV, 127, trad. J. Beaujeu, Paris, Les Belles Lettres, *op. cit.*, p. 24.

> juge susceptibles d'être enseignées et étudiées les vertus qui correspondent à l'âme raisonnable, c'est-à-dire le savoir (*sapientia*) et la sagesse (*prudentia*[13]) [...].

Apulée est par conséquent une sorte de romancier inattendu qui livre au public un récit qui est à la fois un authentique roman d'aventures et un ouvrage étroitement lié à ses recherches et à ses préoccupations philosophiques et religieuses (*e.g.* quête de l'Amour et de la Connaissance) : relire *Les Métamorphoses*, c'est donc tenter d'opérer un voyage intérieur et initiatique en vue d'une fondamentale métamorphose de soi d'obédience platonicienne – ce qui constitue un véritable acte de puissance de notre nature humaine.

LES CONFLITS DE L'ÂME

Qu'en est-il, dans un premier temps, de la question de l'âme chez Platon ? Sans entreprendre une étude exhaustive, il convient néanmoins de rappeler certains éléments qui éclairent la perspective apuléenne attribuée à Lucius, animé du souci d'améliorer son âme – et ce afin de devenir le meilleur possible en vertu. Comme en témoignent plusieurs passages de *La République* (entre autres II, 368e – 369a ; IV, 434d – 435e), l'on sait que l'analyse platonicienne de l'âme, consécutive à la distinction des classes dans la cité, est entreprise dans ce traité afin de parvenir à une définition de la justice et, par là même, à la détermination d'un système des vertus. En effet, l'on cherche à obtenir une connaissance de l'âme qui puisse servir de fondement à une doctrine morale et pédagogique – sachant que l'on prend comme point de départ non seulement l'expérience même de la vie morale, mais encore l'observation des combats qui se livrent à l'intérieur de l'âme. Le traité de *La République* décrit l'âme en conflit de deux manières différentes : d'une part, l'âme est en proie à des conflits qui peuvent être qualifiés de « tragiques » dans la mesure où deux « moi » s'opposent et tiraillent l'individu en sens opposé, offrant au regard le triste spectacle d'un moi aliéné ; d'autre part, aux livres VIII et IX, Socrate montre que c'est la

13 Apulée, *De Platone et eius dogmate*, II, 9, 234, *op. cit.*, p. 87.

structure de toute âme qui est conflictuelle, du moins de toute âme qui n'est pas philosophe : ce conflit structurel met la raison aux prises avec la puissance de la fonction avide de richesses et de la fonction éprise d'honneurs et de victoire. Comme l'observe Olivier Renaut,

> Ces deux façons de comprendre le conflit psychique correspondent à leur tour à deux usages distincts dans *La République*, dont la finalité diffère. Le premier usage est pédagogique ; c'est celui que l'on trouve exploité au livre IV. [...] Le second usage de l'idée de conflit psychique est proprement explicatif et théorique : le conflit est présenté non comme un effet mais comme une donnée fondamentale de la psychologie du caractère[14].

Néanmoins, les conflits qui s'élèvent dans l'âme sont toujours susceptibles d'être résolus par la volonté (*thumos*), qui est une des parties constitutives de la tripartition de l'âme[15] ; cette théorie de la tripartition de l'âme se situe à son niveau exact dans la connaissance psychologique dans la mesure où elle se définit comme une représentation de la vie intérieure, une interprétation théorique des données de l'expérience morale, des conflits psychologiques. Elle laisse aussi place à une connaissance plus profonde, à une psychologie de réflexion, seule capable d'atteindre l'âme dans son activité essentielle et dans son unité. Les trois principes d'action que définit *La République* (le premier qui permet de raisonner et de comprendre, le deuxième qui incite à mettre en action l'énergie venant du cœur et le troisième qui fait rechercher les plaisirs sensuels) jettent les bases d'une sorte de guerre, opposant ces trois éléments constitutifs de l'homme, qui se livre en chacun de nous contre nous-mêmes :

> *ταύτα γαρ ώς πολέμου εν έκάστοις ημών όντος προς ημάς αυτούς σημαίνει*[16]

14 O. Renaut, « Les conflits de l'âme dans *La République* de Platon », *Études platoniciennes*, 4/ 2007, mis en ligne le 1er septembre 2016 : http://journals.openedition.org/etudesplatoniciennes/912 (consulté le 07/06/ juin 2020).

15 Dans la tripartition platonicienne (*cf.* Platon, *La République*, livre IV, 436b - 441e, trad. G. Leroux, in *Œuvres complètes*, *op. cit.*, p. 1600-1607), il y a la raison (*logistikon*), la volonté (*thumos*) et le désir (*epithumia*), mais il manque quelque chose, l'amour ou la sagesse, qui sont visiblement inclus pour Platon dans le *thumos*. En tout cas, la quadripartition à laquelle on aboutit en discernant la sagesse de la volonté est bien plus compatible avec tout ce que nous connaissons de Lucius.

16 Platon, *Les Lois*, 626e, trad. L. Brisson, J.-F. Pradeau, in *Œuvres complètes*, *op. cit.*, p. 684 : « Oui, c'est bien là le signe que, en chacun de nous, il existe une sorte de guerre qui nous oppose à nous-mêmes ».

Le dialogue de *Phèdre* (246a – 248c), quant à lui, propose une métaphore particulièrement expressive : l'âme humaine est un attelage unissant un cocher à deux chevaux, l'un blanc, beau et sage, l'autre noir, laid, mené par Hybris et le désir d'assouvir sa luxure. Le conflit qui naît d'une telle situation fait que chacun doit se regarder comme son propre ennemi (*Les Lois*, 626b). L'homme est par conséquent sans cesse en guerre contre lui-même, dans la mesure où son âme est lourde de contradictions :

μυρίων τοιούτων ἐναντιωμάτων ἅμα γιγνομένων ἡ ψυχὴ γέμει ημών[17]

L'idéal serait donc que chacun puisse obéir continûment à l'élément philosophique qui est en lui ; l'âme trouverait ainsi un plaisir véritable, en son ensemble et dans chacune de ses parties constitutives, ce qui ferait cesser la révolte clivante qui se fait jour en son sein. Quand raison et désir s'opposent l'une à l'autre, la raison doit trouver dans la partie dynamique de l'âme (*θυμός*) un allié qui puisse contenir les désirs inconvenants de l'homme. Tel est schématiquement le programme platonicien en matière de régulation des conflits de l'âme.

Apulée, quant à lui, reprenant la doxologie platonicienne dans son *De Platone et eius dogmate*, reprend cette même tripartition en distinguant chez l'homme la *pars rationabilis* (principe raisonnable), l'*irascentia* (élément irascible) ainsi que la dernière partie de l'esprit, à savoir *cupido atque adpetitus* (la passion et les appétits[18]). Rappelons par ailleurs que, pour Platon, la diversité même des tendances qui se découvrent dans la conscience se dissout au regard de la réflexion qui les absorbe, qui reconnaît en elles des déterminations particulières d'un même vouloir fondamental. Or, *Les Métamorphoses* ou *L'Âne d'or* mettent en scène le jeune Lucius désireux de connaître les initiations. Désireux d'accéder à la magie, ce dernier, comme nous l'avons vu, espère devenir une chouette, alors qu'il sera métamorphosé en âne par cette même magie dont il espérait des prodiges. Du tragique au comique, de la fantaisie au spirituel, le quadrupède se voit donc embarqué dans une quête ayant pour but un retour vers la nature humaine. Par conséquent, retrouver Lucius en Lucius ne se fait pas sans tribulations, et seules l'invocation à Isis ainsi

---

17 Platon, *République*, X, 603d, *op. cit.*, p. 1773 : « [...] notamment sur le fait que notre âme est remplie de mille contradictions de ce genre qui s'y développent simultanément ».

18 Apulée, *De Platone et eius dogmate*, I, XIII, 207, *op. cit.*, p. 73.

que la volonté d'une initiation véritable rendront possible une mutation vers l'état tant convoité. *Les Métamorphoses* mettent bien en évidence la tension non seulement entre magie et théurgie, mais encore entre éveil de l'âme et supercherie pseudo-ésotérique. Tous ces éléments permettent de conclure que la quête métamorphique de Lucius, ayant pour objet la « vertuisation » de l'âme dans la double perspective de l'Amour et de la Connaissance, constitue un conflit agonistique où s'affrontent les trois parties de l'âme de ce personnage, par là-même tiraillé entre un principe raisonnable qui le ferait accéder à un degré supérieur de vertu par la Connaissance, un élément irascible qui obscurcit ses jugements et l'égare dans les méandres et péripéties narratifs et enfin la passion et les appétits, que la dimension érotico-comique de l'œuvre contribue non seulement à mettre en scène, mais encore à accentuer.

Réinterprétant le mythe platonicien de l'attelage ailé, Apulée donne Éros pour amant à Psyché, et montre de quelle manière cette dernière doit nécessairement succomber à la curiosité. On est ainsi en mesure et en droit de se poser la question suivante : que serait Psyché sans le désir de voir et de savoir quel est celui qui la comble ainsi nuit après nuit ? Dans le conte d'Amour et de Psyché se trouvent réunis tous les ingrédients d'une histoire féminine, racontée à une jeune femme par une vieille femme radoteuse, à savoir les noces funèbres et l'exposition de la pauvre petite Psyché, victime de la méchanceté des sœurs, de la jalousie de la déesse Vénus, une antique mère de la nature qui a plutôt les traits de la matrone romaine. Or, la simple et naïve Psyché, sur le point de donner naissance à un dieu si elle respecte le secret d'Amour, succombe aux paroles perfides de ses sœurs. Le conte d'Amour et de Psyché met donc en scène l'odyssée de la curiosité, la quête d'Amour, l'acharnement de Vénus (qui est présentée sous les traits d'une belle-mère acariâtre), mais aussi les épreuves de l'âme et la descente aux enfers. Psyché devient certes immortelle, mais il ne faut pas oublier que cette dernière est descendue aux enfers, qu'elle a connu la perte et le passage par le négatif, enfin qu'elle a côtoyé la mort. Tous ces éléments permettent donc de conclure que, pour un lecteur moderne, le conte picaresque des *Métamorphoses* d'Apulée relève bel et bien du roman de formation. Par l'intermédiaire du conte allégorique d'Amour et de Psyché, les aventures de Lucius sont transférées au domaine de la condition humaine en général. Elles peuvent être lues comme le récit d'une initiation morale d'inspiration platonicienne, un voyage de formation exemplaire, quasi cathartique : après avoir montré ce qu'il ne faut pas faire, le roman d'Apulée indique le chemin de la bonne conduite. Ainsi ce sont tous les défauts de la nature humaine (voluptés brutales, les délices corporelles, la folie et la bestialité), marques de l'*indignitas hominis*, qu'il faut combattre et remplacer par les bonnes manières, la vertu et la sagesse. Ainsi, la valeur symbolique de l'âne, associée à l'animalité corporelle de l'homme, se situant aux antipodes de la dignité et de la raison, il convient de ne pas perdre de vue un des messages essentiels de ce texte, à savoir que la volonté active est seule capable de métamorphoser l'homme, rendu apte au dépassement du paradoxe de la contradiction. C'est, en définitive, en cela que consiste l'« *Aufhebung* » apuléenne (pour employer un vocabulaire hégelien) : le passage au moment spéculatif (*Aufhebung*) signifie, non seulement pour Lucius mais encore pour l'homme en général, à la fois suppression et conservation, et donc sublimation des deux contraires. *Les Métamorphoses*, avec toutes les situations conflictuelles qui la sous-tendent, exposent des tribulations ontologiques, mais aussi et surtout offrent la solution d'une contradiction (*Auflösung*) ainsi que son dépassement (*Aufhebung*). Un tel programme (métamorphique et ontologique) engage l'homme dans un processus dialectique atemporel de désaliénation, de séparation et de réconciliation ainsi que de contradiction et d'identité spéculative. Placée sous de tels auspices, l'âme du sage en devenir, cessant de souffrir des deux formes de déraison que sont l'incompétence (*imperitia*) et l'égarement (*insania*[19]), peut enfin s'ouvrir à la *sapentia* et à la *prudentia*.

Franck Colotte
Académie Nationale de Metz

19 Apulée, *De Platone et eius dogmate*, I, XVIII, 217, *op. cit.*, p. 78.

L'ÂME

Point fixe entre *cogito*, esprit et volonté

> [...] on acquiert peu à peu une connaissance très claire, et si j'ose ainsi parler intuitive, de la nature intellectuelle en général, l'idée de laquelle, étant considérée sans limitation, est celle qui nous représente Dieu, et limitée, est celle d'un ange ou d'une âme humaine[1].

La philosophie cartésienne rejette la définition traditionnelle de l'âme comme principe de vie et d'animation du corps, héritée d'Aristote, au profit d'une définition de l'esprit en tant que pensée. D'où ses précautions définitionnelles quant à la signification du terme d'âme :

> Ainsi, d'autant que peut-être les premiers auteurs des noms n'ont pas distingué en nous ce principe par lequel nous sommes nourris, nous croissons et faisons sans la pensée toutes les autres fonctions qui nous sont communes avec les bêtes, d'avec celui par lequel nous pensons, ils ont appelé l'un et l'autre du seul nom d'*âme* ; et, voyant puis après que la pensée était différente de la nutrition, ils ont appelé du nom d'*esprit* [*mentem*] cette chose qui en nous a la faculté de penser [*id quod cogitat*], et ont cru que c'était la principale partie de l'âme. Mais moi [...] j'ai dit que le nom d'*âme*, quand il est pris conjointement pour l'un et pour l'autre, est équivoque, et que pour le prendre précisément pour ce premier acte, ou cette *forme principale de l'homme*, il doit être seulement entendu de ce principe par lequel nous pensons [*de principio quo cogitamus*] : aussi l'ai-je le plus souvent appelé du nom d'*esprit* [*mentis*], pour ôter cette équivoque et ambiguïté. Car je ne considère pas l'*esprit* [*mentem*] comme une partie de l'âme, mais comme cette âme tout entière qui pense [*cogitat*[2]].

---

1 R. Descartes, *Lettre à* *** [Silhon], mars 1637, in *Œuvres de Descartes*, éd. Ch. Adam et P. Tannery, t. I à XI, Paris, Vrin, 1996 (désormais noté « A-T » suivi du numéro du tome), A-T I, p. 353.

2 R. Descartes, « Réponses aux cinquièmes objections », in *Œuvres philosophiques de Descartes*, t. 2, éd. F. Alquié, Paris, Garnier frères, 1967, t. 2 (désormais noté « trad. Alquié » suivi

Descartes le réaffirme dans ses réponses aux cinquièmes objections : le terme d'âme (*anima*) demeure ambigu et on doit lui substituer celui d'esprit (*mens*). Ce terme de *mens* définit entièrement l'âme qui est de nature rationnelle – « *Anima in homine unica est, nempe rationalis*[3]. » Cette définition de l'esprit, dont la connaissance complète ne peut contenir que des éléments qui procèdent de la pensée, a pour conséquence d'attribuer au corps les fonctions organiques : mouvement, digestion, battement du cœur, nourriture, croissance, ce que fait Descartes dès le *Traité de l'homme.* La représentation d'une faculté nutritive de l'âme, commune à tous les vivants, végétaux et animaux et d'une faculté sensitive au principe du mouvement et de la sensation chez les animaux, est définitivement invalidée. Seules sont gardées les sciences théorétiques qu'Aristote réserve aux animaux doués de la faculté de raisonnement donc aux hommes. Étant esprit en tant que substance (pensée) et activité (penser), cette définition simplifie celle hylémorphique et psychophysique d'Aristote : l'âme étant à la fois cause formelle d'un corps ayant la vie en puissance, cause efficiente puisque motrice et nutritive et cause finale : la nature poursuit un but.

Cette caractérisation qui attribue l'acte de connaître à l'esprit implique que l'âme est plus facile à connaître que le corps, comme le montre l'analyse du morceau de cire qui formule un jugement nouveau n'opposant plus connaissance intellectuelle et connaissance sensible puisque la connaissance de celle-ci passe par l'entendement, seul moyen de connaître : « *notre Âme existe*, à cause qu'il n'y a rien dont l'existence soit plus notoire[4] ». D'où l'erreur des sens qui ne provient pas d'eux mais de ce que l'esprit, croyant qu'ils lui apportent les idées qu'il a des choses, raisonne selon les jugements acquis pendant l'enfance à l'occasion des impressions que les choses sensibles font dans les organes des sens. L'esprit ne s'oppose donc pas aux sens mais aux préjugés portant sur eux. L'âme est indivisible et n'a qu'une façon d'agir : donner occasion de connaître ce qui n'est pas elle par les idées, c'est-à-dire par une perception « qui répond à la signification d'un mot[5] ». Seul l'esprit connaît, veut, imagine, sent : c'est l'âme qui voit, non l'œil.

---

du numéro du tome), p. 797. En latin, A-T V, p. 356.

3 R. Descartes, *Lettre à Regius*, mai 1641, A-T III, p. 371.

4 R. Descartes, *Lettre à Clerselier*, juin ou juillet 1646, A-T IV, p. 444.

5 P. Guenancia, L'*Intelligence du sensible : essai sur le dualisme cartésien*, Paris, Gallimard, 1998, p. 138.

L'indivisibilité de la nature de l'âme et donc son unité indécomposable a pour corollaire son immortalité. Car, si le corps, en tant qu'il est le mien, forme une unité dans la durée, c'est sa divisibilité qui confère la mort :

> [...] la mort n'arrive jamais par la faute de l'âme, mais seulement parce que quelqu'une des principales parties du corps se corrompt ; et jugeons que le corps d'un homme vivant diffère autant de celui d'un homme mort que fait une montre [...] lorsqu'elle est montée et qu'elle a en soi le principe corporel des mouvements pour lesquels elle est instituée, avec tout ce qui est requis pour son action, et la même montre ou une autre machine, lorsqu'elle est rompue et que le principe de son mouvement cesse d'agir[6].

Dans l'*Abrégé des méditations*, Descartes rappelle que l'immortalité de l'âme dépend de la physique et qu'elle donne aux hommes l'espérance d'une seconde vie après la mort. La définition métaphysique de l'âme est donc solidaire d'une physique qui elle aussi rompt avec celle d'Aristote : l'homogénéité de la matière a comme seul attribut l'étendue et, non moins important, l'étendue est synonyme de matière, ce qui nie l'existence du vide.

Cette force cognitive spirituelle a son « double » dans l'usage des passions où l'âme agit et ressent de manière autonome, c'est-à-dire indépendamment du corps. Dans *Les Passions de l'âme*, Descartes décrit une expérience tout intérieure bien qu'elle s'effectue au sein de circonstances et d'événements qui font la vie de chacun et qu'elle se particularise par la complexion spécifique des individus. Ces « émotions intérieures » ou « passions raisonnables » qui reproduisent le fonctionnement des passions sans passer par l'union substantielle de l'âme et du corps ne sont pas des doublets des passions mais leur intériorisation au sein de l'âme ou leur reprise dans l'autonomie du plus propre à soi[7]. Elles appartiennent entièrement à l'âme y compris dans la causalité de leurs représentations,

---

6 R. Descartes, *Les Passions de l'âme*, I, art. 6, A-T XI, p. 330 ; « Abrégé des six méditations suivantes », A-T IX, p. 10 : « [...] le corps humain peut facilement périr, mais que l'esprit, ou l'âme de l'homme (ce que je ne distingue point), est immortelle de sa nature » ; « Secondes réponses », A-T IX, p. 120 : « L'esprit [...] ou l'âme de l'homme autant que cela peut être connu par la Philosophie naturelle, est immortelle. »

7 R. Descartes, *Lettre à Chanut*, 1er février 1647, A-T IV, p. 602 : « tous ces mouvements de la volonté auxquels consistent l'amour, la joie et la tristesse, et le désir, en tant que ce sont des pensées raisonnables, et non point des passions, se pourraient trouver en notre âme, encore qu'elle n'eût point de corps ».

n'étant « excitées en l'âme que par l'âme même[8] ». Ainsi, en l'amour raisonnable, la représentation du bien aimable est claire ; sa connaissance est donc aussi parfaite et la volonté s'y joint infailliblement. L'âme éprouve non seulement de l'amour pour la perfection de ce bien mais aussi l'émotion de la joie comme dans un amour sensitif. La joie et le plaisir raisonnables « qui appartiennent à l'esprit seul[9] » modifient l'âme et le corps et, parce que la représentation de l'objet est certaine, l'âme en reconnaît le bien-fondé : l'objet aimable n'est pas indûment valorisé par la force de l'émotion corporelle ou l'imagination. L'âme, ayant mis à distance les passions par le point de vue qu'elle porte sur elles, peut mettre en œuvre ses propres armes, les jugements fermes et déterminés touchant la connaissance du bien et du mal, d'où l'absence de doute ou de conflit moral. Ce renversement de la pensée du sens commun est la raison pour laquelle Descartes commence son traité sur les passions en séparant les fonctions du corps de celles de l'âme. Comme l'expérience du *cogito* commande de se détourner des sens et de l'imagination et de repousser tout enseignement ou toute antériorité de lectures, comme l'expérience de la volonté écarte tout ce qui est étranger au vouloir y compris la clarté de l'entendement, l'expérience des émotions intérieures met à distance les émotions corporelles et rejette toute intrusion d'erreurs qui finaliseraient sa conduite dans une voie qui n'est pas la sienne.

La force de ces émotions raisonnables s'oppose à celle des plaisirs de l'imagination et des sens qui ne touchent que « la superficie de l'âme » mais aussi au temps passionnel qui ne procure que de « petites joies passagères[10] ». Leur permanence implique l'habitude de se tourner vers l'âme car si la volonté peut à l'occasion être instantanée – sauver quelqu'un des flammes – elle est d'abord le fruit d'une patiente industrie et non une création d'actes que l'âme pourrait produire « à volonté » sans réflexion ni souvenir des expériences passées ; ce qui renvoie à une certaine éducation ou disposition de la volonté qui, défaillante chez les

---

8 R. Descartes, *Les Passions de l'âme*, II, art. 147, A-T XI, p. 440-441 : « J'ajouterai seulement encore ici une considération qui me semble beaucoup servir pour nous empêcher de recevoir aucune incommodité des passions : c'est que notre bien et notre mal dépendent principalement des émotions intérieures qui ne sont excitées en l'âme que par l'âme même ; en quoi elles diffèrent de ces passions, qui dépendent toujours de quelque mouvement des esprits. Et bien que ces émotions de l'âme soient souvent jointes avec les passions qui leur sont semblables [...]. »

9 R. Descartes, *Lettre à Élizabeth*, 1er septembre 1645, A-T IV, p. 284.

10 R. Descartes, *Lettre à Élizabeth*, septembre 1645, A-T IV, p. 293.

âmes faibles, peut à l'instar de l'intuition, s'affermir par des exercices. Quant à leur grandeur ou à la perfection des objets perturbants, ils sont évalués à l'aune du libre-arbitre : le seul bien ou la seule valeur est la volonté effective. Car même si on se trompe en croyant choisir le meilleur, le bien consiste à exécuter ce qu'on a déterminé : il ne suffit plus de bien juger pour bien faire mais surtout de faire ce qui a été jugé.

L'expression de ces émotions intérieures tend elle aussi à une certaine uniformité : « les grandes joies sont ordinairement mornes et sérieuses » au contraire de « l'extrême joie[11] » qui fait tomber en pâmoison. La satisfaction de l'esprit qui suit la recherche de biens dépendant du libre-arbitre et dont on connaît la juste valeur rend plus triste que la joie posée comme valeur suprême pour laquelle tous les moyens sont bons à prendre pour la ressentir : ainsi, les pleurs de la béatitude signent le plaisir de l'âme comme la tristesse « qui accompagne les bonnes actions, et principalement celles qui procèdent d'une pure affection pour autrui qu'on ne rapporte pas à soi-même, c'est-à-dire de la vertu chrétienne qu'on nomme charité[12] ». Ces manifestations de l'âme atténuent ou inversent les expressions passionnelles comme si elles devaient s'apparenter à une eau calme et immobile contrairement aux véhémences de passions comme l'orgueil et la bassesse qu'éprouvent ceux qui préfèrent les biens de ce monde– esprit, beauté, richesses, honneurs – à l'usage de leur libre-arbitre.

L'immortalité de l'âme qui empêche de craindre la mort et détache de l'affection des choses du monde est également utile dans l'usage de ces émotions intérieures[13]. Elle prolonge la durée d'une joie constante, signifiant à l'âme que son contentement intérieur est d'une autre valeur que les plaisirs du corps. Plus qu'une ruse pour persuader les hommes de la nécessité de pratiquer les vertus morales, l'immortalité de l'âme est une façon de dire que la vie est une scène où l'âme agit en tant que spectatrice.

> Car, d'une part, se [les grandes âmes] considérant comme immortelles et capables de recevoir de très grands contentements, puis, d'autre part, considérant qu'elles sont jointes à d'autres corps mortels et fragiles, qui sont sujets à beaucoup

11 R. Descartes, *Les Passions de l'âme*, Seconde partie, art. 122, A-T XI, p. 418.

12 R. Descartes, *Lettre à Élizabeth*, 6 octobre 1645, A-T IV, p. 308-309.

13 R. Descartes, *Lettre-préface des méditations à Messieurs les doyens et docteurs de la sacrée faculté de théologie de Paris*, A-T II, p. 383.

> d'infirmités, et qui ne peuvent manquer de périr dans peu d'années, elles font bien tout ce qui est en leur pouvoir pour se rendre la fortune favorable en cette vie, mais néanmoins elles l'estiment si peu, au regard de l'éternité, qu'elles n'en considèrent quasi les événements que comme nous faisons ceux des Comédies[14].

L'âme, en tant que pensée ou volonté de causer ses propres actes par son libre-arbitre qui « nous rend en quelque façon, pareils à Dieu et semble nous exempter de lui être sujets[15] », est une âme agissant uniquement en elle-même et par elle-même, une substance autonome.

Mais cette définition cartésienne de l'âme est affirmée à partir du cogito posé comme premier principe fondateur d'une métaphysique et d'une science ainsi que de la liberté de douter prise par un « je » et non à partir d'une ontologie générale comme science de l'être en tant qu'être ou d'un quelconque averroïsme supposé :

> *Ego sum, ego existo ; certum est [...] sum igitur praecise tantum res cogitans, id est, mens, sive animus, sive intellectus, sive ratio, voces mihi prius significationis ignotae*[16].

On le sait, Descartes ne pose pas cette définition *ex abrupto* ni selon une logique aristotélicienne jugée superflue ou vide dans cette première moitié du XVIIe siècle, mais il conclut un exercice méditatif[17] et l'intuition dans laquelle elle s'impose est aisée : l'esprit l'« atteint », la « sent », mieux : la « manie[18] ». Manier est une image, une concrétisation utile : on ne manie que ce qui tient dans la main ou sous le regard et l'esprit ne manie que ce qu'il tire ou tient de son propre fond.

Quel rapport existe-t-il entre cette définition de l'âme que possède tout un chacun et le « je » qui la pose comme telle pour en faire un élément

---

14 R. Descartes, *Lettre à Élizabeth*, 18 mai 1645, A-T IV, p. 202.

15 R. Descartes, *Lettre à Christine de Suède*, 20 novembre 1647, A-T V, p. 85.

16 R. Descartes, *Méditations*, Seconde, A-T VII, p. 27.

17 R. Descartes, « Secondes réponses », A-T IX, 110 : « quand nous apercevons que nous sommes des choses qui pensent, c'est une première notion qui n'est tirée d'aucun syllogisme ; et lorsque quelqu'un dit : je pense, donc je suis ou j'existe, il ne conclut pas son existence de sa pensée par la force de quelque syllogisme, mais comme une chose connue de soi ; il la voit par une simple inspection de l'esprit ».

18 R. Descartes, *Lettre à Silhon*, mars ou avril 1648, A-T V, 138. J.-L. Marion, *Questions cartésiennes, méthode et métaphysique*, PUF, 1991, p. 170, n. 16 : « Primitivement, penser et cogiter signifie... [...] sentir en [s']éprouvant. Ce n'est que sur le fonds de cette immédiateté à soi-même que la *cogitatio* peut, au moment précis où elle récuse en doute la réflexion et ses objets intentionnels, d'abord s'assurer certainement d'elle-même, ensuite éprouver que, pour autant qu'elle *s'éprouve* et donc s'auto-affecte, elle est, elle existe. »

essentiel de la philosophie cartésienne ? Plus encore, quelle est l'âme d'un « vrai homme », autrement dit quel lien y a-t-il entre l'âme définie par le cogito et celle qui agit dans l'union substantielle des deux substances ?

La pensée se conjugue d'emblée à la première personne et à la subjectivité en tant que tout homme pense et non dans le sens moderne de ce mot en ce qu'il signifierait la recherche d'une singularité personnelle même si Descartes livre dans le *Discours de la méthode* une biographie intellectuelle. La proposition « je suis, j'existe » nécessairement vraie, toutes les fois qu'elle est prononcée, ou conçue en l'esprit est le fruit d'une expérience[19] vécue et d'un je agissant librement. Or, cette proposition qui postule que la pensée échappe au doute constitue le premier principe de sa philosophie :

> [...] en considérant que celui qui veut douter de tout, ne peut toutefois douter qu'il ne soit, pendant qu'il doute, et que ce qui raisonne ainsi, en ne pouvant douter de soi-même et néanmoins doutant de tout le reste, n'est pas ce que nous disons être notre corps, mais ce que nous appelons notre âme ou notre pensée, j'ai pris l'être ou l'existence de cette pensée pour le premier Principe[20].

L'existence et la subjectivité cartésiennes sont à l'origine de la découverte du premier principe, vérité qui constitue le fondement de la science et la définition de la nature de l'âme. Si le cogito c'est l'âme sans le corps, ce n'est pas aussi l'âme sans le « je ». Est-ce une figure du « je » en tant qu'il opère par l'entendement seul ou un « je » passé par l'épreuve du doute, épreuve concrète non sans absence de troubles donc un « je » conscient de l'union de l'âme et du corps ? Le « je » posséderait alors différentes fonctionnalités selon qu'il ferait usage de son âme tantôt dans la stricte séparation des deux substances, tantôt en union avec le corps dont le point unique de jonction est une localisation cérébrale et ses ramifications neuropsychiques – la glande pinéale joue le rôle d'une centrale de conversion âme/corps : les mouvements du corps devenant des dispositions de l'âme et les volontés de l'âme étant traduites selon

19 *Cf.* O. Barbero, *Descartes ou le pari de l'expérience, cogito, liberté, union*, Paris, L'Harmattan, 2009.

20 R. Descartes, *Lettre de l'auteur à celui qui a traduit le livre, laquelle peut ici servir de Préface*, in *Principes*, A-T IX, 2, p. 9-10 ; « et remarquant que cette première vérité : je pense, donc je suis, était si ferme et si assurée, que toutes les plus extravagantes suppositions des Sceptiques n'étaient pas capables de l'ébranler, je jugeais que je pouvais la recevoir, sans scrupule, pour le premier principe de la Philosophie que je cherchais ». Le latin dit : *fundamentum*. *De Methodo*, IVe partie, A-T VI, p. 558.

un trajet allant des esprits animaux aux organes. Pourtant, c'est bien le même « je » qui éprouve les affres d'un doute pouvant mener au scepticisme et qui agit par l'entendement seul, lequel est auteur du cogito.

Le « je » qui pense est le « je » qui existe parce qu'il est le « je » pendant qu'il pense – pour penser, il faut être.

> Et je trouve ici que la pensée est un attribut qui m'appartient : elle seule ne peut être détachée de moi. Je suis, j'existe : cela est certain. Mais pendant combien de temps ? À savoir, autant de temps que je pense ; car peut-être se pourrait-il faire, si je cessais de penser, que je cesserais en même temps d'être ou d'exister[21].

La pensée, constitutive du « je », est le caractère unique de cet acte expérimental : j'existe parce que je connais[22]. La pensée, seule chose qui ne peut être détachée de moi, pose le fait de mon existence comme distinctement connue. Ce moi s'autosuffit : pour exister, il lui suffit de penser – « et que nous sommes par cela seul que nous pensons[23] ». Le cogito, en faisant de cette faculté de penser la nature même de l'âme, rend nécessaire la permanence de ses actes : l'âme, qu'elle entende, veuille, imagine, sente, ce qui est la même chose, pense toujours[24].

Mais le « je » de l'union est très étroitement conjoint et tellement confondu et mêlé au corps qu'il compose comme un seul tout avec lui, autrement dit « un vrai homme ». Dans les *Réponses aux sixièmes objections*, Descartes écrit :

> [...] je n'ai jamais vu ni compris que les corps humains eussent des pensées, mais bien que ce sont les mêmes hommes qui pensent et qui ont des corps.

21 R. Descartes, *Méditations*, Seconde, A-T IX, p. 21.

22 *Cf.* E. Cassirer, *Descartes, Corneille, Christine de Suède*, trad. M. Francès et P. Schrecker, Paris, Vrin, 1997, p. 19 : « Car déjà le cogito, qui pose la base de toute certitude théorique, ne nous est donné que dans l'accomplissement d'un certain *acte* de conscience, où par conséquent le moi apparaît en même temps comme concevant et comme spontanément agissant. »

23 R. Descartes, *Principes*, Première partie, art. 8, A-T IX, 2, p. 28.

24 R. Descartes, *Principes*, Première partie, art. 9, A-T IX, 2, p. 28 : « Par le mot de penser, j'entends tout ce qui se fait en nous de telle sorte que nous l'apercevons immédiatement par nous-mêmes... ; c'est pourquoi non seulement entendre, vouloir, imaginer, mais aussi sentir, est la même chose ici que penser. [...] si j'entends parler seulement de l'action de ma pensée ou du sentiment, c'est-à-dire de ce qui est en moi, qui fait qu'il me semble que je vois ou que je marche, cette même conclusion est si absolument vraie que je n'en peux douter, à cause qu'elle se rapporte à l'âme, qui seule a la faculté de sentir, ou bien de penser en quelque autre façon que ce soit. »

> Et j'ai reconnu que cela se fait par la composition de la substance qui pense avec la corporelle[25].

On peut ajouter que ce ne sont pas des pensées qui ont des corps. Partir du sujet encore une fois, c'est assurer de bien concevoir l'union. Il est donc essentiel de la penser non à partir des termes qui sont unis mais du tout du rapport, c'est-à-dire de l'homme. L'unité fonctionnelle des deux natures montre déjà qu'elles forment comme un tout tel le pilote navigant fait corps avec le complexe mécanique et finalisé de son navire. Le mouvement volontaire privilégie le corps comme unité organisée en tant que réponse à la volonté indivisible qui meut. Par-là, c'est déjà le propre corps d'un homme ; en ce sens, il n'y a pas de faux homme ou d'homme amoindri : le mouvement volontaire postule déjà que je suis uni à « une chose étendue qui se meut par la disposition de ses organes, qu'on nomme proprement le corps d'un homme[26] ».

Or, cette unité suppose que le corps uni à l'âme est toujours un et toujours le sien. C'est encore l'expérience de l'union et la bonne disposition du corps qui disent que, bien que ce dernier change, il est toujours « un » malgré ses changements – dus à l'âge ou à des accidents car il est informé de la même âme. Le moi s'éprouve identique à lui-même au travers de tous les changements qui l'affectent. Si le corps est un, c'est qu'il demeure le même corps : on passe de l'unité de composition ou de l'unité numérique à l'identité :

> [...] nous ne pensons pas que celui qui a un bras ou une jambe coupée, soit moins homme qu'un autre. Enfin, quelque matière que ce soit, pourvue qu'elle soit unie à la même âme raisonnable, nous la prenons toujours pour le corps du même homme, et pour le corps tout entier, si elle n'a pas besoin d'être accompagnée d'autre matière pour demeurer jointe à une âme[27].

Mais avoir le même corps signifie qu'il est conjoint étroitement à la même âme ou informé par elle : voilà pourquoi c'est en raison d'une union substantielle et non d'une simple disposition qu'on peut dire qu'il est un numériquement et « même, en ce sens-là, il est indivisible[28] », sur

25 R. Descartes, « Sixièmes réponses », A-T VII, p. 444.

26 R. Descartes, *Principes*, Seconde partie, art. 2, A-T IX, 2, p. 64.

27 R. Descartes, *Lettre à Mesland*, 9 février 1645, A-T IV, p. 167.

28 R. Descartes, *Lettre à Mesland*, 9 février 1645, A-T IV, p. 167 ; *Lettre à Regius*, janvier 1642, A-T III, p. 492-493 : « toutes les fois que l'occasion s'en présentera, vous devez avouer, soit

lui rejaillit en quelque sorte l'indivisibilité propre à l'âme. De même que la glande pinéale doit être une pour ne représenter qu'un objet et ainsi ressembler à l'âme qui n'a qu'une seule et simple pensée en même temps. Même objectivement défectueux, un corps n'en reste pas moins, malgré ses manques, le même corps ; c'est donc la conscience qu'on a d'avoir un corps qui est le sien qui pose cette unité et son indivisibilité de corps humain. L'union du corps et de l'âme forme une individualité et une identité propre : parfait dans sa disposition qui procure une connaissance de l'utile institué naturellement, il a son unité en tant que totalité organique mais son unité substantielle offre le particulier d'une histoire individuelle parce qu'il est celui d'un « je » et d'un sujet qui est un homme, ce qui fait dire à Descartes que ce corps est peut-être le tout : « donc j'ai senti que j'avais une tête [...] et tous les autres membres dont est composé ce corps que je considérais comme une partie de moi-même, ou peut-être aussi comme le tout[29] ».

Or, ce « je » est aussi celui qui, au début de la seconde méditation, craint de voir se confirmer les ténèbres des doutes qui l'ont agité le soir précédent : « et comme si tout à coup j'étais tombé dans une eau très profonde, je suis tellement troublé [*turbatus sum*], que je ne puis assurer mes pieds dans le fond, ni nager pour me soutenir au-dessus[30] ». Subitement, le voilà donc comme plongé dans une obscurité abyssale où ne pouvant ni poser ses pieds ni émerger, son corps ne trouve aucun repère, ni point fixe pour s'assurer. Cette « nuit obscure » de l'esprit dans sa recherche des fondements du savoir le surprend et constitue une expérience troublante qui l'alarme. Dans ce vide sans lumière naturelle ni morceau de cire, ne rien voir signifie soit qu'il n'y a rien à voir et que le monde et soi-même ne sont qu'illusions, soit qu'il est impossible de bien user du bons sens qui signe l'incapacité de la raison à déchiffrer le monde et à confirmer la certitude d'une idée et son évidence, autrement dit à en garantir la vérité. Or, plus encore, ce qui le trouble, c'est non seulement la crainte de se

---

en particulier, soit en public, que vous croyez que l'homme est un véritable être par soi et non par accident ; et que l'âme est réellement et substantiellement unie au corps, non par situation ou disposition [...] mais qu'elle est unie au corps par une véritable union ».

29 R. Descartes, *Méditations*, Sixième, A-T IX, p. 59.

30 *Turbidus* : troublé, agité, en désordre, confus, obscur ; trouble pour un liquide ; déchaîné, démonté, furieux, tumultueux (océan) troublé ou égaré par un sentiment violent, vivement ému ; mutiné, révolté (peuple) ; alarmant. Nous traduisons *turbidus* par « trouble » au lieu de « surpris », traduction généralement admise. *Dictionnaire Latin-Français*, A. Gariel, Paris, Hatier, 1960, p. 697. R. Descartes, *Méditations*, Seconde, A-T IX, p. 18.

tromper mais aussi celle d'être trompé par le vouloir et le pouvoir d'un mauvais génie que l'assomption d'un doute volontaire lui fait supposer.

N'est-ce pas l'homme tout entier qui fait l'expérience de cette méditation, et qui s'est engagé dans cette recherche d'intelligibilité du monde ? Ou faut-il dire que la pensée de l'âme d'un homme use de son identité, de sa singularité pour devenir le sujet de ses propres pensées et livre un cheminement exemplaire ? Car ce « je » n'est pas un solitaire, mais il dialogue avec des lecteurs, ce dont témoigne le jeu des objections et des réponses qui suivent les *Méditations*. C'est là l'attitude générale que veut prendre la philosophie cartésienne : permettre à chacun d'exercer le pouvoir de son esprit et les droits du sujet à connaître, parce que la raison est tout entière en chacun.

Entre le « je » d'un entendement pur (c'est-à-dire distingué de l'imagination et des sens) qui découvre le premier principe et celui de l'union, la frontière est peut-être moins assurée et distincte que l'étiquette de dualisme appliquée à la philosophie cartésienne tend à le suggérer. Cette équivocité du « je » peut être ramenée à l'univocité de la nature et de l'acte de penser de l'« âme-*mens* », de cette chose pensante que je suis quoique je fasse (percevoir, vouloir, sentir), puisque toute connaissance passe par l'idée, modalité du penser.

Le sens monosémique que Descartes donne à l'âme revêt un caractère anthropologique : Descartes n'admettant pour les animaux que l'âme végétative et sensitive pour reprendre un vocabulaire aristotélicien. Cette césure entre l'homme et l'animal, d'un côté, une âme-pensée et son expression, le langage, de l'autre, un corps-étendue réglé selon des règles mécaniques admet une unité, celle d'une explication rationnelle dans les deux cas. Elle reconnaît aussi un point commun entre l'homme et l'animal, relatif aux mouvements involontaires qui suivent les lois exactes du mécanisme imposées par Dieu et qui sont donc communes avec celles des bêtes ou d'une horloge. De plus, allant contre notre volonté, puisqu'on ne peut les empêcher, ces mouvements prouvent que l'âme n'y participe pas. Descartes compare ainsi l'acte de jeter les mains en avant pour sauver sa tête quand on tombe à « la lumière réfléchie du corps du loup dans les yeux de la brebis (qui) a la même force pour exciter en elle le mouvement de la fuite[31] ». Cet automatisme corporel concourt à la conservation de l'homme et lui est donc utile ; ce qu'on ne peut pas dire

31 R. Descartes, *Lettre à Newcastle*, 23 novembre 1646, A-T IV, p. 573.

de l'animal car, bien que la finalité soit la même, ce dernier ignore l'utile et son contraire. Le corps qui donne des signes à l'âme pour l'usage des commodités de la vie par l'institution de nature fait donc intervenir du téléologique ou du moins une conscience et un sens de ces signes. Mais s'il y a une finalité, il y a alors un reflux non du biologique en tant que tel, mais d'une signification biologique dans le mécanisme. La présence de l'âme en donnant sens aux sens distingue l'homme de l'animal, elle met en œuvre sa liberté et non seulement ou pas toujours une contrainte mécanique ou un déterminisme fonctionnel : la fuite peut se transformer en affrontement et tout instinct animal ne doit pas être forcément suivi[32]. L'animal lui, telle une horloge, exécute des performances parfaites.

D'où cette conséquence importante relative à la vision de l'enfance : il y a une différence de nature entre les enfants et les brutes :

> [...] cependant, je ne croirais pas que les enfants eussent une âme, si je ne voyais qu'ils sont de même nature que les adultes. Pour les brutes, elles ne parviennent jamais à un âge où l'on puisse remarquer en elles un signe certain de pensée[33].

Il n'y a en effet chez l'animal aucun signe de pensée, ni langagier, ni de jugement et de liberté ni de plasticité dans leurs actions. En ce sens, la coupure radicale entre homme et animal permet de soustraire l'enfant à toute comparaison : « il n'est pas croyable qu'un singe ou un perroquet [...] n'égalât en cela un enfant des plus stupides, ou du moins un enfant qui aurait le cerveau troublé, si leur âme n'était d'une nature du tout différente de la nôtre[34] ».

Aussi l'expression d'« instincts de nature » rapportée à l'homme est plutôt à prendre « pour ainsi dire », car il n'y a pas de fonctionnement physiologique pour l'homme qui ne soit en même temps accompagné d'une connaissance par l'âme, y compris de l'involontaire. L'automatisme corporel impliqué par la distinction des substances doit être pensé à

32 R. Descartes, *Lettre à Mersenne*, 16 octobre 1639, A-T II, p. 599 : « je distingue deux sortes d'instincts : l'un est en nous en tant qu'hommes et est purement intellectuel ; c'est la lumière naturelle ou *intuitus mentis*, auquel seul je tiens qu'on doit se fier ; l'autre est en nous en tant qu'animaux, et est une certaine impulsion de la nature à la conservation de notre corps, à la jouissance des voluptés corporelles, etc., lequel ne doit pas être toujours suivi ».

33 R. Descartes, *Lettre à Morus*, 15 avril 1649, A-T V, p. 345 ; trad. Alquié, *op. cit.*, III, p. 911.

34 R. Descartes, *Discours de la méthode*, cinquième partie, A-T VI, p. 58. *Cf.* O. Barbero, *Le Thème de l'enfance dans la philosophie de Descartes*, Paris, L'Harmattan, 2005.

partir de l'homme et d'un rapport complexe d'union et de disposition. Ce code d'usage, ce pli institué, ce rabat du corps sur l'âme et de l'âme sur le corps « fait » le cartésianisme sur ce point et explique que tous les philosophes, des postcartésiens à Condillac, le critiqueront ou s'y opposeront mais ne pourront pas ne pas s'y référer.

Mais si l'animal possède un corps fonctionnel à « son usage », où passe exactement la frontière entre son corps et celui d'un homme ? Autrement dit, peut-on attribuer le sentiment et la pensée à l'animal ? Quand Descartes classe les différents degrés du terme *sensus* eu égard à leur degré de certitude[35], il dit « perception » et non « sensation » pour qualifier ce deuxième degré du terme provenant de l'union de l'âme et du corps ; le premier étant celui de l'action des objets extérieurs sur le corps et commun avec l'animal. Le jugement et la volonté portent toujours sur un sentiment, c'est-à-dire sur de la pensée occasionnée par le corps. Lorsque le son d'une cloche agit sur les oreilles, c'est l'âme qui entend par l'entremise du cerveau et parce que c'est elle qui entend, elle peut juger de leur causalité et de leur nature. Aussi ce qui est commun avec l'animal, ce sont bien les actions et les mouvements mais non leur « réception ».

Le sentiment animal qui entraîne des comportements corporels explicables par le seul modèle mécaniste n'ouvre donc à aucune connaissance, fût-elle confuse. À partir de l'explication mécaniste de la fantaisie, Descartes écrit qu'on peut comprendre comment peuvent se produire tous les mouvements des autres animaux sans admettre une connaissance des choses, mais seulement une fantaisie purement corporelle [« *sed phantasia tantum pure corporea admittarur*[36] »]. Si Descartes fait rebondir la question en comparant la première connaissance du morceau de cire avec celle qui pourrait tomber en même sorte du sens du moindre animal en raison de son caractère ni distinct ni évident, il admet simplement que l'animal voit par ses yeux alors que l'âme voit par l'entremise de ses yeux. Voir un bâton, c'est-à-dire selon le premier degré de certitude du sens, c'est déjà comprendre qu'il excite des mouvements dans le nerf optique. Si donc pensée animale il y a, elle ne peut relever que du corps. Le fait que la

35 R. Descartes, « Sixièmes réponses », A-T VII, p. 436-437. Le deuxième degré « contient tout ce qui résulte immédiatement en l'esprit, de ce qu'il est uni à l'organe corporel ainsi mû et disposé par ces objets ; et tels sont les sentiments (*perceptiones*) de la douleur, du chatouillement, de la faim, de la soif, des couleurs, des sons, des saveurs, des odeurs, du chaud, du froid, et autres semblables ».

36 *Regulae ad directionem ingenii*, XII, A-T X, p. 414.

pensée soit enfermée dans le sentiment ne doit pas brouiller le jugement. Seul, ce qui est un fait de conscience relève de l'homme et d'un homme en particulier ; ainsi suivre la raison ou l'opinion d'autrui, fusse-t-elle vraie, c'est agir en automate et en bête, plutôt qu'en homme. Mais si l'animal ignore l'avantageux et le désavantageux, nul ne peut dire s'il est sujet à la douleur, ce qui supposerait de connaître « par le menu toute l'architecture de leurs membres[37] ». Aussi l'indignation de Morus envers Descartes qui « arrache la vie et le sentiment à tous les animaux[38] » est-elle sans objet. Descartes n'a jamais dénié la vie à l'animal ni le sentiment à condition de ne pas entendre celui-ci comme issu de l'âme mais comme un mouvement : « *vitam enim nulli animali denego* [...] *nec denego etiam sensum quatenus ab organo corporeo dependet*[39] ». Seul est donc connu le dispositif explicatif de la douleur humaine car il est impossible de savoir comment la douleur se manifeste pour un corps animal. Il est certain que ce corps, qui réagit à une agression, manifeste un fonctionnement intentionnel de sa machine corporelle, mais on ne peut aller au-delà. Si on ignore certaines capacités animales faute de distinguer toutes les propriétés du corps animal selon les lois de la Nature[40], ces dernières ne peuvent être qu'issues de la puissance de la matière car l'âme des bêtes est leur sang qui, échauffé par le cœur et converti en esprit, se répand, par le cerveau, dans tous les nerfs et les muscles[41]. Et Descartes ajoute : « il y a une si grande différence entre les âmes des bêtes et les nôtres que je ne sache point que jamais personne ait inventé un argument plus fort ». Le sang animal peut donc bien se convertir en esprit ou en esprits animaux selon l'interprétation adoptée, il n'en demeure pas moins porteur de la perfection animale et c'est lui qu'il faudra étudier pour parfaire nos connaissances à son sujet.

37 R. Descartes, *Lettre à Gibieuf*, 19 janvier 1642, A-T III, p. 479.

38 R. Descartes, *Lettre de Morus*, 11 décembre 1648, A-T V, p. 243-244. Morus cite plusieurs comportements animaux qu'ils ne peuvent avoir « *sine interna conscientia* ».

39 R. Descartes, *Lettre à Morus*, 5 février 1649, A-T V, p. 278.

40 La neurophysiologie du cerveau ne distingue pas l'homme de l'animal en ce qui concerne les mécanismes élémentaires de la communication nerveuse (canaux ioniques et protéines ainsi qu'au niveau des éléments qui rejoignent également la physique (carbone, hydrogène, oxygène). Ces découvertes s'accordent avec l'idée cartésienne de capacités corporelles qui restent à découvrir. (C'est nous qui soulignons.) *Cf.* J.-P. Changeux, *L'Homme neuronal*, Paris, Fayard, 1983.

41 R. Descartes, *Lettre à Pemplius pour Fromondus*, 3 octobre 1637, A-T I, p. 414 ; trad. Alquié A I, p. 786-787. Descartes est en conformité avec les textes bibliques qu'il cite d'ailleurs : Lévitique, 17, 14 et Deutéronome, 12, 23.

C'est pourquoi, on ne peut pas poser que l'animal est dépourvu de tout signe de pensée car on ne sait rien du tout de celui-ci, ne pouvant savoir par extériorité ce qu'il peut. On peut seulement formuler l'impossibilité d'une preuve concernant la pensée animale :

> [...] quoique je regarde comme une chose démontrée qu'on ne saurait prouver qu'il y ait des pensées dans les bêtes, je ne crois pas qu'on puisse démontrer que le contraire ne soit pas, parce que l'esprit humain ne peut pénétrer dans leur cœur pour savoir ce qui s'y passe. Mais en examinant ce qu'il y a de plus probable là-dessus, je ne vois aucune raison qui prouve que les bêtes pensent, si ce n'est qu'ayant des yeux, des oreilles, une langue, et les autres organes des sens tels que nous, il est vraisemblable qu'elles ont du sentiment comme nous, et que comme la pensée est enfermée dans le sentiment que nous avons, il faut attribuer au leur une pareille pensée. Or, comme cette raison est à la portée de tout le monde, elle a prévenu tous les esprits dès l'enfance[42].

Et leurs tours de finesse, leurs mouvements pour se nourrir, par crainte et pour leur reproduction, n'en finissent pas, malgré l'impossible expérience de ce qu'ils peuvent, de reconduire le préjugé enfantin d'une ressemblance avec nous.

Toutefois cette différence entre l'homme et l'animal ne doit pas inférioriser ce dernier pour estimer l'homme[43]. Si sa perfection comportementale signe un caractère moins admirable dans l'ordre des créatures, il a des dispositions dont on ne sait pas tout car nous n'en avons aucune expérience et ne pouvons en avoir : la spécificité même de l'homme l'empêche de connaître autrement qu'il ne connaît, c'est-à-dire par la pensée unie à un corps. Aussi « l'esprit, méditant en soi-même et faisant réflexion sur ce qu'il est, peut bien expérimenter qu'il pense, mais non pas si les bêtes ont des pensées ou si elles n'en ont pas[44] ». Il n'y a rien dans ce que nous observons dans les animaux qui nous permet de dire qu'ils pensent, d'où ces quasi-aveux :

> On peut seulement dire que, bien que les bêtes ne fassent aucune action qui nous assure qu'elles pensent, toutefois, à cause que les organes de leurs corps ne sont pas fort différents des nôtres, on peut conjecturer qu'il y a quelque

42 R. Descartes, *Lettre à Morus*, 5 février 1649, A-T V, p. 276-277 ; trad. Alquié, A III, p. 885.

43 G. Canguilhem, *La Connaissance de la vie*, Paris, Vrin, 1971, p. 111 : « Descartes fait pour l'animal ce qu'Aristote avait fait pour l'esclave, il le dévalorise afin de justifier l'homme de l'utiliser comme instrument. »

44 R. Descartes, « Cinquièmes réponses », A-T VII, p. 358 ; trad. Alquié A II, p. 799.

> pensée jointe à ces organes, ainsi que nous expérimentons en nous, bien que la leur soit beaucoup moins parfaite[45].

Et « on peut remarquer la même chose dans les bêtes ; car encore qu'elles n'aient point de raison, ni *peut-être*[46] aussi aucune pensée, tous les mouvements des esprits et de la glande qui excitent en nous les passions ne laissent pas d'être en elles et d'y servir à entretenir et fortifier, non pas comme en nous, les passions, mais les mouvements des nerfs et des muscles qui ont coutume de les accompagner[47] ». Reste un dernier argument pour ôter la pensée aux bêtes : celui de l'immortalité qu'on répugnerait à accorder à « des huîtres ou des éponges[48] ». Si Descartes affirme que l'absence de liberté garantit l'animal contre le péché : « nous disons que les bêtes brutes ne pèchent jamais[49] », du même argument, le Père Poisson conclut que puisque la souffrance correspond à un châtiment et que les animaux n'ont pas péché, ils ne souffrent pas et donc n'éprouvent pas de douleur, confondant ainsi sentiment et propriété corporelle[50].

Pour les défenseurs de la cause animale, Descartes est l'homme à abattre car lui faisant dire ce qu'il n'a jamais écrit, simplifiant sa pensée au maximum et notamment le modèle mécaniste et automate dont l'objectif n'est pas d'autoriser à battre les chiens mais de proposer des règles mécaniques pour expliquer selon la lumière naturelle et de manière universelle les performances animales que seul un préjugé né dans l'enfance fait ressembler à celles des hommes. Si Descartes a pratiqué la vivisection animale[51], qu'on se souvienne qu'il a vécu dans la première moitié du XVIIe siècle et qu'au XVIIIe siècle Diderot dans l'*Encyclopédie* et Maupertuis dans sa *Lettre sur le progrès des sciences* étaient en faveur de la vivisection humaine sur des criminels condamnés. Notons

45 R. Descartes, *Lettre à Newcastle*, 23 novembre 1646, A-T IV, p. 576.

46 C'est nous qui soulignons.

47 R. Descartes, *Des passions de l'âme*, Première partie, art. 50 A-T XI, p. 369.

48 R. Descartes, *Lettre à Newcastle*, 23 novembre 1646, A-T IV, p. 576 : « Si elles pensaient ainsi que nous, elles auraient une âme immortelle aussi bien que nous ; ce qui n'est pas vraisemblable, à cause qu'il n'y a point de raison pour le croire, et qu'il y en a plusieurs trop imparfaits pour pouvoir croire cela d'eux, comme sont les huîtres, les éponges, etc. »

49 V. Aucante, *Écrits physiologiques et médicaux*, présentation, textes, traduction, notes et annexes, Paris, PUF, 2000, « Fragments de 1637 », fragments 54 et 55, p. 89.

50 Condillac, cité par F. Dagognet, *L'Animal selon Condillac, une introduction au Traité des animaux*, Paris, Vrin, 1987, p. 20.

51 R. Descartes, *La Description du corps humain, de la formation de l'animal, 1648* : par exemple, « ayant ouvert la poitrine d'un animal vif », A-T XI, p. 239.

que Descartes a également fait valoir, non sans humour, que l'habitude alimentaire de manger de la viande n'était pas remise en question par ceux qui attribuaient l'âme à l'animal[52].

La réflexion philosophique ne peut se fonder sur des savoirs établis ou des accords logiques universels mais sur ce que l'on « sent en soi-même », sur l'expérience que fait son propre esprit accédant à la certitude qu'octroie la lumière naturelle ou *intuitus mentis*. Si « le je » offre différentes fonctions ou aspects, c'est toujours l'ipséité d'un individu qui pense. L'âme qui n'est pas définie de manière intellectualiste, puisqu'on a vu qu'avec la faculté de connaître elle met aussi en œuvre la volonté, est toujours l'âme d'un individu à qui il revient d'en faire usage. Il y a une circularité de l'expérience du cogito et de la liberté. Le cogito est d'abord le fruit d'une indépendance de la volonté qui peut décider de remettre en cause toute vérité et porter le doute à son acmé avant d'établir l'âme comme pensée[53]. Si l'usage de l'entendement fait parfaitement écho au bon usage de la liberté, ce sont les plus grands contentements accessibles en cette vie et qui constituent notre seule tâche.

Il reste peut-être un point commun entre Descartes et Aristote à condition de ne pas donner le même sens au divin : la pensée demeure un élément du divin ou une trace de Dieu présente en nous :

> Or le chemin que je juge qu'on doit suivre, pour parvenir à l'amour de Dieu, est qu'il faut considérer qu'il est un esprit, ou une chose qui pense, en quoi la nature de notre âme a quelque ressemblance avec la sienne, nous venons à nous persuader qu'elle est une émanation de sa souveraine intelligence, et *divinae quasi particula aurae*[54].

Moins parfaite que celle de Dieu, elle en est néanmoins une image dont on sait que pour Descartes elle ne doit pas être tout à fait semblable à ce dont elle est l'image à l'instar des tailles-douces. Mais c'est le libre-arbitre qui comme tout attribut de l'homme est sans commune

52 R. Descartes, *Lettre à Morus*, 5 février 1649, A-T V, p. 278-279 ; trad. Alquié, III, p. 887 : « mon opinion n'est pas si cruelle aux animaux qu'elle est favorable aux hommes, je dis à ceux qui ne sont point attachés aux rêveries de Pythagore, puisqu'elle les garantit du soupçon même de crime quand ils mangent ou tuent des animaux ».

53 J.-L. Marion, *Questions cartésiennes, méthode et métaphysique*, Paris, PUF, 1991, p. 170 : « La liberté comme le cogito est une expérience "d'auto-affection" de la conscience. »

54 R. Descartes, *Lettre à Chanut*, 1er février 1647, A-T IV, p. 608.

mesure avec tout attribut divin, mais dont le caractère d'illimitation le fait ressembler à l'infini divin davantage que « la faculté de concevoir [qui] est d'une fort petite étendue, et grandement limitée[55] ».

L'idée de Dieu ou celle d'infini qui font partie des idées innées sont notre véritable altérité : la substance infinie ayant plus de réalité que la substance finie, « j'ai en quelque façon premièrement en moi la notion de l'infini, c'est-à-dire de Dieu, que de moi-même[56] ».

L'animal n'est donc pas notre véritable altérité mais tout au plus une forme du vivant envers laquelle on peut ressentir une inclination – « on peut avoir de l'affection pour une fleur, pour un oiseau, pour un cheval[57] » – comme Descartes en avait sans doute pour ses cerisiers, son cheval ou son propre chien M. Grat.

Enfin, on peut remarquer que si Descartes a sorti la notion d'âme du contexte religieux, de ses significations hébraïques et aristotéliciennes ou de ce qui est défini comme le plus intime ou encore comme recelant un mystère, elle demeure l'élément d'une métaphysique dont l'immortalité de l'âme demeure en accord avec le cinquième concile de Latran de 1513.

Odette BARBERO
Université de Technologie
et de Sciences Appliquées
Libano-Française (Tripoli)

55 R. Descartes, *Méditations*, Quatrième, A-T IX, p. 45 ; « Secondes réponses », A-T IX, p. 108 : « je veux bien avouer ici franchement que l'idée que nous avons, par exemple, de l'entendement divin, ne me semble point différer de celle que nous avons de notre propre entendement, sinon seulement comme l'idée d'un nombre infini diffère de l'idée du binaire ou du ternaire ; et il en est de même de tous les attributs de Dieu dont nous reconnaissons en nous quelque vestige ».

56 R. Descartes, *Méditations*, Troisième, A-T IX, p. 36.

57 R. Descartes, *Des passions de l'âme*, Seconde partie, art. 83, A-T XI, p. 390.

PSYCHÉ, OU L'ÂME HUMAINE

Origines, représentations et interprétations

L'une des premières représentations iconographiques de l'âme est sans doute celle de Psyché. Mais ses origines, plusieurs fois débattues, restent quelque peu obscures. De même, elle s'est révélée d'époque en époque comme étant une figure protéiforme : tantôt ailée ou à l'image d'un papillon, tantôt femme humaine issue de la mythologie, et parfois encore personnage pourvu d'une histoire et lié au récit d'Apulée. Mais ce sont peut-être les interprétations diverses et variées qui ont été livrées de Psyché au fil des siècles qui en ont fait une représentante particulièrement riche et apte de l'âme humaine. Les auteurs, commentateurs et critiques, mythologues, ethnologues, folkloristes et enfin psychanalystes ont été nombreux à se pencher sur cette figure mythologique pour en percer les mystères et offrir leur propre lecture. Il s'agit donc de voir ici comment les littératures et études européennes, et plus spécifiquement anglophones, ont pu s'intéresser au mythe pour offrir des interprétations sans cesse nouvelles de la Psyché antique comme symbole de l'âme humaine.

ORIGINES GÉOGRAPHIQUES

D'où nous vient Psyché ? Il est en effet incontournable de commencer par se poser cette question afin de comprendre le mythe. Mais la réponse, elle, se trouve à différents niveaux, car le problème est d'ordre géographique, aussi bien que philosophique, étymologique ou artistique. De son origine géographique, on en apprend déjà beaucoup sur Psyché. D'abord, dans la plupart des cas, les critiques et les auteurs ont tendance à lui prêter des origines grecques, comme Théodore de Banville qui voit dans le mythe « le plus grand poème qu'ait inventé la Grèce maternelle, l'histoire de l'Âme domptée par le Désir et domptant le Désir[1] ». Mais, il faut souligner que le récit a été rédigé pour la première fois en latin. C'est sous la plume d'Apulée que la déesse a véritablement pris forme. Comme le note l'écrivain anglais Walter Pater : « À une époque où les gens [...] s'enorgueillissaient sans raison d'écrire en grec, il [Apulée] avait écrit pour des gens latins dans leur propre langue[2]. » Qui plus est, Apulée étant originaire de Carthage, il ne faut pas non plus oublier que le mythe relève également d'une tradition africaine. C'est d'ailleurs au travers d'une fable milésienne qu'Apulée décide de donner naissance à Psyché – le *sermo milesius*[3] étant un genre littéraire trouvant ses racines en Afrique du nord et en Asie Mineure. Les parts latines et africaines de Psyché sont donc indéniables, comme l'est sa source grecque.

Cependant, il semble que ce soit cette dernière qui prédomine, la source première du mythe restant grecque pour la plupart des auteurs et critiques. Ainsi, l'écrivain anglais Edward Carpenter qui commence pourtant par dire que « l'histoire d'Éros et de Psyché semble être une de ces fables vieilles comme le monde dont il est difficile de déterminer la date ou le lieu d'origine, et qui est gracieusement accueillie en tout temps et en tout lieu », finit tout de même par déclarer que cette histoire « est probablement parvenue à Apulée au travers de circuits grecs[4] ». Mais il est peut-être important de faire ici une distinction entre Psyché le personnage, et le simple nom commun « psyché ». Comme l'explique Véronique Gély dans ouvrage où elle développe de façon très détaillée les origines du mythe :

> Le nom de Psyché est un nom grec ; mais Psyché semble n'avoir rien d'autre de grec ; elle n'apparaît en tant qu'héroïne d'un récit ni à l'époque classique, ni à l'époque hellénistique ; la littérature grecque ne connaît Psyché que comme nom commun, jamais comme nom propre[5].

1 Th. de Banville, *Contes pour les femmes*, Paris, Charpentier, 1881, p. 255.

2 W. Pater, *Marius the Epicurean*, London, J. M. Dent, 1934, p. 34 : « *In an age when people [...] prided themselves unwisely on writing in Greek, he had written for Latin people in their own tongue.* » Nous traduisons toutes les citations, sauf indication contraire.

3 Terme utilisé par Apulée lui-même pour définir son œuvre, dès la première ligne et traduit par Pierre Grimal comme « prose milésienne ». Apulée, *L'Âne d'or ou Les Métamorphoses*, Paris, Gallimard, coll. « Folio classique », 1975, p. 31.

4 E. Carpenter, *The Story of Eros and Psyche*, London, Allen & Unwin, 1923, p. 10-11 : « *The Story of Eros and Psyche [...] seems to be one of those world-old fables to which it is difficult to assign a date or locality, and which [...] are graciously received in all ages and places. [...] probably came to Apuleius thro' Greek channels.* »

5 V. Gély, *L'Invention d'un mythe : Psyché, Allégorie et fiction, du siècle de Platon au temps de La Fontaine*, Paris, Champion, coll. « Lumière classique », 2006, p. 137.

Et même par la suite, pour les auteurs qui reprendront le récit, « une certaine ambiguïté apparaît donc, le nom de Psyché semblant de ce fait hésiter entre le statut de nom propre et celui de nom commun[6] ». Ce dédoublement de Psyché, entre nom commun grec et nom propre apparu plus tardivement dans la littérature latine, n'aide ainsi pas cette figure à s'établir de manière claire comme une figure hellénistique. Le problème de savoir de quelle origine est principalement issue Psyché paraît donc relativement insoluble. Jean de Palacio aussi, en tentant de cerner le problème, en conclut simplement que « la question des origines est obscure et douteuse[7] ».

D'autant plus que lorsqu'on analyse la question plus en avant, on s'aperçoit que le mythe de Psyché est probablement bien plus ancien qu'il ne le semblait au premier abord. Effectivement, comme le suppose Bruno Bettelheim, « Apulée a puisé à des sources encore plus anciennes[8]. » C'est-à-dire, pour résumer, que la fable nous vient d'Apulée, un auteur latin, cependant originaire d'Afrique, qui a écrit son récit en s'inspirant de la psyché grecque, mais en s'appuyant également sur d'autres contes antérieurs. Dans la préface à son roman *Love and Life*, Charlotte Yonge résume bien cette question des origines de Psyché. Comme elle le dit, « il existe des fragments de la même histoire dans les contes populaires de n'importe quel pays, de sorte qu'il est probable qu'Apulée s'est servi d'un de ceux-ci sous son ancienne forme. On peut les trouver de l'Inde jusqu'en Scandinavie, adaptés aux coutumes et mœurs de chaque pays[9]. » Plutôt que grecque, Psyché serait finalement le produit d'un brassage culturel, le fruit d'un mélange de divers contes, rites et histoires tous fondus plus tard en un seul et même récit, celui d'Apulée.

---

6 *Ibid.*, p. 138.

7 J. de Palacio, *Métamorphoses de Psyché : essai sur la décadence d'un mythe*, Paris, Séguier, 1999, p. 20.

8 B. Bettelheim, *Psychanalyse des contes de fées*, trad. Th. Carlier, Paris, R. Laffont, 1976, p. 358.

9 C. M. Yonge, *Love and Life : An Old Story in Eighteenth Century Costume*, London, Macmillan, 1900, p. VII : « *There are fragments of the same story in the popular tales of all countries, so that it is probable that Apuleius availed himself of an early form of one of these. They are to be found from India to Scandinavia, adapted to the manners and fancy of every country.* »

ŒUVRES ET REPRÉSENTATIONS PREMIÈRES

Pourtant, avant même qu'Apulée n'écrive son livre, une certaine image plus spécifique avait commencé à se former. En effet, c'est dans le domaine artistique qu'une représentation plus ou moins stable de Psyché a fait surface. Très tôt, elle a été d'une certaine manière incarnée, dotée d'un visage et d'un corps dans lesquels les formes antérieures se sont fondues. Les premières et multiples Psyché font désormais place à une seule et même figure qui incorpore ses différents sens passés. Si cette figure n'est pas encore totalement conforme à celle que présentera Apulée, elle s'en rapproche du moins déjà par ses nombreuses similitudes. C'est ici que l'étymologie du nom « Psyché » nous en apprend davantage. Il faut d'abord rappeler que Psyché nous vient du mot grec «*psukhê*», signifiant « âme ». Or, l'âme, ou l'*anima* en latin, est, selon son étymologie, un souffle qui se meut et se déplace comme porté par le vent. Très tôt donc, l'âme sera dépeinte sous la forme de petites figures ailées (par exemple, pour les premiers chrétiens, l'âme sera parfois représentée par un oiseau). On comprend ainsi comment et pourquoi la psyché est, au début, accompagnée d'ailes censées aider l'âme à rejoindre la divinité après la mort. Dans ses premières représentations, elle devient même fréquemment une enfant ailée, comme on peut le voir dans des fresques de riches villas à Pompéi. C'est cette image qui, dans un premier temps, s'est répandue dans tout le bassin méditerranéen (*cf.* divers bijoux et talismans[10], sarcophages, sépultures, catacombes, ou fresques chez les Égyptiens, les Grecs et les Romains). On retrouve ainsi des psychés sous la forme d'une femme ailée un peu partout, ce dont témoigne par exemple une gravure syrienne montrant « Psyché à dos de chameau » (Paris, musée du Louvre[11]).

Les premières représentations et œuvres artistiques nous permettent donc de saisir la manière dont Psyché était perçue, et le sens qui lui

10 G. Ficheux, *Éros et Psyché : l'être et le désir dans la magie amoureuse antique*, thèse de doctorat s. dir. P. Brulé, Rennes, Université de Rennes 2, 2007 : https://fr.scribd.com/document/318106520/Eros-et-Psyche-Magie-antique-pdf (consulté le 30 mai 2020).

11 Pour de plus amples informations sur ce sujet, se reporter par exemple à l'ouvrage de M. Collignon, *Essai sur les monuments grecs et romains relatifs au mythe de Psyché*, Paris, Thorin, 1877.

était conféré. Mais, parallèlement, l'âme est aussi représentée au travers du papillon qui est le deuxième sens véhiculé par le terme «*psukhê*». Pendant très longtemps, donc, l'âme et le papillon ont été assimilés, le second servant de symbole au premier. L'âme est comme prisonnière du corps symbolisé par la chenille. C'est la mort qui, agissant comme chrysalide, permet à l'âme de se libérer, de recouvrer son aspect véritable de papillon, et d'atteindre enfin son essence auprès de son dieu. Mais par ailleurs, Psyché devient plus particulièrement la *phalène*, ce papillon de nuit qui se plaît à voleter autour de la lumière. Pour les Grecs, la phalène était un insecte animé d'un noble et funeste instinct car, amant de la lumière, il devait également périr pour atteindre celle-ci. Cette similitude de parcours et de destin entre le papillon et l'âme selon les Grecs a alors permis de les associer en une nouvelle figure symbolique, celle d'une psyché, désormais pourvue d'ailes de papillons. Comme l'écrit par exemple Coleridge en 1808 dans son poème intitulé *Psyche* : «Les Grecs anciens ont fait du papillon / Le bel emblème de l'âme et son seul nom[12] ».

Le personnage mythique s'est ainsi formé au confluent de ces deux images du papillon et de l'âme, toutes deux se présentant comme un miroir du parcours de l'autre : le papillon c'est l'âme qui, mue par un instinct profond, se porte vers la lumière de l'esprit divin, accessible uniquement par la mort. Cette vie symbolique du papillon est alors annonciatrice de la destinée que suivra la Psyché d'Apulée. C'est à partir de cette imagerie de la femme-papillon qu'elle se constitue, puisque c'est au travers d'épreuves, dont une descente aux Enfers, que Psyché doit se métamorphoser et accéder à la divinité, tout comme l'insecte doit quitter son état larvaire et subir la transition de la chrysalide avant de se métamorphoser en papillon. C'est donc au IIe siècle de notre ère que le mythe de Psyché apparaît pour la première fois dans un texte écrit. C'est à cette époque qu'elle prend forme en tant que récit enchâssé dans la fable milésienne d'Apulée, sous l'aspect d'un conte narré. C'est dans ce récit que Psyché devient la femme de Cupidon et ce personnage littéraire que nous connaissons aujourd'hui.

---

12 S. T. Coleridge, « Psyche », in *Literary Remains* (vol. 1), London, William Pickering, 1836, p. 53 : « *The butterfly the ancient Grecians made / The soul's fair emblem, and its only name.* »

L'ÂNE D'OR OU LES MÉTAMORPHOSES ET LE CONTE DE PSYCHÉ

À la lecture du texte d'Apulée, on pourrait être tenté d'y voir une élaboration seconde d'un ou plusieurs contes antécédents. On y trouve effectivement de nombreux éléments canoniques des contes traditionnels comme, par exemple, les trois sœurs, la série d'épreuves, les opposants et les adjuvants, ou encore la catabase des récits épiques. Cette théorie s'appuie sur des études à la fois ethnologiques et folkloristes du récit. D'un point de vue ethnologique, le mythe se présente en effet comme une sorte d'histoire initiatique qui serait contée par des femmes à de jeunes filles dans un but éducatif. D'ailleurs, dans *L'Âne d'or*, c'est bien une vieille qui raconte cette histoire à une fille pour la rassurer alors qu'elle vient d'être enlevée par des brigands. On comprend aisément que le mythe a pu être perçu comme un reste de conte rituel réécrit sous la plume plus littéraire d'Apulée. Par exemple, à en croire les supputations de l'auteure anglaise Charlotte Yonge, Psyché serait « un vestige d'une coutume de quelques tribus barbares, selon laquelle une femme ne devait pas voir le visage de son mari pendant toute l'année suivant leur mariage ; les versions Indiennes se prêtant bien à cette opinion[13] ». Elle n'est d'ailleurs pas la seule, surtout au XIXe siècle, à être de cet avis. Le critique américain Henry Theophilus Finck notamment, estime aussi qu'il faut voir dans le mythe un conte éducatif pour femmes. Il explique que « l'histoire de Cupidon et Psyché est l'un de ces contes, courants dans de nombreux pays, qui se proposaient originellement comme une leçon exemplaire afin d'imposer la morale selon laquelle les femmes ne doivent pas être trop curieuses concernant leurs amants ou maris[14] ». Idée partagée par le critique danois Birgerus Thorlacius, qui voit également dans cette histoire « un mythe moral faisant partie de

13 C. M. Yonge, *Love and Life*, *op. cit.*, p. VIII : « *Some have seen in it a remnant of the custom of some barbarous tribes, that the wife should not behold her husband for a year after marriage, and to this the Indian versions lend themselves.* »

14 H. Th. Finck, *Primitive love and love-stories*, New York, C. Scribner's Sons, 1899, p. 813 : « *The story of Cupid and Psyche is one of those tales which are current in many countries originally intended as object lessons to enforce the moral that women must not be too inquisitive regarding their lovers or husbands.* »

ces mystères auxquels les femmes seules étaient initiées, et qui étaient destinés à être représentés devant elles sous la forme d'un drame symbolique, afin de leur rappeler les dangers qui assiègent la beauté et leur inculquer les devoirs que la femme mariée doit accomplir au milieu des épreuves et des difficultés de tous genres[15] ». Apulée aurait donc, selon ces points de vue, une paternité surtout littéraire, l'histoire provenant de plus haut, de récits ancestraux.

Cette théorie de contes préexistants dont se serait inspiré Apulée est également défendue par des folkloristes de la fin du XIXe siècle comme William Alexander Clouston[16], John T. Bunce[17], ou encore Andrew Lang[18] qui voit des échos entre ce mythe et d'autres, européens (chez les Gallois), asiatiques (chez les Hindous), amérindiens (chez les Ojibwés) et africains (chez les Yorubas ou même les Zoulous). Mais avant eux déjà, en 1850, l'archéologue et philologue anglais George Stevens avait écrit sur cette question des origines et de ses formes dérivées :

> *Cupidon et Psyché* – Il s'agit probablement d'un vieux *conte folklorique*, à l'origine peut-être une antique allégorie philosophique de temple. Apulée semble l'avoir simplement déguisé sous une nouvelle apparence. Le conte est encore présent de nos jours, mais sous une forme *ne venant pas* de lui, chez les Suédois, Norvégiens, Danois, Écossais, Allemands, Français, Valaques, Italiens et Hindous[19].

Un siècle plus tard, Jan-Öjvind Swahn[20] développe cette même idée qu'il étudie en recensant plus de deux cents contes mettant en scène un interdit visuel lié au corps du mari transgressé par l'épouse à qui il

15 Résumé de l'œuvre de Thorlacius fait par l'éditeur Walkenaer, cité in J. de La Fontaine, *Les Amours de Psyché et de Cupidon*, Bègles, Le Castor Astral, coll. « Les Inattendus », 1991, p. 13.

16 W. Al. Clouston, *Popular Tales and Fictions: Their Migrations and Transformations* (vol. 1, ch. « Subaqueous Fairy Halls: Forbidden Rooms: Cupid and Psyche Legends »), Edinburgh and London, W. Blackwood and Sons, 1887, p. 192-214.

17 J. Thackray Bunce, *With Some Account of Dwellers in Fairyland* (ch. 2, « Kindred Tales from Divers Lands: Eros and Psyche »), London, MacMillan & Co., 1878, p. 37-91.

18 A. Lang, *Custom and Myth* (ch. « Cupid, Psyche, and the Sun-frog »), London, Longmans, Green and co., 1885, p. 64-86.

19 G. Stephens, « Replies to Minor Queries », *Notes and Queries*, n° 56, Saturday, November 23, 1850, p. 429 : « *Cupid and Psyche – This is probably an old Folk-tale, originally perhaps an antique philosophical temple-allegory. Apuleius appears only to have dressed it up in a new shape. The tale is still current, but in a form* not *derived from him, among the Swedes, Norwegians, Danes, Scots, Germans, French, Wallachians, Italians, and Hindoos.* »

20 J.-Ö. Swahn, *The Tale of Cupid and Psyche*, Lund, Gleerup, 1955.

arrive ensuite des malheurs. Il démontre ainsi que ce conte trouve des échos dans les folklores scandinave, chinois, tibétain, indien et ailleurs en Asie Mineure. Cette idée, bien qu'elle ne fasse pas l'unanimité auprès des commentateurs, a cependant souvent été reprise par des critiques, la plupart reconnaissant tout de même au conte d'Apulée un caractère singulier et fondateur. Bettelheim par exemple, reprenant les réflexions de Robert Graves[21], se dit convaincu qu'« Apulée a probablement transformé l'histoire d'un ancien Grec, qui parlait d'une jeune fille très belle mariée à un serpent monstrueux, en une allégorie[22] ». À l'inverse cependant, Max Milner confère quant à lui une paternité plus importante à l'auteur, puisqu'il déclare que « même si l'on admet que le conte d'Apulée réutilise un tabou concernant la vision par la femme du corps de son mari, il suffit de comparer le rôle qu'il lui assigne [...] pour se convaincre que nous sommes dans des univers mythiques totalement différents[23] ». Véronique Gély résume différents points de vue dans « ce débat sur l'antériorité de la forme orale ou de la forme écrite du conte[24] » mais sans pour autant trancher la question. Le débat paraît effectivement assez opaque, tant il semble difficile de vraiment faire un choix entre la tradition romantique du mythe qui défend l'existence d'un conte oral avant la version écrite d'Apulée, et celle qui défend le caractère fondateur de son récit.

LES INTERPRÉTATIONS PHILOSOPHIQUES DU MYTHE

Néanmoins, même si l'on admettait qu'Apulée n'avait fait que mettre en forme un ou plusieurs récits préexistants, on se devrait de reconnaître aussi qu'il y apporte quelque chose d'unique. Le conte n'est effectivement pas une simple réécriture, développant par ailleurs un

---

21 Auteur et poète anglais, R. Graves a proposé une nouvelle traduction de *L'Âne d'or* avec des commentaires et analyses : *The Transformations of Lucius Otherwise Known as The Golden Ass*, trad. angl. R. Graves, New York, Farrar, Straus & Giroux, 1951.

22 B. Bettelheim, *op. cit.*, p. 359.

23 M. Milner, *On est prié de fermer les yeux – Le Regard Interdit*, Paris, Gallimard, 1991, p. 62.

24 V. Gély, *L'Invention d'un mythe : Psyché, Allégorie et fiction, du siècle de Platon au temps de La Fontaine*, *op. cit.*, p. 288.

sens allégorique. Bien que Macrobe, dans *Le Songe de Scipion*, œuvre datée du Vᵉ siècle et qui s'offre comme une classification des mythes, prétende que les récits d'Apulée soient des contes fictifs pour enfants sans valeur allégorique, il apparaît tout de même évident aujourd'hui que tel n'est pas le cas. Comme nous l'avons vu, divers sens parcourent l'œuvre, de sorte qu'il est parfois nécessaire de passer par des lectures philosophiques pour comprendre le sens véritable de la fable. On peut ainsi rattacher Psyché à divers courants philosophiques tels que le pythagorisme ou l'aristotélisme, comme nous l'explique Françoise Graziani[25], lorsqu'elle défend l'idée qu'il faut aussi passer par une lecture pythagoricienne pour saisir ce que représentent vraiment les épreuves imposées par Vénus. Pour la première épreuve, Psyché, qui doit démêler un tas gigantesque de grains en une nuit, est aidée par des fourmis. Puis, pour la deuxième où elle doit rapporter de la toison d'or d'un troupeau de brebis meurtrières, un roseau vient à son secours. Ensuite, pour la troisième où elle doit ramener de l'eau de la source du Styx, elle est aidée par un aigle. Enfin, lorsqu'elle doit aller chercher la boîte de Proserpine, c'est une tour qui intervient en sa faveur. En fait, il faut lire dans les fourmis une intervention de Cérès, dans le roseau celle de Pan, dans l'aigle celle de Jupiter, et dans la tour celle de Junon. Mais, par ailleurs, les fourmis représentent aussi l'élément Terre ; le roseau, en tant que plante aquatique, l'Eau ; l'aigle celui de l'Air ; et la tour, selon certaines traditions hermétiques, le Feu. Ce que le parcours de Psyché symbolise alors c'est une quête de l'Amour car, dans une perspective pythagoricienne, celui-ci est le principe cosmique d'unification des éléments qui constituent la Nature. Psyché tend ainsi de plus en plus vers l'Amour à chaque nouvelle épreuve où elle reçoit l'aide d'un des éléments. Notons également que Psyché passe des éléments naturels aux éléments d'ordre spirituel. En effet, la Terre et l'Eau symbolisent le monde de la Nature, tandis que l'Air et le Feu symbolisent le monde céleste. Selon cette lecture, la quête de Psyché devient alors celle d'une évolution qui, partant de ses désirs naturels et physiques, la conduit à une aspiration plus haute envers une forme de spiritualité. On voit se dessiner ici également le parcours de l'âme humaine.

25 F. Graziani, « Psyché », in P. Brunel (dir.), *Dictionnaire des mythes littéraires*, Monaco, Rocher, 1988, p. 1201-1209.

Mais c'est d'abord une forme de platonisme qu'on trouve dans le mythe. Rappelons déjà qu'Apulée lui-même était platonicien, ayant écrit des œuvres comme *Le Dieu de Socrate* ou *Le Dogme de Platon*, et étant aujourd'hui considérés comme faisant partie du médio-platonisme. Et si *Les Métamorphoses* ne contient pas un système d pensée qui lui est propre, le livre relève pourtant d'une lecture philosophique car il est évident que l'histoire, elle, est d'inspiration platonicienne. Cette parenté est par exemple visible dans les liens que l'œuvre établit avec des textes comme *Le Banquet*. Mais c'est avant tout avec *Phèdre* ou *Timée* que la filiation est la plus marquée, car les idées développées par le mythe d'Apulée rejoignent celles de Platon sur de nombreux points, notamment la conception de l'amour, ou encore le rapport de l'âme ou du corps au monde. Ainsi, les deux auteurs défendent l'idée selon laquelle l'âme doit mourir pour pouvoir apercevoir la divinité, puisque c'est par les épreuves et la renaissance qu'elle parvient à posséder la totalité de la divinité ou de l'âme universelle. Par ailleurs, c'est l'Amour qui permet à l'âme individuelle de transcender son état de mortel pour, à l'inverse, toucher à l'immortalité. L'Amour, par un rapprochement avec l'Autre aussi bien physique et charnel que spirituel, est donc un mouvement ascensionnel vers la divinité. Mais prenons un cas plus particulier qui permet de rapprocher deux œuvres. Dans *Phèdre*, Lysias commence par dire que l'un des deux obstacles à la durée de l'amour vient de ce que l'un des amants, en s'éprenant de la beauté physique de celui qu'il aime, ignore le vrai caractère de celui-ci. D'une certaine manière, on retrouve cette idée dans le mythe, car Psyché ne peut être heureuse sans connaître la véritable identité de son époux ; et c'est cette ignorance qui s'oppose à la plénitude de leur amour et empêche Psyché de s'unir complètement à son dieu. De même, la théorie que Socrate développe dans la suite de *Phèdre* se retrouve d'une façon ou d'une autre dans le récit d'Apulée qui puise vraiment auprès de Platon le sens philosophique qu'il confère à son œuvre.

On trouvera d'ailleurs d'innombrables analyses platoniciennes du mythe au fil des siècles à travers l'Europe, et ce, dès les premiers commentateurs d'Apulée, le plus célèbre étant sans doute Martianus Capella dans son ouvrage *Nuptiis Mercurii et Philologiae*, daté du début du ve siècle. Son interprétation du mythe sera très populaire, surtout chez les lettrés du IXe siècle qui commentent ses théories, comme par exemple le clerc et philosophe irlandais Jean Scot Érigène (*Annotationes in Martianum Capellam*, 859-860), ou bien Martin de Laon, lui aussi érudit religieux irlandais, et encore Rémi d'Auxerre, ou Bernard Sylvestre au XIIe siècle. Ils proposent leur lecture philosophique et allégorique du mythe, mais tous confirment le statut de Psyché comme étant une évocation d'un idéal de l'âme humaine.

En Angleterre cependant, les interprétations platoniciennes du mythe ont été beaucoup plus tardives. D'abord, la Renaissance a pris plus de temps à s'imposer. De plus, les auteurs anglais connaissaient mal les œuvres de Platon, sans doute à cause de la barrière de la langue, le grec n'étant pas autant développé qu'en France par exemple[26]. Platon n'est vraiment devenu populaire et plus connu du public lettré anglais qu'à partir des traductions latines de ses œuvres, notamment celle de Marsile Ficin en 1484. Ou bien le platonisme y est entré par le biais des littératures française et italienne (les auteurs de la Pléiade, Du Bellay, ou Le Tasse). Mais une fois redécouvert, le platonisme prendra une très forte influence dans l'Angleterre renaissante, qui, jusque-là, avait surtout développé une philosophie aristotélicienne. On en voit l'influence pendant le règne des Tudor sur l'œuvre d'Edmund Spenser ou encore Thomas More, et plus tard avec Ben Jonson ou Milton. Cet intérêt pour la philosophie platonicienne ne faiblira pas sous les Stuart, avec notamment la création du groupe des *Cambridge Platonists* et des membres comme Ralph Cudworth, Benjamin Whichcote et surtout Henry More. Or, au travers de ces écrits platoniciens, la question de l'amour et de l'âme devient centrale dans cette nouvelle philosophie. Il n'est pas rare de trouver chez ces auteurs platoniciens la figure de Psyché. Chez Spenser, elle apparaît à la fin de *The Faerie Queene* (1589) ou encore dans le poème « *Muiopotmos, or the Fate of the Butterflie* » (in *Complaints*), 1591. Chez Jonson, elle est un personnage dans *The Description of the Masqve; With the Nuptiall Songs* (1608). Chez Milton, elle surgit à la fin de *Comus* (1634). Chez Henry More, elle est une figure récurrente dans son *Psychodia Platonica* (1642) et son *Democritus Platonissans* (1646). Enfin Psyché est évoquée dans *The True Intellectual System of the Universe* (1678) de Cudworth comme une image de l'*anima mundi*.

26 Sur ce sujet, voir l'article de S. Hutton, « Platonism, Stoicism, Scepticism and Classical Imitation », M. Hattaway (dir.), *A Companion to English Renaissance Literature and Culture*, Oxford, Blackwell, 2003, p. 44-57.

Même l'interprétation « élémentaire » du monde dont nous parlions plus haut, trouve écho dans la littérature anglaise. Au début du XVIIe siècle, Richard Corbett reprend par exemple l'image de Psyché dans son poème *De Quatuor Elementis*. Ce poète métaphysique et ami de John Donne et de Ben Jonson, propose dans ce texte une interprétation aristotélicienne du monde ordonné selon les quatre éléments, qui représentent chacun une qualité humaine. Il s'inspire en cela sans aucun doute de l'ouvrage *De la Génération et de la Corruption* d'Aristote. Entre les quatre éléments naturels qui régissent l'univers et notre existence, il faut trouver un équilibre, une façon de les unir (à l'instar du principe unificateur de l'amour) pour mener une vie sereine. Mais, pour le poète, chaque élément est aussi l'occasion de rappeler des mythes anciens pour illustrer son propos. Il convoque Psyché pour la rattacher à l'élément de l'air à cause du passage où elle se jette du rocher et où Zéphyr la rattrape[27]. Dans ce poème, Corbett reprend et développe la théorie élémentaire d'Aristote mais en utilisant le mythe de Psyché pour sa valeur illustrative. Le mythe exemplifie sa pensée philosophique, tout en apportant avec elle une image poétique et amoureuse qui adoucit le ton scientifique ou académique de l'ensemble.

Il y a donc eu un réel intérêt porté au mythe lorsqu'il s'est agi de le rattacher à une lecture philosophique. Cet engouement perdurera jusqu'à la fin du XVIIIe siècle avec, par exemple, le texte du traducteur Thomas Taylor (philosophe ayant traduit entre autres les œuvres de Platon et d'Aristote en anglais) qui, après avoir proposé une traduction du texte apuléen, offre son interprétation de l'histoire au travers de sa mise en relation avec des textes de Platon et de Plotin[28]. À la lumière de ces écrits platoniciens, on perçoit comment Psyché a été utilisée comme

27 R. Corbett, « De quatuor elementis », in *The times' whistle: or, A new daunce of seven satires, and other poems*, compiled by C. R. Gent, London, N. Trübner & Co., 1871, p. 116-117 : « Es-tu peut-être ce plus pur souffle d'air, / Doux Zéphyr, qui voulut rejoindre / L'amoureuse Psyché, quand, pour l'amour de Cupidon, / Elle se jeta résolument du haut du rocher. / Si tu es bel et bien cet air pur, / Montre-moi ta demeure et je partirai à ta recherche. » « *Art thou perhaps that purest breathing aire, / Sweet Zephirus, which wontst to make repaire / To amarous Psyche, when for Cupids love, / She fearlesse lept downe from the rocke above. / If thou be that pure aire without all doubte, / Shew me thy dwelling, & I'le seeke thee out.* »

28 Th. Taylor, *The Fable of Cupid and Psyche; to which are added a Poetical Paraphrase on the Speech of Diotima in the Banquet of Plato; Four Hymns, With an Introduction, in which the meaning of the Fable is unfolded*, London, Printed by Leigh and Sotheby, 1795.

une figure philosophique. Ici encore, Psyché se présente au travers d'une lecture platonicienne comme une image d'idéal, que ce soit un idéal amoureux ou humaniste par la vision que ces textes de réflexion plus scientifique donnent de l'âme humaine.

LES INTERPRÉTATIONS PSYCHANALYTIQUES : LE GLISSEMENT DE L'ÂME VERS L'INCONSCIENT

Mais d'autres disciplines se sont intéressées au mythe. Aux folkloristes, ethnologues, et philosophes, s'ajoutent les psychanalystes qui ont étudié la figure de Psyché et son récit. Effectivement, la psychanalyse au XXe siècle s'est vite accaparé le mythe pour en proposer des interprétations multiples[29]. Psyché, au lieu d'être tant le symbole de l'âme humaine, devient davantage celui de l'inconscient. Dès 1917, le docteur hollandais J. Schröeder[30] propose une analyse du mythe au travers de deux comparaisons qui lui permettent d'en faire une lecture freudienne. Il dresse d'abord un parallèle avec le mythe d'Andromède, attachée à un rocher et donnée en sacrifice à un monstre marin après que sa mère a attiré sur sa fille la colère de Neptune en la déclarant plus belle que Junon. Ce motif de la vierge sacrifiée à un monstre évoque de manière symbolique, selon Schröeder, les craintes d'une adolescente vis-à-vis du désir sexuel masculin. La fille est d'abord anxieuse à l'idée de se soumettre aux appétits sexuels de l'homme qu'elle s'imagine comme un monstre. L'acte sexuel est inconsciemment perçu comme une chose hideuse et effrayante. Mais surmontant son sentiment de répulsion, elle apprend à éclairer de sa lampe l'objet de sa peur et à le voir différemment. Ce qui lui faisait horreur est maintenant vu comme quelque chose de beau et d'attirant. De plus, au travers d'une seconde comparaison avec l'histoire de Mélusine, Schröeder explore le thème du fiancé-animal des contes et mythes par le biais du tabou. Tout comme le fiancé de

29 Pour une vision d'ensemble des différentes analyses psychanalytiques faites du mythe au XXe siècle, voir J. Gollnick, *Love and the Soul, Psychological Interpretations of the Eros & Psyche myth*, Toronto, Éditions SR, 1992.

30 *Cf.* J. A. Schröeder, *Het sprookje van Amor en Psyche en het licht der Psycho-analyse*, Baarn, Hollandia-Drukkery, 1917.

Mélusine n'avait pas le droit de la voir sous sa forme de femme-serpent, Psyché n'avait pas le droit de connaître l'identité de son époux. Selon Schröeder, ces deux histoires reflètent les craintes inconscientes d'une jeune fille de perdre l'objet de son désir lorsque le tabou est brisé. Ce serait une sorte d'expérience cauchemardesque de la perte. Le mythe de Psyché serait ainsi une espèce de cauchemar érotique dans lequel une jeune fille réalise inconsciemment son propre désir sexuel réprimé. Il est comme un rêve freudien fondé sur l'appréhension sexuelle féminine, sur le désir inconscient et la peur de l'inconnu, et sur un tabou brisé entraînant la perte de l'objet du fantasme.

Bruno Bettelheim développera certaines de ces mêmes idées dans son ouvrage *Psychanalyse des contes de fées* de 1976. Selon lui, le mythe serait la source principale de tous les contes occidentaux fondés sur le motif du fiancé-animal (comme *La Belle et la Bête*) : « La tradition de ce cycle commence avec l'histoire de Cupidon et de Psyché écrite par Apulée[31] » ; ou encore « ce mythe a influencé tous les contes de ce cycle dans le monde occidental[32] ». C'est en cela qu'il est fondateur et qu'il est central dans son analyse de l'influence des contes sur le développement psychique des jeunes filles. En effet, tout comme Schröeder, Bettelheim voit en cette Psyché destinée à un serpent « les angoisses sexuelles informes de la jeune fille inexpérimentée ». Mais il pousse plus loin l'analyse en ajoutant que « le cortège funèbre qui conduit Psyché à sa destinée symbolise la perte de sa virginité, qui n'est pas facilement admise[33] ». De cette angoisse première provient ensuite une rancune qu'elle entretient pour Cupidon, celui qui lui a volé sa virginité. D'où son envie de trancher la tête de ce serpent monstrueux, c'est-à-dire de priver Cupidon de sa masculinité fautive. En voulant commettre cet acte castrateur, Psyché exprime ses sentiments refoulés de vengeance. Quant à la vie oisive de Psyché dans le château de Cupidon où tous ses désirs sont comblés, elle représente, selon Bettelheim, l'existence narcissique de Psyché qui est concentrée sur ses désirs propres. N'étant pas tournée vers l'autre, elle ne peut espérer accéder à la pleine connaissance ou à la conscience d'elle-même. Elle n'est pas encore suffisamment mûre psychiquement pour parvenir

31 B. Bettelheim, *op. cit.*, p. 358.
32 *Ibid.*, p. 361.
33 *Ibid.*, p. 359.

à cela, d'autant plus que Cupidon l'oblige à garder son existence diurne et son existence nocturne séparées. C'est-à-dire qu'il l'empêche « d'unifier les aspects du sexe, de l'amour et de la vie[34] ». Le mythe est donc une histoire d'accès à la connaissance par la femme, ainsi que l'expression de son désir d'être sur un pied d'égalité avec son époux. La lampe que lève Psyché reflèterait en réalité son refus de n'être qu'une simple partenaire sexuelle délaissée dès le lever du jour :

> Elle ne veut pas accepter que les aspects purement sexuels de la vie soient isolés des autres et veut imposer leur unification. [...] la jeune fille n'accepte pas volontiers de rester ignorante, [...] elle refuse de n'être qu'un objet sexuel ou d'être reléguée à une vie de loisirs et d'ignorance relative. Pour que les deux partenaires soient heureux, ils doivent avoir une vie pleine dans le monde et se considérer comme des égaux[35].

Bien que n'étant pas un conte, ce mythe garde une valeur éducative et participe à la construction mentale des jeunes filles. Il permet ici à Bettelheim de démontrer, par son interprétation psychanalytique, la fonction instructive et constructive du récit dans le développement psychique féminin.

Mais de nombreux autres psychanalystes et critiques vont reprendre le mythe pour en proposer leur propre interprétation, notamment au travers d'analyses d'œuvres d'art représentant certaines scènes issues du mythe. En cela, la scène de la lampe est particulièrement propice aux analyses psychanalytiques, car elle semble cristalliser le désir humain. Cette scène illustre la recherche par l'âme humaine de l'amour, même si cela lui est paradoxalement interdit. Comme l'a exprimé la Marquise de Lambert dès le XVIIIe siècle : « L'âme est mise dans le corps pour jouir et non pour connaître. [...] Tout est pour elle dès qu'elle ne voudra que jouir, tout se refuse à elle dès qu'elle voudra connaître[36]. » Voilà donc finalement le problème fondamental illustré dans cette scène qui pose symboliquement la question d'une prise de conscience de l'amour et du sexe par l'âme, et de son accès à la connaissance et par là même à l'existence. Lacan analysera en détail cette scène et son « caractère

---

34 *Ibid.*, p. 361.

35 *Ibid.*, p. 361-362.

36 A.-T. de Marguenat de Courcelles, dite marquise de Lambert, *Œuvres complètes de Madame la marquise de Lambert* ; suivies de ses *Lettres à plusieurs personnages célèbres*, Paris, Colin, 1808, p. 284-285.

vraiment primordial et originel de ce temps de l'histoire de Psyché[37] ». Lacan développe sa théorie du complexe de castration en partant du tableau *Psiche sorprende Amore* de Jacopo Zucchi dans lequel on voit une Psyché tenir levé un grand tranchoir tout en portant le regard sur le sexe de Cupidon endormi. Selon lui, le mythe ne raconte pas tant l'histoire d'une femme qu'il n'est l'expression du désir humain et de la place que celui-ci prend dans la construction de l'âme et de la psyché humaine. Il déclare ainsi que :

> la Psyché n'est pas une femme, mais bien l'âme [...]. Ne nous y trompons pas. La thématique de cette très jolie histoire de Psyché n'est pas celle du couple. Il ne s'agit pas des rapports de l'homme et de la femme [...] – ce n'est rien d'autre que les rapports de l'âme et du désir[38].

Cette scène de la lampe est un moment crucial dans le récit car il est le moment pivot où Psyché naît réellement, devient qui elle est. C'est à partir de son complexe de castration qu'elle se forme et prend sa place dans le monde :

> le complexe de castration est [...] centré d'une telle façon qu'il recoupe ce que nous pouvons appeler le point de la naissance de l'âme. [...] Psyché ne commence à vivre comme Psyché [...] qu'au moment où le désir qui l'a comblée se dérobe et la fuit[39].

Avant cela, Psyché n'était qu'une figure vide qui ne faisait rien. Elle errait dans le château où tous ses besoins étaient satisfaits. Le monde était pour elle, mais elle n'était pas au monde. Elle était inadaptée à l'existence pleine, pas prête pour la connaissance – celle du monde, et celle du sens biblique. Seule une connaissance consciente, éclairée, lui permet d'advenir au monde, même si cet accès se passe dans la douleur, entraînant sa séparation de Cupidon et son exil sur terre. Elle n'a plus ; elle perd ce qu'elle avait, mais elle est et devient. D'où ce que Lacan appelle le paradoxe du complexe de castration dans ce désir de l'Autre. Le mythe nous parle donc de « la réalité du désir sexuel à quoi n'est pas adaptée, si l'on peut dire, l'organisation psychique. [...] Car l'organe n'est

---

37 J. Lacan, « Psyché et le complexe de castration », in *Le Séminaire, livre VIII, Le Transfert, 1960-1961*, Paris, Seuil, 1991, p. 267.

38 *Ibid.*, p. 266-267.

39 *Ibid.*, p. 268.

apporté et abordé que transformé en signifiant, et pour être transformé en signifiant, il est tranché[40]. » En cela le mythe expose la dialectique des rapports du Moi Idéal avec l'Idéal du Moi (ou le *Ideal-Ich* et *Ich-Ideal* de Freud). Dans le dispositif psychique narcissique, Psyché vivait dans le Moi Idéal, cette illusion infantile et idéale de toute-puissance. Son désir castrateur naît de son besoin de dépasser ce stade infantile de la perception du Moi absolu en intégrant l'Autre à soi, c'est-à-dire en possédant l'objet du désir, le phallus qu'il lui faut trancher.

Le mythe mettrait donc en lumière le besoin de l'Autre dans le processus de construction psychique de l'enfant. Paul de Man par exemple, qui parle de *La Chartreuse de Parme* de Stendhal comme d'une nouvelle version du mythe, y voit un besoin d'unification à l'Autre pour que la psyché se construise. « Le roman », nous explique-t-il « raconte l'histoire de deux amants auxquels, comme à Éros et à Psyché, la plénitude du contact n'est jamais permise. [...] C'est le mythe d'une distance insurmontable qui l'emporte toujours entre les deux moi[41] ». Jacques Derrida, quant à lui, évoque le mythe (au travers de l'analyse du poème *Fable* de Francis Ponge) plutôt en lien avec le stade du miroir. En effet, comme il le rappelle, Psyché a pour homonyme le nom commun psyché, « le grand et double miroir installé sur un dispositif pivotant » qui permet de porter un regard narcissique sur soi, car « Psyché, l'âme, sa beauté ou sa vérité, peut s'y réfléchir, admirer ou parer de la tête aux pieds[42]. » Mais que ce soit par l'idée du rapport à l'autre ou par l'image narcissique de soi, le mythe de Psyché est utilisé pour évoquer la formation psychique de l'enfant. Christiane Noireau, notamment, a proposé une lecture du mythe par le prisme d'une étude clinique, à la fois comportementale et psychanalytique, de l'enfant et du nourrisson. Selon elle, le mythe peut être lu comme « une suite de fantasmes, images de pulsions inconscientes[43] » qui illustrent le besoin de conquérir sa féminité en passant par le désir de castration. Mais là où cette analyse se distingue de ses

---

40 *Ibid.*, p. 273.

41 Trad. in J. Derrida, *Psyché, Inventions de l'autre*, Paris, Galilée, 1987, p. 30. Issue de Paul de Man, *Blindness and Insight: Essays in the Rhetoric of Contemporary Criticism*, Minneapolis, University of Minnesota Press, 1971, p. 228 : « *This novel tells the story of two lovers who, like Eros and Psyche, are never allowed to come into full contact with each other. [...] The myth is that of unovercomable distance which must always prevail between the selves [...].* »

42 J. Derrida, *Psyché, Inventions de l'autre, op. cit.*, p. 30.

43 Ch. Noireau, *La Lampede Psyché*, Paris, Flammarion, 1991, p. 261.

prédécesseurs, c'est dans la proposition d'un « complexe de Psyché ». Selon Christiane Noireau, Psyché s'est toujours retrouvée seule, isolée. Lorsqu'elle vivait parmi les hommes avec ses parents, elle était isolée car trop belle pour être touchée, aimée et surtout embrassée. Le manque d'attention et surtout d'affection primitive prodiguée par sa mère et son père qui ne l'embrassent pas, font de Psyché « une enfant mal aimée [...] à l'affectivité blessée[44] » et à qui le baiser et la tendresse naturelle et maternelle ont été refusés. Elle est d'abord abandonnée sur le rocher par tous les hommes et par sa famille, puis délaissée tous les matins par son amant inconnu. Les baisers qu'elle échange avec Cupidon restent plus ou moins vides car « elle embrasse l'inconnu, mieux encore l'inconnaissable. Elle aime sans objet[45] ». Et lorsque Cupidon la quitte définitivement car elle a brisé l'interdit, qu'il lui avait imposé, de ne pas le voir, il est significatif qu'il s'arrache à ses mains mais aussi à ses baisers (« *ex osculis et manibus... avolavit* » écrit Apulée[46]). Psyché n'ayant jamais reçu de baiser initiateur, elle ne peut réussir à se construire psychiquement ou sentimentalement. « L'absence de ce premier baiser maternel – ou de son substitut – prive l'héroïne de sa vie amoureuse. En cela, nous pouvons parler d'un complexe de Psyché[47] ».

Enfin, on trouve également des analyses plus jungiennes du mythe, dont la première et plus célèbre est celle d'Erich Neumann, publiée en 1952. Lui-même étudiant de Jung, il a choisi d'utiliser le mythe de Psyché et Cupidon en l'éclairant à la lumière de la psychanalyse. Tout comme Schröeder avant lui, il développe l'idée freudienne que l'histoire nous parle du développement psychique féminin et surtout des angoisses sexuelles qui l'accompagnent. Selon sa lecture, le parcours de Psyché représente une prise de pouvoir par la psyché féminine qui, quittant une unité inconsciente originelle imposée par les Dieux, s'affirme comme être conscient à part entière dans le monde humain. Pour justifier cette théorie, il s'attache à divers points du récit qu'il revisite à la lumière d'une analyse jungienne. Ainsi, selon lui, le mariage de Psyché, lorsqu'elle est amenée en cortège au rocher, est perçu du point de vue féminin comme un viol initial. La vierge est sacrifiée dans une sorte de rite féminin (c'est

44 *Ibid.*, p. 262.

45 *Ibid.*, p. 264.

46 Apuleius, *The Golden Ass, being the Metamorphoses of Lucius Apuleius*, trad. angl. W. Adlington, London, William Heinemann, 1919, p. 234.

47 *Ibid.*, p. 264.

Aphrodite, image matriarcale qui ordonne ce sacrifice) qui la pousse dans un mariage rompant son enfance et l'éloignant du sein maternel. Les sœurs jalouses seraient quant à elles une partie inconsciente de l'esprit de Psyché, une partie qui hait les hommes, leur reprochant le viol initial et l'asservissement marital qui suit. C'est cette haine profonde et enfouie qui pousse Psyché à vouloir se venger et couper la tête de ce serpent. Par ailleurs, sa relation avec Cupidon révèle la manière dont elle cherche à se former comme un être conscient et individuel à partir de figures masculines. En effet, selon la pensée jungienne, la psyché des hommes et des femmes est fondée sur une conscience respectivement masculine et féminine mais qui cherche à intégrer de manière inconsciente des symboles du sexe opposé. Neumann écrit ainsi que, « avec Psyché, alors, un nouveau principe amoureux apparaît, dans lequel la rencontre entre le féminin et le masculin se révèle être la base de l'individuation[48] ». Selon cette lecture, Éros devient une expression masculine inconsciente dans l'esprit de Psyché, la partie masculine dont elle a besoin intérieurement pour se former en tant qu'individu propre. Et les épreuves qu'elle subit en sont un autre exemple, chacune d'elles exposant Psyché à une forme de masculinité qu'elle se doit d'incorporer : l'épreuve des graines à trier symbolise une promiscuité masculine ; les béliers sont une masculinité dangereuse et mortelle ; et l'aigle de la troisième épreuve symbolise la masculinité libre et incontrôlable. À chaque fois, le principe masculin est perçu comme quelque chose de négatif mais qui, paradoxalement, aide Psyché à se construire elle-même et sa conscience. Chaque nouveau test est un pas de plus vers une intégration des principes à la fois masculins et féminins la rapprochant de l'individuation recherchée. La quatrième et dernière épreuve, enfin, montre que Psyché est sur la bonne voie pour atteindre cette unification par la tour qui participe à la fois du féminin (il s'agit d'une forteresse) et du masculin (en tant que symbole phallique). C'est finalement en ayant réussi à surmonter les épreuves qu'elle est parvenue à se former en tant qu'individu. Et c'est comme individu qu'elle peut entrer pleinement dans une union avec Cupidon, union qui est l'aboutissement de cette intégration des deux principes sexués et qui apporte plaisir et joie, symbolisés par la naissance de leur fille Volupté.

48 E. Neumann, *Amor and Psyche: The Psychic Development of the Feminine*, trad. angl. R. Manheim, New York, Pantheon Books, 1956, p. 90.

Quelles que soient les interprétations psychanalytiques que l'on retienne, on s'aperçoit que le mythe de Psyché a très souvent été employé pour expliquer la psychologie féminine. Il est à la base du développement de théories psychanalytiques dont il sert d'illustration et de guide au raisonnement. Le nom même du personnage, apparenté étymologiquement à la psychanalyse, est sans doute pour beaucoup dans cet intérêt constant des analystes. Mais outre ce nom, c'est le récit lui-même qui est vu comme idéal en cela qu'il permet une multitude de lectures et qu'il semble parfait pour exposer les idées scientifiques. Psyché est une sorte de mythe idéal qui contient l'essence de l'âme humaine, permettant ainsi d'exposer la conception et le fonctionnement de l'inconscient et plus spécifiquement de l'esprit féminin.

On perçoit donc la manière dont, en conférant à la Psyché antique sa forme plus ou moins définitive, Apulée a également donné naissance à une nouvelle figure mythologique qui, issue d'autres images et représentations antérieures, convoque une grande variété de sens. Psyché est devenu un mythe fondateur, utilisé pour développer la pensée humaine dans des domaines aussi bien scientifiques que littéraires. Loin d'être dépourvu de valeurs allégoriques, d'interprétations psychanalytiques ou encore d'intentions philosophiques, le conte rédigé par Apulée renferme en réalité une multitude de significations retournant et explorant inlassablement la question de l'âme humaine. Cela justifie sans doute l'intérêt constant qui lui sera témoigné par les auteurs. Ce caractère fondateur du mythe explique pourquoi il sera si souvent repris en arts comme en littérature dans de nombreuses réécritures, et ce, dès la Renaissance et sa réintroduction dans le champ de réflexion de la culture européenne. Cette âme ailée, cette psyché incarnée, cette Psyché au destin tourmenté, s'est ainsi métamorphosée d'époque en époque, de champ d'étude en champ d'étude, pour demeurer une figure importante de la culture occidentale.

Ian GRIVEL
Université de Perpignan

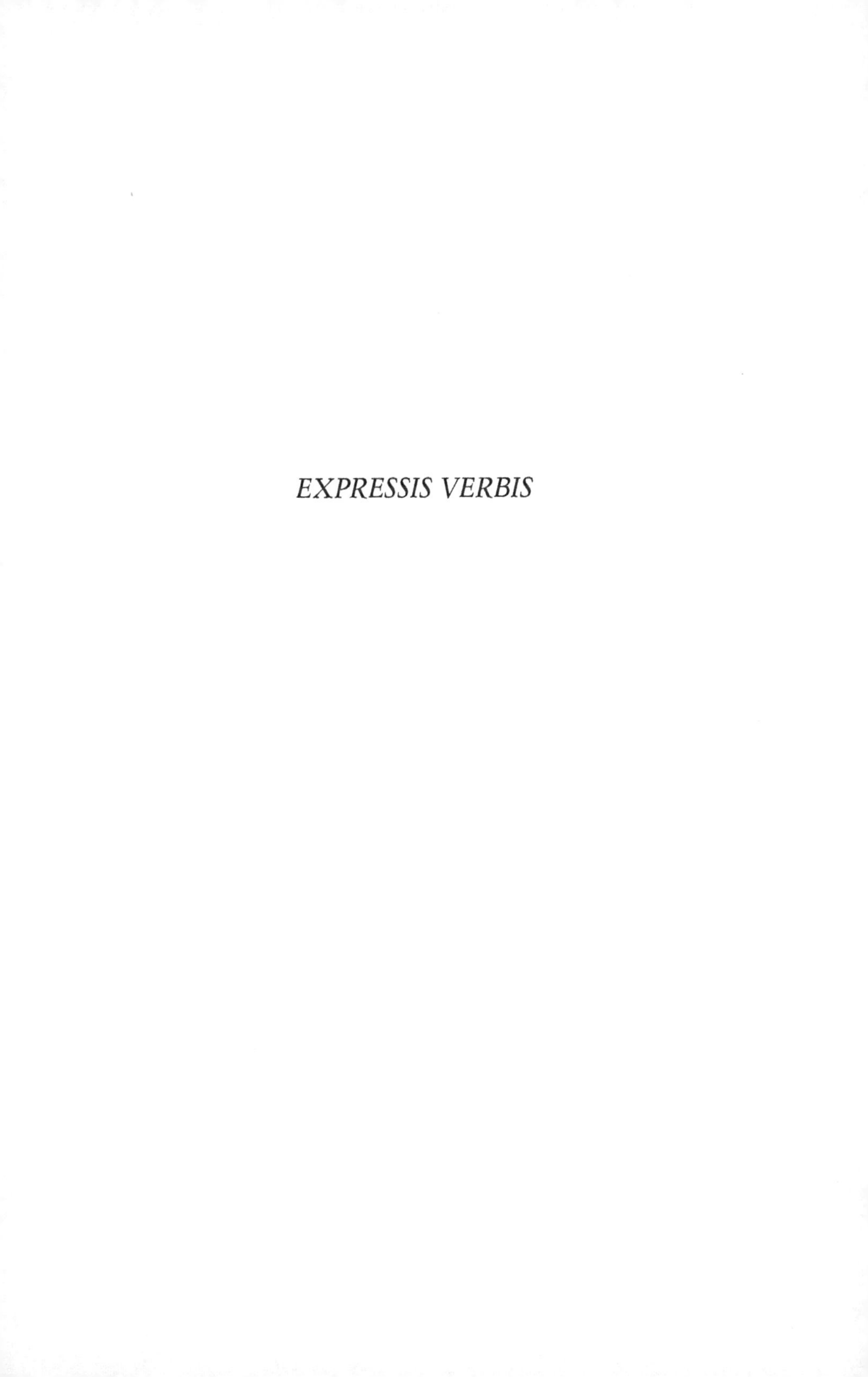

EXPRESSIS VERBIS

« J'ESPÈRE TOUJOURS QUE MES PHOTOS PUISSENT CONTRIBUER, CHEZ CERTAINES PERSONNES DU MOINS, À RÉENCHANTER LEUR QUOTIDIEN »

Entretien avec Michel Tremblay

Après s'être investi passionnément dans l'écriture pendant près de 30 ans, l'artiste canadien Michel Tremblay[1] se consacre, depuis quelque temps, à la photographie. De fil en aiguille, cette nouvelle passion l'a amené à présenter ses photographies, ses petits instants d'éternité comme il aime dire, lors d'expositions collectives ou en solo : l'Espace-Galerie de Saint-Sauveur, la Bibliothèque Gaston-Miron de Sainte-Agathe, la Bibliothèque municipale de Saint-Hippolyte, le Musée de l'Hôtel des Postes de Victoriaville, la galerie La route des arts de Lachute, la Maison des arts de Saint-Faustin. Il est aussi membre du RAAV (Regroupement des artistes en arts visuels du Québec) et de l'AAL (Association des auteurs des Laurentides / volet arts visuels). En 2019, il a également remporté plusieurs prix et récompenses honorifiques, localement et internationalement : le 2^{d} prix volet photo / art numérique, lors de la 23e édition Maison des arts St-Faustin ; le 1er prix, lors de la Flowers Competition N. 4, I Shot It ; il a reçu une Honorable Mention, Int'l Photography Award 2019 et une Special Recognition, au 9th Botanical Award, Light, Space & Time. Plus près de nous, en 2020, il a aussi remporté le 3e prix du volet *Nature* du concours annuel de la Société de promotion de la photographie au Québec (SPPQ)[2].

Mihaela-Gențiana STĂNIȘOR : Qu'est-ce qu'une photographie artistique ?

1 À ne pas confondre avec un autre Michel Tremblay, romancier et dramaturge canadien ayant apposé sa marque un peu partout dans le monde avec son œuvre théâtrale.

2 https://www.micheltremblayphotographie.com (consulté le 30 mai 2020).

Michel TREMBLAY : C'est difficile pour moi de répondre à une telle question. D'un côté, comme le dit la chanson, nous sommes tous des artistes et nous sommes tous le centre du monde et, de l'autre, demeure toujours bien ancrée en nous cette idée que l'extraordinaire et le renversant ne peuvent se trouver que dans le lointain, le rare ou l'inaccessible. Entre les deux, souvent nos cœurs balancent et il en va également ainsi, je pense, de nos compréhensions par rapport à ce qu'est l'art en général et plus particulièrement, ici, la photographie artistique.

Spontanément, le mot-clé qui me vient en tête avec votre question, c'est le mot « émerveillement ». C'est par besoin d'émerveillement que j'ai, un jour, commencé à écrire et que j'ai continué, comme ça, dans cette voie pendant longtemps et c'est encore pour satisfaire ce même besoin que je travaille maintenant en photographie.

J'ai un peu comme l'impression que cette soif d'émerveillement doit sûrement être toujours là, aussi, quelque part dans le fond de terrain de ce qui caractérise ce que l'on pourrait appeler une photographie artistique. Il resterait alors à savoir ce qui nous émerveille et pourquoi et comment, et dans le contexte de votre question, il faudrait aussi se demander ce qui peut bien émerveiller, aujourd'hui encore, tous ces galeristes, conservateurs et juges en tout genre qui définissent souvent, pour nous, ce qu'est une photographie artistique. Quand on a vu des dizaines et des dizaines de milliers de photos, j'imagine que ce n'est plus tant la photo que l'intention derrière celle-ci qui est alors regardée. L'idée même d'émerveillement s'enrichit ainsi au passage de considérations qui ne sont plus uniquement reliées à l'esthétique formelle. Ce qui, même si on peut avoir des réserves, est aussi une bonne chose.

M.-G. S. : Pourriez-vous nous dire ce qu'est pour vous le « *visuel écrit* » ou bien encore, un « *tableau écrit* » ?

M. T. : C'est un peu ce que je faisais avant, dans cette autre vie où j'écrivais. Je vous ai parlé d'émerveillement. Comment voir le monde, ses abominations et ses horreurs et réussir, malgré tout, à s'en émerveiller ? À l'époque, je pensais – et je pense encore – qu'une grande partie de la réponse à cette question devait se trouver dans notre façon de regarder la réalité. Comment regarder alors ? Était-il possible de tout revoir des choses de ce monde pour s'en faire une opinion, disons un peu plus « positive » ? Comment éviter, aussi, de tomber dans les mièvreries et les tisanes à l'eau de rose de tous les illuminés de style *New Age* déjà à la mode dans les années 1980 ? Et tous ces mots qui nous habitent et faisons nôtres, tous ces mots si intimement liés à nos façons de regarder, de voir le monde, se pouvait-il qu'eux-mêmes se doivent d'être questionnés, revus et explorés sous de nouveaux angles ? On se désole de leurs ambiguïtés et de tout ce flou qu'ils portent en eux, mais pourtant, un peu comme nous, n'est-ce pas là aussi ce qui faisait leur intérêt et tout leur charme ? Comment regarder le monde, comment voir la réalité ?

Pour moi, seuls les concepts et constructions issus du monde des arts visuels et, en particulier, des arts visuels du début du XXe siècle, me semblèrent alors à même de m'aider à y voir un peu plus clair dans ce spectacle souvent bien désolant qui se déroulait devant nous. Un mot aussi pour souligner, ici, à quel point le fait que tous ces concepts et constructions ne reposent, en définitive, que sur un discours conceptuel éminemment subjectif me fit alors du bien. Réfléchir et concevoir le monde et sa réalité dans un cadre humain, uniquement humain… entièrement humain ! Redécouvrir notre monde en sortant enfin de la cour des dieux où, depuis toujours, nous nous entêtons tous bêtement à développer tous ces éteignoirs de l'esprit que sont nos grandes vérités. Celles avec un grand « V » comme celles se baignant dans les mers de larmes et de sang qu'elles engendrèrent.

Cézanne, Matisse, Braque ou encore, Duchamp, par exemple. Élargir tous les concepts et constructions de l'esprit qu'ils développèrent et appliquèrent à leurs œuvres picturales pour que nous puissions y voir plus loin et encore plus large et que, finalement, ce soit alors tout un monde qui se révèle ainsi à nous. Notre monde ! Il était beau dans leurs créations et dans leurs toiles. Pourquoi ne pourrait-il pas en être de même de cette immense création où nous vivons ? L'ampleur du défi était à la mesure de l'horreur que j'éprouvais devant tout ce que je voyais. Cependant, comment sortir d'un monde tout en y gardant les pieds sur terre ? Une seule chose était sûre : à l'image de tous ces artistes du début du XXe siècle, je me devais, moi aussi, dans mon travail d'écriture d'alors, de renoncer à toute prétention à une quelconque objectivité pour ne conserver qu'une certaine cohérence interne. Une cohérence qui me permettrait de fouler de nouveaux sols conceptuels sans crainte d'y perdre pied. Quant aux mots, était-il vraiment nécessaire, même en poésie, de toujours se servir d'eux pour les soumettre aux caprices de ce que nous avions à dire de si vrai ou de si important ? Pourquoi ne pas respecter un peu plus cette nature floue et ambiguë dont je vous ai déjà parlé, cette nature qui faisait leur richesse et leur beauté ? Ne plus vouloir à tout prix les asservir et, surtout, prendre le temps de m'asseoir avec tous ces mots pour les écouter être dans leur souffle et dans leur rire tout remplis de leurs multiples sens s'exprimant tous en même temps et dans toutes les directions. Bref, les traiter comme nous aimerions être traités ! C'est donc avec tout ça en tête que j'ai cherché à créer – avec des mots – des tableaux complets et représentatifs de notre réalité.

Enfin, selon moi, bien sûr. Ce qui fait que je devrais plutôt dire… des tableaux complets et représentatifs de « *ma* » réalité. Maintenant, est-ce que ma réalité pourrait aussi être celle d'un peu tout le monde ? Je l'ai longtemps espéré, mais bon, aujourd'hui, je ne fais plus grand effort pour que cela arrive[3].

M.-G. S. : Dans l'art photographique, peut-on parler de sources d'inspiration ?

M. T. : On peut employer ces mots-là, mais j'aimerais mieux parler de source de résonance. À quoi résonnent tous ces photographes connus et inconnus que nous connaissons ou ne connaissons pas ? Et à quels niveaux et à quelles fréquences ?

M.-G. S. : Quels effets attendez-vous de vos photographies sur celui qui regarde ?

M. T. : Je ne m'attends à rien, car je ne prends pas, ni ne travaille ou n'expose mes photos pour les autres. Je ne le fais que pour moi. Donc, je ne m'attends à rien de ceux et celles qui regardent mes photos. C'est pourquoi je suis toujours un peu surpris lorsque des gens apprécient mon travail. C'est un peu comme si, de là où ils étaient dans leur propre monde, certaines de leurs « résonances » étaient, pendant un temps, entrées en harmonie avec les miennes. Même si je ne le fais pas pour ça,

3 Si vous souhaitez découvrir les « *tableaux écrits* » de Michel Tremblay, plusieurs d'entre eux ont été rassemblés sous la forme d'un livre numérique intitulé : *Astronomie du quotidien*. Ce livre est encore disponible sur certaines plateformes numériques : https://books.apple.com/book/astronomie-du-quotidien/id686681745?ign-mpt=uo%3D4 (consulté le 30 mai 2020).

lorsque cela arrive, j'en suis toujours content. Comme cette résonance peut, en sourdine, se poursuivre pendant très longtemps, il est difficile, pour moi, de savoir ce qui en sortira. J'espère toujours, cependant, que mes photos puissent contribuer, chez certaines personnes du moins, à réenchanter leur quotidien. Oui, à réenchanter tout ce « trop connu » auquel bien peu de gens ne prêtent attention.

M.-G. S. : Comme sujet/pratique photographique, vous avez préféré immortaliser les fleurs. Pourquoi ?

M. T. : J'ai toujours été très sensible à ce parallèle qui peut être fait entre les êtres humains et les fleurs. Pour moi, par exemple, c'est toute l'humanité passée, présente et future qui se trouve à vivre, à rire et à pleurer dans *Les Tournesols* de Van Gogh. Alors pour moi, photographier des fleurs, c'est toujours plus que simplement photographier des fleurs. C'est me retrouver un peu comme dans l'éternité de notre réalité profonde, alors que je nous vois tous ensemble, les uns avec les autres, à passer quelque temps, comme ça, dans un grand pot en terre cuite avec tout juste un peu d'eau dans le fond et un gros soleil en arrière-plan.

M.-G. S. : Cioran affirmait quelque part que notre donquichottisme suppose de « Chercher l'être avec des mots ». Que cherchez-vous dans les photos, dans celles prises par vous-mêmes, dans celles des autres que vous regardez ?

M. T. : Au début, je vous ai parlé d'émerveillement. Ça, c'est la version pour ne pas faire peur aux gens. En réalité, des fois, pour moi, cela va beaucoup plus loin. C'est toujours un peu gênant à dire, mais finalement, ce que je recherche, c'est cet état de transe quasi mystique dans laquelle, à l'occasion, il m'arrivait d'être plongé lorsque j'écrivais et qu'il m'arrive aussi de vivre lorsque je suis pendant un temps « dans » mes photos. Il n'y a plus alors aucune séparation entre moi et celles-ci. Le point infini d'un espace sans temps où tout est alors à la fois plein et vide, vide et plein. Évidemment et peut-être aussi… heureusement, cela n'arrive pas souvent. Avec la photographie, cet état est également beaucoup moins intense qu'il ne l'était lorsque j'étais « dans » mon écriture. Remarquez qu'en vieillissant, c'est peut-être aussi une bonne chose qu'il en soit maintenant ainsi.

M.-G. S. : Accordez-vous de l'importance aux écrits théoriques sur la photographie ?

M. T. : Pour moi, personnellement, non. Par contre, cela ne signifie pas que je pense que tous ces écrits ne sont pas importants. Bien au contraire. Ce sont des réflexions de la photographie sur elle-même et cela aussi fait partie de la photographie. Si j'avais 20 ou 30 ans, j'aimerais tout connaître de ma passion et savoir où je me situe dans tout cela.

Aujourd'hui, toutes ces choses sont beaucoup plus secondaires pour moi. Je veux seulement prendre des photos et avoir du plaisir à explorer tout le merveilleux qu'il y a autour de nous. Que ce soit au moment où j'ai pris une photo ou en différé, lorsque je la travaille en post-traitement, être, pendant un temps, un peu comme en communion avec ce qu'il y a dans celle-ci, une flaque d'eau, une feuille dans un arbre ou encore, le reflet d'un arbuste dans l'eau calme d'une rivière.

M.-G. S. : Qu'aimeriez-vous photographier, mais que vous n'avez pas encore réussi à saisir ?

M. T. : J'aime photographier ce qui est en bordure de nos vies, mais je n'ai pas encore réussi à photographier des bordures de chemins d'une façon telle qu'elles en deviendraient inoubliables. Pour moi, c'est très vexant et cela me rend très humble aussi. En littérature, plusieurs écrivains se sont un jour demandé qui était celui qui écrit. Je ne suis pas loin de penser qu'il en est peut-être aussi de même en photographie. Est-ce moi qui prends une photo ou le sujet pris en photo qui se laisse découvrir et révéler par cette photographie ? Peut-être que toutes ces bordures de chemin anonymes et sans existences propres attendent seulement que j'aie le bon angle, la bonne approche ou encore, la bonne technique pour enfin se dévoiler d'une façon aussi belle que je les vois, moi, dans ma tête. Je n'en sais trop rien.

Au cours des derniers mois, avec ce printemps où il n'en finissait plus de faire froid et à cause des contraintes de la Covid-19 qui nous obligea à limiter nos déplacements, j'ai exploré tout un monde que je ne soupçonnais pas il y a de ça quelques mois… celui des flaques d'eau qui, au lever du jour, étaient encore gelées sur les chemins autour de chez moi. De la boue, de la terre et un peu d'eau sale et gelée. Un monde magnifique que l'on cherche généralement à éviter. Par contre, maintenant qu'il fait plus chaud, ce monde s'est malheureusement retiré pour un temps et hier, je suis un peu comme retourné à cette vieille obsession que sont mes bordures de chemin. Je dis « vieille » parce que ces fameuses bordures m'obsèdent depuis longtemps. Déjà, au sortir de l'adolescence, je les trouvais belles et je me disais qu'un jour, il faudrait bien que je les photographie pour montrer au monde à quel point nous passons à côté de quelque chose de magnifique en ne les remarquant pas. Après mon affranchissement de l'écriture, elles sont donc aussi la raison pour laquelle j'ai commencé à vouloir faire de la photographie.

Sur la centaine de photos de bordures de route que j'ai prises hier, il n'y en a qu'une dont j'étais vraiment content. Par contre, encore une fois, ce n'était pas une vue d'ensemble d'un bord de route, mais bien plutôt un simple élément isolé de l'un de ces bords de route. Peut-être qu'il en sera toujours ainsi et que c'est aussi ainsi que les choses se doivent d'être. Je ne sais pas. Quoi qu'il en soit, quelque part, il faut bien que je prenne ça avec un grain de sel… et puis, il y a tant de choses tellement plus importantes.

Mihaela-Genţiana STĂNIŞOR

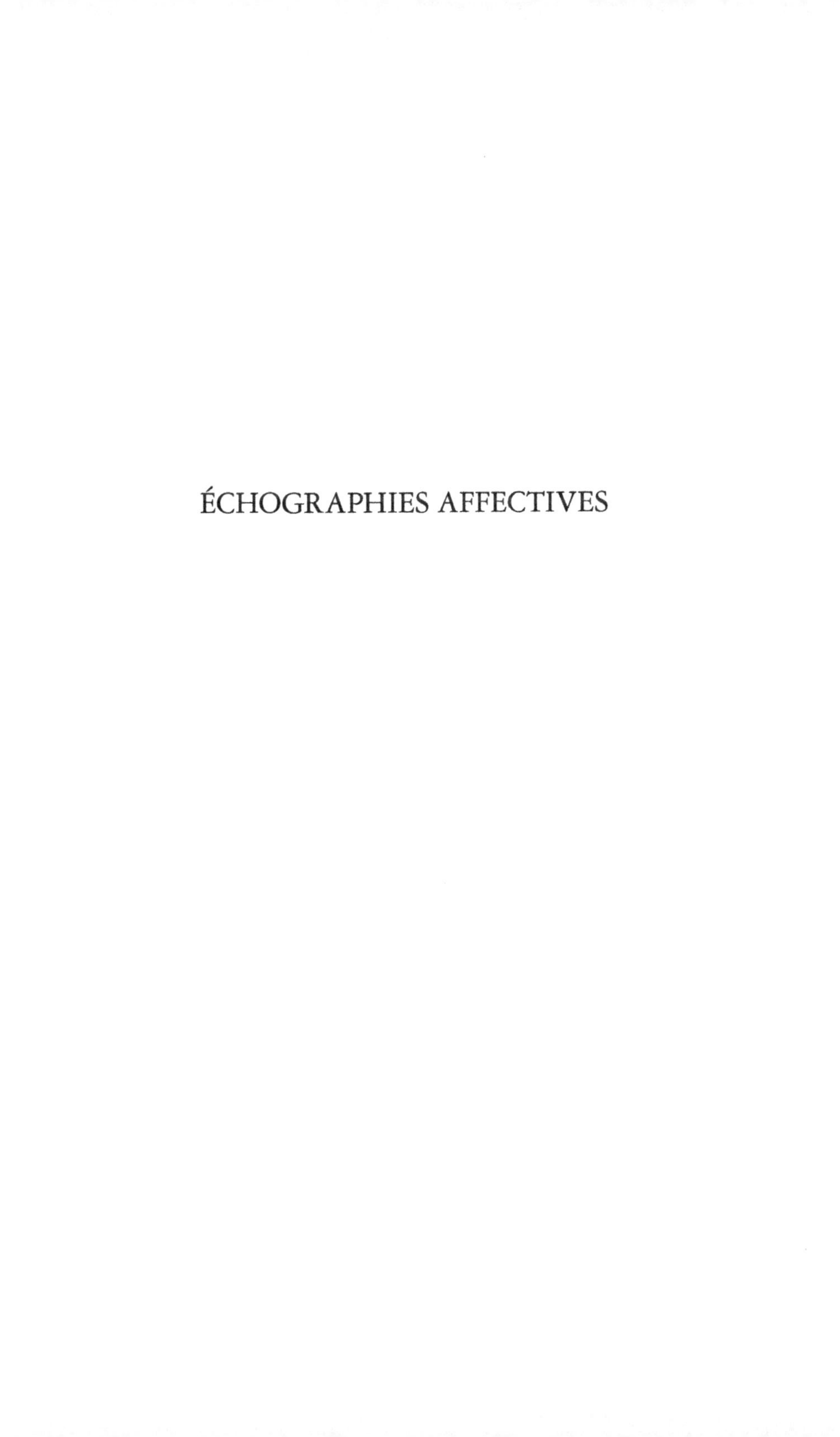

ÉCHOGRAPHIES AFFECTIVES

LE PORTE-BONHEUR

Le ciel me regardait. Je n'aimais pas quand il me regardait comme ça. J'avais l'impression qu'il allait me jouer un mauvais tour, en tout cas qu'il se fichait de moi. Et franchement, ce n'était pas le moment. Ce qui me mettait le plus mal à l'aise, c'est que lui-même paraissait indécis, tantôt gris foncé, tantôt bleu laiteux, tantôt s'appuyant sur une colonne de soleil, tantôt sur un mur de pluie. D'une heure à l'autre, d'une minute à l'autre, il changeait d'avis, ce qui était également, à l'époque, un de mes plus gros défauts. Je ne savais sur quel pied danser, oscillant entre le oui et le non, entre le peut-être et le bien sûr. Entre prendre une décision énergique et laisser les choses suivre leur cours funeste. À en perdre la tête. Et tout cela à cause de l'autre, qui déraillait.

Je ne devrais pas parler de lui ainsi, c'est mon petit, après tout.

Mon petit et sa menotte dans la mienne, quand nous allions faire les courses, lui et moi, et que je lui désignais les noms des choses, vitrine, lampadaire, chapeau, et que je le prenais dans mes bras quand il commençait à traîner la patte. Ça, c'était mon petit. Je sens encore la chaleur de ses doigts recroquevillés. Et qu'il ne soit plus le même aujourd'hui est une autre histoire.

En attendant, ces deux-là me convenaient bien. Ils marchaient devant moi, dans ce quartier mitoyen du centre-ville. La rue était aux trois quarts déserte. Parfois une voiture, parfois quelqu'un sortant de chez lui. Nous n'étions séparés, eux et moi, que par une dizaine de mètres sur un trottoir où errait une luminosité craintive et docile, qui s'effaçait au moindre nuage. Ils allaient d'un pas régulier, un peu pressé, lui avec son trench replié sur l'avant-bras, elle portant un parapluie en bandoulière. Des gens prudents. Et décidés, cela ne faisait aucun doute. Vus de dos, ils ne manquaient pas d'allure, ni d'énergie, je les imaginais couple bourgeois et bien installé. Sans problème. Ne se doutant pas que d'autres puissent en avoir. J'étais pareil, à l'époque. Quand tout allait bien.

Je les avais choisis sans réfléchir. Comme d'habitude. L'aventure se termine trop vite quand on l'anticipe dans sa tête. On se fait toute une histoire, résultat des courses : on est déçu. Mieux vaut s'en tenir à la règle qu'il n'y a pas de règle. Pas d'arrière-pensée. Les dés roulent, et malin qui pourrait dire lequel s'imposera. Si bien qu'on s'en remet à l'instinct, et à dieu vat.

J'étais dans ma période où je filais les gens dans la rue, pris au hasard, persuadé que peut-être l'un d'eux me porterait chance. Ce qui arrivait rarement, pour ne pas dire jamais, ou alors un sourire attrapé au vol me valait récompense. Maigre récompense. Que faire d'un sourire condamné aussitôt à l'effacement ? Rêver, mais les rêves aussi s'effacent. Au bout d'un temps, je me lassais et m'asseyais découragé sur un seuil de maison, comme le font ceux qui n'en ont pas, de maison, et je repensais à la mienne, si pimpante autrefois, aux miens à l'intérieur, si joyeux naguère, à mon petit, mon dieu que lui était-il arrivé ? Je pensais à tout cela jusqu'à ce que se présente un autre porte-bonheur potentiel, repéré d'emblée, avec qui devait renaître l'espoir de me voir enfin dédommagé de mes multiples déboires. C'était une façon de tuer le temps, sauf que c'est le temps qui vous tue.

Cette fois, cependant, j'avais confiance. Peut-être qu'à force de me laisser aspirer par ce couple qui ne déviait pas de sa ligne et n'attirait pas la pluie, ni les rafales de vent, une sorte de force nouvelle m'animerait et m'aiderait à remettre mon petit en selle. Mon petit. L'aîné en fait. Celui qui avait appris si vite à lire que je ne cessais de m'extasier, prenant à témoin les autres parents que, dans mon for intérieur, je plaignais d'avoir des enfants sans génie. Lui, aujourd'hui, me dépassait d'une tête. Mais il n'y avait pas que lui. Il y avait sa mère, qui semblait s'être rétrécie, il y avait sa sœur, qui n'en menait pas large, il y avait moi aussi.

Et puis il y avait les autres. Tous les autres. Ceux qui comprenaient et ceux qui ne comprenaient pas. Par exemple, ces deux-là, devant, à la démarche si ferme, si régulière, en avaient-ils des enfants ? Savaient-ils ce que signifiait trembler dès que la fièvre monte ou que les résultats scolaires se mettent à décliner ? J'aurais juré que non. Où allaient-ils, sans jamais se retourner, dans une sorte d'infaillibilité de la démarche ? Qui sait, peut-être que leur vie était encore bien plus compliquée que la mienne et que, dans une heure ou deux, ils allaient y mettre un terme dans une chambre d'hôtel dont ils ouvriraient la fenêtre, et puis adieu la compagnie.

On a de ces idées parfois !

Tout en marchant, j'entrais dans leur histoire. En espérant que, d'une façon ou d'une autre, ils entrent à leur tour dans la mienne. Donnant donnant. Je me disais que leur disparition devait servir à quelque chose, avoir un sens, car il fallait bien qu'eux ou moi nous payions pour tout ce qui tournait si mal ici-bas, et qu'en se jetant du haut d'un cinquième ou d'un sixième étage, leur malheur prenant fin sur le trottoir bientôt bordé d'un ruban de sécurité, ils allègeraient l'infinie douleur de mon petit, ce pour quoi je leur serais éternellement reconnaissant.

Moi, j'avais déjà donné.

Je levai les yeux. Le ciel me regardait toujours et, décidément, je n'aimais pas ce regard. Il était menaçant, mais, il faut bien l'avouer, rien ne permettait d'imaginer que c'était à moi personnellement qu'il en voulait, moi qu'il punirait avec brutalité et cruauté. Après tout, qu'avais-je fait pour mériter une telle infortune ? Nous étions une famille heureuse, avec de bons revenus, nous allions chaque semaine au cinéma, nous partions en vacances, des kilomètres et des kilomètres parcourus en écoutant les derniers tubes sur RTL, Europe 1 ou France Inter. Sans compter toutes les fois où mon petit et moi allions sonner aux portes, faisions des blagues au téléphone, et on riait, on riait, on n'arrêtait pas de rire. Tout, à cette époque, semblait éternel. L'emploi, la maison, les enfants, dépenser de l'argent, rire, tout ce que vous vouliez, il suffisait de demander.

Quant au couple devant moi, allait-il vraiment passer à l'acte ? Il traçait sa route, toujours en lisière du centre, s'en rapprochant insensiblement. Les magasins de proximité se faisaient rares, adieu les odeurs de pain, de fleurs, de frites, apparaissaient à présent les premières boutiques de luxe, auxquelles l'homme au trench sur l'avant-bras et la femme avec son parapluie en bandoulière n'accordaient aucun regard. Qu'importent la lingerie, les dentelles et les montres Rolex quand on a décidé de renoncer à tout, de prendre le grand large. Mais si telle était leur intention, pourquoi ce trench et ce parapluie, pourquoi avoir peur de quelques gouttes quand on se prépare à affronter de face la pierre dure des pavés que d'autres ont piétinés et que d'autres encore piétineront sans savoir que c'est votre désespoir qu'ils foulent allègrement.

Et tout en pensant cela, je pensais encore et toujours à mon petit. Le grand, maintenant, une tête de plus que moi, je l'ai déjà dit, mais il restait mon petit, sauf qu'il déraillait, sauf qu'il buvait, sauf qu'il sniffait, se mutilait, sauf qu'il hurlait sur ses parents, brutalisait sa sœur. Un soir, je l'avais retrouvé assis sur le rebord de la fenêtre de sa chambre, au deuxième, les jambes ballantes dans le vide. La trouille au ventre, je m'efforçais de lui parler, il ne me répondait pas, je continuais à lui parler, comme le font les policiers dans les séries télévisées, de cette voix apaisante que j'imitais maladroitement, puis tout à coup : un mot de plus et je saute. Combien de temps encore allait-il me faire parcourir les rues comme un fou, m'obliger à poser mes fesses sur les seuils mouillés des maisons où il fait bon vivre ? Mais pas question de s'attarder, allez, debout, il me fallait suivre un nouvel inconnu à qui je n'oserais pas demander d'échanger son malheur contre le mien, ne serait-ce qu'une seconde. Un jour, j'en tuerai un, me disais-je, mais cela ne servirait pas à grand-chose, sauf que l'espace d'un instant je ne penserais qu'à mon acte, à rien d'autre, veillant à ce qu'il soit précis, définitif. Parfait en un sens.

Mon petit aussi avait tout pour être parfait, c'était, à bien y réfléchir, le problème, mais nous n'avions rien vu venir, sa mère et moi. Ni ses professeurs, ni ses meilleurs amis. Personne. Le diable ne se cache pas dans les détails mais dans la perfection, par définition inhumaine. Qui peut supporter d'être toujours le meilleur, le plus gentil, le plus serviable, le plus intelligent ? De ça justement, et de tas d'autres choses, il aurait fallu que je parle au psychiatre chez qui tant de faux amis voulaient m'envoyer, pour mon bien disaient-ils. Moi, tout ce que je désirais, c'était de pouvoir souffler un peu, de temps à autre, bénéficier d'une conditionnelle en somme. Mais non, il me fallait être parfait aussi.

Le couple a ralenti à la vue d'une terrasse surmontée d'une marquise en tissu bayadère. Du bleu, du blanc, du bleu, du blanc, et ainsi de suite. Ils se sont assis à une table et moi, négligemment, à la table voisine. J'ai tendu l'oreille. Ils n'échangeaient pas un mot. Sans doute, me disais-je, qu'il n'y avait pas grand-chose à ajouter, tout avait été préparé dans les moindres détails, formulé une fois pour toutes, leur décision – l'hôtel, la chambre au dernier étage, la fenêtre qu'on ouvre, le grand plongeon – tenait à présent lieu de loi. En silence, ils regardaient les passants, les derniers passants de leur vie, et moi je les regardais, ces gens qui savaient ce qu'ils voulaient.

J'aurais aimé prononcer les phrases qui restaient enfermées dans leur gosier, peser en toute objectivité le pour et le contre, mais c'était impossible, vu que je ne connaissais pas les motifs qui présidaient à leur projet d'en finir. Je supposai qu'ils étaient dans une situation inextricable, avec des nœuds impossibles à défaire. Je pouvais tout imaginer, inventer n'importe quoi. Une faillite qui les laissait sur la paille. Des dettes colossales. Un amour incandescent mais chacun, de son côté, était déjà ligoté par les liens du mariage, de la parentalité. Ou bien une faute impardonnable qu'ils préféraient expier dans l'au-delà plutôt que parmi la vulgarité ambiante.

Tout cela ne les empêchait pas de siroter leur café, le dernier de leur vie. J'enviais leur sérénité. C'était donc ça, partir ? Ce calme absolu. Soudain l'homme a pris la main de la femme, l'a enfermée dans sa paume. J'aurais voulu crier parce que personne n'avait agi de même avec moi et, de mon côté, j'avais été incapable d'affronter la douleur silencieuse de ma fille, qui, maintenant, menaçait de se barrer, se jetait dans les bras du premier garçon venu, et je n'étais plus un mari responsable mais un compagnon à l'haleine parfois chargée. Notre famille était un bateau en perdition, voilà la vérité. Nous avions tout et nous n'avions plus rien. C'est peut-être à ce moment-là que, pour la première fois, j'ai souhaité la mort de mon petit. Mon préféré peut-être, auquel cas ma faute est grande. Terrible. Mais qui n'a jamais fauté ? Mes yeux sont restés secs puis se sont emplis de larmes, je me faisais horreur mais c'était plus fort que moi.

Au bout d'un temps, j'ai touché le bras de l'homme. Comme ça. Un geste instinctif, quasi animal. Sans véritable motivation. Sinon d'être encore de ce monde. Il a tourné la tête vers moi. Sa femme a fait de même. Mais était-ce bien sa femme ? Elle aurait pu être sa sœur cadette, voire sa fille. Ou une compagne de passage, qui pense elle aussi avoir fait le tour de la question. J'aurais aimé qu'elle fût tout cela à la fois et que son regard bienveillant restât fixé sur moi le restant de mon existence.

– Oui ? a demandé l'homme en me dévisageant d'un air perplexe.

– Bien sûr, vous ne me reconnaissez pas, ai-je dit.

– Non. Désolé. Je devrais ?

– C'est normal, ai-je repris. Pas une fois vous ne vous êtes retourné. Je vous suivais de rue en rue. Je voulais faire de vous mon porte-bonheur. Ça m'arrive souvent.

– Je ne comprends pas, a dit l'homme sans animosité. Votre porte-bonheur ! Vous en avez besoin ?

C'était quelqu'un de poli et de doux. Il n'avait plus rien à perdre, évidemment. C'est facile quand on n'a plus rien à perdre.

Nous sommes restés face à face quelques instants.

– C'est un peu compliqué, ai-je dit.

– Essayez.

– Disons que c'est mon métier.

– Chercheur de porte-bonheur ! s'est-il exclamé. Comme il y a des chercheurs d'or ! Il suffit d'un gros lingot et l'affaire est faite.

Il était vraiment de bonne volonté, ce monsieur bien mis, rasé de près, aux lourds sourcils domestiqués. C'est étonnant, ai-je pensé, à quel point la proximité de la mort vous rend attentif aux autres. J'ai croisé les mains, pouces sous le menton, puis j'ai rejeté ma tête en arrière, le temps de scruter le ciel qui s'était éclairci mais restait sombre aux confins, avant de revenir à ma position initiale.

– Si je puis vous aider, a-t-il dit.

– Ce n'est pas si simple.

Je me suis éclairci la gorge.

– J'aimerais être à votre place, dis-je, mais je ne vous souhaiterais jamais d'être à la mienne. Ce serait cruel de vous demander de permuter avec moi.

Il devait me prendre pour un fou, je ne l'étais pas encore tout à fait mais je m'en approchais, j'en étais bien conscient. Peut-être que mon petit l'était, lui, fou, ou du moins psychotique, il avait toujours refusé de consulter, d'ailleurs il n'hallucinait pas, ce qui était certes rassurant, mais quoi alors ? Aurait-il été victime d'un pédophile, d'un racketteur, de… Depuis combien de temps ne nous étions-nous plus parlé, enfin ce qu'on appelle vraiment parler ? D'homme à homme. De père à fils.

À nouveau j'avais envie de pleurer, pourquoi ça te tombe dessus alors que tu n'as jamais rien fait de mal, du moins tu le supposes, bonhomme, mais je me suis forcé à rire en énonçant sur un ton volontairement pompeux :

– Qui renoncerait à la paix éternelle pour une guerre de tous les instants ?

– J'avoue avoir un peu de mal à vous suivre, a dit l'homme d'une voix égale, avec un léger sourire, avant de se tourner vers la femme qui hochait lentement la tête, l'air aussi désemparé que lui.

Je me sentais ridicule, mais maintenant que le train était lancé, pas question de tirer la sonnette d'alarme et de me dégonfler. Je les ai fixés l'un après l'autre, puis, les englobant dans le même regard, je leur ai dit qu'ils devaient renoncer à leur projet.

– Nous n'avons pas de projet, a dit l'homme. N'est-ce pas, ma chérie ?

– Non, aucun, a-t-elle confirmé.

– Sinon celui de nous aimer, a repris l'homme en serrant plus fort la main de sa femme.

– Oui, nous aimer.

Il y eut un long silence au bout duquel j'ai dit :

– C'est curieux, je n'ai pas vu passer une seule voiture.

– C'est une voie piétonne, a fait remarquer l'homme, étonné, comme s'il venait d'en prendre conscience lui-même.

Sur ce, il s'est levé, a repris son imperméable déposé sur une chaise, et l'a remis à sa place sur son avant-bras. Sa compagne s'est levée à son tour, elle a ajusté la bandoulière de son parapluie, et ils m'ont salué d'un sourire.

– Avant, a dit l'homme, il y avait beaucoup de trafic dans cette rue. On ne s'en rendait même pas compte. Maintenant, il n'y a plus de voiture, mais on met pas mal de temps à s'en apercevoir. C'est curieux, non ? Je ne sais pas pourquoi je vous dis ça. Laissez, c'est pour moi, a-t-il ajouté en désignant mon café.

Il a ri.

– J'allais partir sans payer.

– Le premier faux pas, ai-je dit. Quand un domino tombe…

– Les autres suivent, a-t-il enchaîné.

Voilà. C'était exactement ça. Quel avait été le premier faux pas ? J'ai eu l'impression que, pendant ces quelques échanges, la femme ne m'avait pas quitté des yeux et qu'elle formulait pour moi une de ces prières que, plusieurs fois par jour, j'adressais aux nuages pour qu'ils s'occupent un peu de mon petit. Pour que je me réveille de ce cauchemar.

J'aurais voulu que la conversation reprenne, qu'elle se prolonge des heures, des mois, des années, leur vue à tous deux me faisait du bien, mais je me taisais.

Ils semblaient hésiter l'un et l'autre, soudain il s'est mis en marche et elle, qui lui donnait le bras, l'a suivi. Au bout de quelques mètres, il s'est retourné :

– Vous allez en suivre encore beaucoup, aujourd'hui ?

J'ai regardé le grand plafond de nos vies, là où, chaque matin, j'allais pointer, le cœur serré et les poings en poche, et j'ai répondu :

– Non, je rentre. J'ai fait une bonne journée.

Michel LAMBERT

OÙ EST PASSÉ ÉMILE ?

Ce matin-là, je ne retrouvai d'Émile qu'un pull gris et une de ses chaussettes noires à pois blancs. Je traversais le porche de l'immeuble tous les lundis matin vers 8h15 et, à chaque fois, je voyais Émile encore emmitouflé dans son sac de couchage. Ensuite il disparaissait pour toute la semaine et je le retrouvais là le vendredi soir. Il s'installait alors pour le week-end. Tout le monde, dans le quartier, connaissait Émile et ses habitudes de fin de semaine. Et personne n'aurait osé lui contester sa place.

Émile avait son coin : il ne gênait personne, sa discrétion étant une de ses qualités d'« habitant » non officiel. Et même lorsqu'il lui arrivait de boire un coup de trop, son ivresse était silencieuse.

J'habitais dans cet immeuble lyonnais depuis quatre ans et, depuis lors, j'avais toujours vu Émile. Au début, repérant mon odeur tabagique, il m'interpellait parfois :

– T'as pas une clope ?

J'étais passée depuis peu à la cigarette électronique ; Émile n'avait donc malheureusement plus grand-chose à me demander. Il en conclut à juste titre que cette invention n'était pas destinée aux vagabonds.

Que pourrais-je dire d'Émile ? Qu'il était âgé de soixante-dix ans environ et qu'il avait été menuisier. Je compris, au fil de quelques confidences, qu'il avait subi une lente érosion : perte d'un enfant, abandon d'une femme, réduction des commandes… De ces drames et renoncements qui tuent vos désirs et annihilent toute ambition, aussi ténue soit-elle. Alors Émile avait tout largué !

En revanche, il n'avait pas la volonté de mourir avant l'heure hasardeuse qui serait la sienne. Il me l'avait déclaré un jour :

– J'attends et, en attendant, je savoure…

Mais quoi ? Émile avait su repérer les moments salutaires, les lieux apaisés de la ville. Il connaissait l'heure matinale à laquelle celle-ci sentait encore bon, comme si elle s'était refait une beauté pendant la nuit. Avant que la puanteur ne réinvestisse les lieux, il s'asseyait sur un banc au bord des quais du Rhône : il contemplait les reflets du soleil sur le fleuve tout en admirant le ballet des cygnes ; il s'amusait aussi à regarder les moineaux faire leur toilette dans les flaques d'eau les lendemains de pluie. J'aimais les yeux d'Émile, d'un vert de chat, qui me rappelaient ceux de mon arrière-grand-mère. Mais tandis que, chez elle, le vert avait été terni par la mort d'un de ses fils pendant la guerre, chez Émile celui-ci restait vif. Une irréductible lueur de curiosité animait son regard. Émile était revenu de tout, mais n'était lassé de rien.

– Que faites-vous du lundi au vendredi ? lui demandai-je un dimanche en fin d'après-midi.

– Je marche, m'avait-il répondu.

Émile, arpenteur de la ville. Le lundi, il s'attardait souvent à l'abbaye d'Ainay, le mardi il parcourait les quais du Rhône. Le mercredi, certains l'avaient vu sur la colline de Fourvière, d'autres dans un square de la Croix-Rousse. Le jeudi, il faisait une halte dans le jardin du palais Saint-Pierre ou il se rendait place Sathonay, située non loin de là. Personne ne cachait le soleil d'Émile. Mais, pour l'heure, il avait disparu…

Toute la semaine, je le cherchai, interrogeant les commerçants et les voisins. Je refis son trajet coutumier du lundi matin. Le bistrot, tout d'abord, où il prenait un café en partant tôt dans la matinée. « Pas passé. » La boulangère, que je sentais démangée par son envie de me dire « et avec ça ? » comme elle le faisait quotidiennement une fois que j'avais désigné le pain de mon choix, me répondit qu'elle n'avait « rien vu, rien entendu ». Et ainsi de suite. Personne n'avait vu Émile. Mais où était-il donc ?

J'avais traversé nombre de ses lieux de prédilection et j'avais apprécié cette façon de regarder la ville : des bancs désertés, des cours paisibles, des jardins odorants… Grâce à lui, j'eus le sentiment de découvrir la beauté et le charme de notre cité : lever la tête pour admirer les sculptures des façades, pénétrer dans les cours d'immeuble, s'asseoir longuement sur un banc ici ou là… Mais pas d'Émile au bout de cette marche.

J'avais tout imaginé : Émile au bout du rouleau se jetant dans le Rhône ou la Saône, Émile foudroyé par le terrible orage qui s'était déchaîné la veille, Émile ayant trop bu et s'étant étouffé dans son vomi dans la ruelle Punaise de Saint-Jean, Émile terrassé par un arrêt cardiaque ou un AVC, ou, pire encore, assassiné par quelque dément dans une allée sombre de la gare. Arrivée bredouille le vendredi soir et accablée par le tourbillon de ces scénarios macabres, je m'assis sous le porche, à l'endroit même où il installait d'ordinaire son campement du week-end. Regardant alentour, je constatai que la porte de la remise était légèrement entrebâillée.

Tel Cratès, il en avait crocheté la serrure. Rejointe par d'autres habitants de notre immeuble, je retrouvai Émile tranquillement allongé sur un matelas, un vrai matelas. Il n'avait pas eu le cœur de se lever, « c'était trop confortable ». Il faut dire que, le week-end précédent, nous avions entreposé là des affaires dont nous n'avions plus l'usage en vue d'un prochain vide grenier du quartier. Émile avait repéré le fameux matelas ! Nous voyant tous penchés au-dessus de lui, il esquissa un petit sourire et m'adressa un furtif clin d'œil. Je me contentai de dire :

– Nous nous sommes inquiétés…

– Allez ! déclara-t-il en se relevant, comme une injonction pour nous tous.

Il fallait désormais reprendre le cours de notre marche. Oui, il le fallait, mais en n'oubliant pas de s'arrêter en chemin, de lever la tête pour tenter de regarder par-delà les murs.

Emmanuelle BRUYAS
Philosophe et écrivain

L'INVIVABLE

J'ai revu sa maison. Durant ces dernières années, de nombreuses fois j'ai dû passer en voiture devant celle-ci. Et même à pied. Est-ce que je l'ai vraiment regardée pendant tout ce temps ? C'est étrange, je ne m'en souviens pas. Et, si je l'ai fait, rien ne semble m'avoir émue. Aucune sensation. Mais maintenant elle était repeinte. En couleurs vives. Jaune citron et vert lime. À la mode. À la place du gris souris ou du marron foncé. Même ce village de montagne, rustique, isolé, qui a su rester loin de la civilisation et du progrès, tombe finalement victime des couleurs brillantes ! La porte en bois verni largement ouverte, complètement refaite, qui laissait entrevoir un vaste espace, par laquelle on pouvait découvrir l'intérieur de la cour. Ces portes paysannes, hautes et bien figées dans la terre, semblent transformer de simples maisons en de vraies forteresses. Je me rappelle comme il m'était difficile d'ouvrir les deux portes de la maison de mes grands-parents, en tirant le poteau en fer qui les tenait jointes, pour les pousser en avant à l'aide de tout mon corps ! Leur grincement me faisait peur, tant il était grave, menaçant, comme si elles s'opposaient à mon geste d'ouverture, pour rester fidèles à leur mission de se tenir jointes, d'enfermer Dieu sait quel mystère ancestral.

De la voiture qui roulait impassiblement, j'ai alors regardé sa maison. Elle existait encore, mais repeinte. J'essayais de comprendre ce que je ressentais. Le trouble était-il provoqué par le présent coloré de ses murs ou par des images anciennes, que je n'avais pas assemblées à temps, et que j'avais égarées dans ma mémoire en m'efforçant de résoudre un puzzle sans solution ? Avant de comprendre ce qui se passait avec moi et pourquoi j'avais le pouls élevé, je me suis laissée en proie au passé. Les voix de ceux qui m'accompagnaient dans la voiture ont disparu, ils n'étaient plus là ou bien moi, je n'y étais plus. Car je me suis enfuie. Loin. Comme tirée par une main inconnue plus que par ma propre volonté.

Au début, je n'ai pas revu son visage. Je n'y ai pas pensé ou tout simplement je ne l'ai pas trouvé dans mes souvenirs. Mais je suis rapidement entrée dans l'ambiance de la maison, au parfum de poires cuites au four, à l'odeur de bière croupie, à l'arôme de cigarette mentholée. Je me suis assise, comme jadis, sur le gros coffre en bois de cèdre, près de la fenêtre. Il était encore là, avec le fichu accroché au-dessus, à l'aide d'un clou beaucoup plus rouillé qu'autrefois. Oui. Et le feu brûlait dans le poêle. Il semblait que j'étais arrivée la première. Il n'y avait personne d'autre dans la maison. Mais il fallait pourtant que quelqu'un m'accueille. Celui qui m'avait invitée. Il n'y avait personne, signe, probablement, que j'étais plus liée aux objets qu'aux personnes. Ou bien ? Avais-je peur de le placer devant moi ? De lui demander des explications ? Pour l'amas de souvenirs dans lequel il m'a enterrée ? Pour sa faute d'avoir trop tard compris ce qui se passait en lui ? ! Parce que, à cause de lui, je suis devenue l'être d'une dignité ennuyante, qui gît maintenant en attendant dans sa chambre à lui, étouffante, trop vivement colorée par une imagination qui s'était longtemps donné la peine de ne plus créer des fantasmes ? Apparaîtra-t-il, maintenant, comme jadis, tard, trop tard, repenti, trop repenti ? Je ne veux que voir ce que le temps a fait de lui. Le temps, son grand ennemi. Celui qui séchait son être. « Je n'ai pas de temps… Ce n'est pas le bon moment… en quelques années… si le temps me le permet… tu comprendras que le temps arrange tout, moi, je n'y peux rien. Je m'y soumets. » « Tu te soumets au désert ! » lui dis-je. Oui, c'était ça. C'est pourquoi j'avais remarqué la maison, quelqu'un y était revenu et l'avait ranimée. Quelqu'un avait fait un feu dans la pièce, bu de la bière et fumé des cigarettes mentholées. Tout était comme autrefois lorsque le temps n'était pas si pesant. Quand il était mon allié. Je regardais autour de moi, en cherchant les livres, éparpillés d'habitude sur la table et le lit. Je ne comprenais pas pourquoi ils n'étaient pas là. Aucun. Je ne me rappelais pas ce qu'il lisait. Oscar Wilde ? Il aimait lire en anglais. Ça, je le sais. Oui, il était un Dorian Gray inversé. Il vivait, avec moi, sa vieillesse. Comme s'il avait signé un pacte avec le temps, pour qu'il lui rende possible le parcours en sens inverse. Il avait des habitudes vieillies, exercées, il se laissait pousser la barbe et aimait baisser le menton qu'il considérait décharné, caressait son goître tant rêvé, admirait ses rides inexistantes, buvait beaucoup de bière pour faire gonfler son ventre et devenir disgracieux, s'habillait en noir et se cachait derrière un immense foulard blanc qu'il roulait trois fois autour du cou.

(Ah, son foulard ! Combien de fois n'ai-je essayé de jouer avec son foulard tellement blanc ! Sur la colline, sur notre colline, je guettais le bon moment pour attacher ses mains du tronc d'un petit noyer à l'ombre duquel nous avions l'habitude de nous retrouver et de passer les nuits d'été. Parfois, il se laissait entraîner par mon désir de l'emprisonner, je sentais son trouble qu'il voulait cacher en parlant à haute voix comme un acteur fourvoyé. Je me mettais au-dessus de son corps immobile pour qu'il me sente, pour qu'il s'oublie. Brusquement, il se taisait et me regardait. Aucun sourire, juste une perplexité. D'être là. Ensemble. Un seul corps. Attendant l'obscurité. Puis le chant du coucou. Lorsque le frisson s'emparait de lui, il commençait à rire et j'entendais l'écho de son rire dans toute la vallée. Elle était toute à nous. J'étais au-dessus de son corps ancestral et me sentais au-dessus de l'univers entier. Parfois, nous prolongions nos caresses jusqu'à l'aube, roulant nos corps enchaînés dans la rosée. Tout mouillés, nous riions en tremblant dans la fraîcheur des matins d'été montagnards. Il aimait les mots. Parfois même au détriment de mon corps. C'est ce que je croyais alors. Lorsqu'il inventait toutes sortes de jeux. Il y avait des soirs où il me mettait dans l'herbe et me couvrait le corps de feuilles de noyer. Je sens encore le parfum qu'elles dégageaient lorsque nos corps brûlaient de passion. Il ne me laissait libre que le visage pour qu'il puisse sereinement examiner ma joie et tous les fins changements que mes emportements y reflétaient. Il se déclarait fasciné par l'infini de mes nuances humorales, par la fermeté de mon regard même durant les moments les plus doux. Il me trouvait toujours enragée, comme si j'avais un combat à mener, contre l'odeur des feuilles, contre les étoiles indolentes, contre ses cheveux trop noirs ou bien contre ses caresses trop douces. Je me rappelle notre silence à deux. Il me regardait, moi, je rêvais. De temps en temps, il déposait un baiser sur mon front, sur cette ride qui traverse mon front et qu'il trouvait fascinante. J'étais pour lui une ride, cette ride-là. Une fois, je le lui ai dit. Avec tristesse. Ou désespoir ? Je ne m'en souviens plus. Il n'a pas riposté, en revanche, il m'a demandé de lui caresser le dos. Soumise, j'ai glissé mes mains sous sa chemise noire, un noir nuancé, dégradé par le soleil et la transpiration, et mes doigts se sont mis à toucher sa peau, à dessiner de petits cercles successifs, par des mouvements de plus en plus poussés. « Écris, de tes doigts fiévreux, des mots sur mon épiderme ! », ai-je entendu de sa voix comme venant d'une caverne. Des mots essentiels pour toi ! « Passion », *ai-je esquissé sans hésitation. L'a-t-il*

compris ? Aucune réaction physique. Aucun mot prononcé. Juste un petit sifflement à mon oreille. Plutôt que de me taire, j'avance : « Crois-tu que l'amour tienne de l'épiderme ? » Ah, toi, qui aimes ma peau, tu crois tout aimer ! Toucher, ce n'est pas aimer ! On touche tout dans la vie. La vie, c'est toucher. Sans cesse. Jusqu'au délire. Je lui crie : Je ne touche pas. Je m'imprègne. De toi. De la mort que tu portes en toi et devant laquelle tu te prosternes au coucher de soleil, lorsque toute notre colline semble dire adieu à l'univers entier. Mais la colline, elle restera longtemps. Tandis que moi, je serai depuis longtemps disparue. As-tu jamais vu mon visage lorsqu'on changeait d'habits ? Lorsque tu prenais mon t-shirt jaune et moi, ta chemise noire ? Ce jeu, c'est pour changer d'identité ! Pour que tu sois vivant (Kandinsky voyait le jaune comme étant la couleur de la vie, je te donne mon jaune) et moi, morte, comme toi ? Pour une dernière vibration, déréglée, de mes sens noircis par tes cellules en putréfaction ! Lorsqu'on se rencontre loin du village, à la tombée du soir, je cours vers toi. Et je te demande des yeux de choisir le sommet de la colline pour que nous puissions regarder le lointain. Mais toi, tu ne lis pas dans mes yeux, tu choisis la vallée et ce petit sentier qui sépare la colline en deux bras. C'est cet espace de la rupture, cette étroite horizontalité d'où toute perspective est limitée qui te serre dans une réalité plate. Et tu aimes ça. Il n'y a pas de cime dans ton regard, ni dans ton sentir. Il y a juste une terre battue. Celle de ce sentier où nous marchons depuis notre premier regard.)

Il marchait la tête en bas et les mains dans le dos, comme un philosophe arrivé à la vieillesse. Un solitaire tué par le trop plein de son propre moi. Il ne saluait jamais ceux qui avaient son âge. Seulement les vieux paysans, fatigués, qui accompagnaient leurs animaux à la source pour les abreuver. C'est là que je l'ai rencontré pour la première fois. Moi, parmi les noisetiers, cherchant l'ombre. Lui, se promenant avec nonchalance sur le sentier qui menait à la source. Je ne l'aurais pas remarqué, mais il était rare d'y voir quelqu'un avec un livre à la main. En plein été. Lorsque tous les villageois font les foins. Il marchait penché. Je le regardais s'éloigner tranquillement, en suivant la ligne noire, battue par tant de pas, beaucoup plus pressés que les siens. Je suis restée encore quelques minutes sous les feuilles rondes et protectrices du noisetier, puis j'ai commencé à descendre dans la vallée, en sautillant, en pensant à la fraîcheur qui m'attendait dans le petit vestibule de mes grands-parents. Je l'ai rattrapé. Je devais glisser tout près de lui sur le petit sentier pour le dépasser et avancer si je voulais continuer mon chemin vers la maison de mes grands-parents. Il a entendu mes pas, il s'est écarté un peu, et m'a saluée en baissant sa tête. Moi, pour répondre à sa politesse exagérée, j'ai ôté mon chapeau et me suis inclinée un peu devant lui. Je l'ai entendu rire. J'ai ri moi aussi et je me suis enfuie, en levant les mains vers le ciel pour lui signaler que le rituel avait été effectué.

La porte de sa chambre s'ouvre et, avec les mêmes gestes lents, je le vois entrer, tout en s'efforçant d'enlever son foulard. Le cigare allumé, qu'il tient dans sa bouche, rend ses gestes plus maladroits encore. Il n'a pas vieilli. Seulement ses cheveux grisonnés lui donnent un air distingué. Le ventre avait refusé de gonfler. Il semble maintenant grisé. Avait-il changé ? Ou bien ne s'agissait-il que de l'effet de grossissement auquel je le soumettais ? Il m'a tendu sa main et je fus saisi par cette sensation de grumeleux que j'ai ressentie lorsqu'il m'a touchée. Tout de suite, je me suis rappelé qu'il aimait les fossoyeurs. Nous nous faufilions souvent dans le cimetière et nous les suivions préparer les tombes. Deux par deux. Ils creusaient la terre avec plus de passion que les paysans leurs nids alignés de pommes de terre. Ils parlaient des mêmes choses : enfants insoumis, argent misérable, femme mécontente, récolte insuffisante, Ceauşescu, collectivisation, mais absolument rien sur celui pour lequel ils préparaient la tombe. À un moment donné, on ne leur voyait que les chapeaux de paille, leurs corps s'introduisant, verticalement, dans la terre. Ils travaillaient vite et passionnément. Pour mener l'opération à bonne fin et aller tout de suite dans les champs où les leurs les attendaient pour charger les charretées de foin. Ils laissaient la fosse ouverte. Nous nous en approchions alors, et nous regardions sa profondeur. Moi, je n'y entrais jamais de peur de ne plus pouvoir en sortir. J'étais frappée par la sensation d'humidité que cette terre me donnait. De l'ocre, parfois je voyais les grosses mottes gésir sur les lèvres de la tombe, compactes, lourdes, et j'avais toujours peur, qu'une fois jetées sur le cercueil, elles le perceraient et écraseraient le corps embaumé et joliment habillé, en costume populaire, de la dépouille. Quittant la fosse, nous aimions passer par la prunelaie qui se trouvait tout près du cimetière. Nous y entrions par les planches détachées de la haie et nous y mangions des prunes, mûres ou moins mûres, peu importait. En fait, nous les préférions moins mûres pour qu'elles nous serrent les lèvres et pour que nous sentions leur aigreur jusqu'à l'estomac. Nous nous faisions des grimaces l'un à l'autre, étendus dans l'herbe, en flairant cette combinaison parfaite de vie et de mort, combinaison qui ne peut se retrouver que dans un cimetière de village.

Te souviens-tu encore des nuits d'été passées sur les collines ? En suivant, sur le ciel, qui sait quelles étoiles, en attendant qu'au moins l'une d'elles nous tombe sur les épaules ? Où nous nous réjouissions de la tombée graduelle de l'obscurité, et ensuite de la naissance progressive de la lumière ? Où, envahis par le froid, presque sans nous en rendre compte, nous serrions nos corps dans nos bras et les cachions sous une couverture en laine ? Où nous attendions la rosée, en l'accueillant avec des chansons rock qui nous mettaient le sang en marche ? Comme tu étais sérieux toutes ces nuits ! Tu tenais des conférences ! À moi, à l'obscurité, aux arbres. Après quelques bières, seulement Eminescu te sauvait du ridicule. Tu récitais à l'infini et élevais le ton, menaçant, chaque fois que j'essayais, timidement, de suivre ta voix. Tu ne pouvais pas concevoir que je connaisse moi-même par cœur des vers et que moi aussi j'aie quelque chose à dire sur la vie et sur la mort. Et sur le temps. Ce n'était que toi et tes bouteilles vides que tu fixais du regard lorsque tu me donnais des leçons de poésie et de tout. Me donnais-tu le droit de répliquer ? Presque jamais. Car ce n'était que très rarement que tu te permettais d'être toi. Même avec moi, surtout avec moi. Tu te débattais entre concept et silence. Entre me le définir et le suspendre dans l'air devenu, soudainement, glacial. Je te supportais. Même maintenant je ne comprends pas comment. Il y avait quelque chose de monstrueux en toi, et de douloureusement vain. Tu ne sentais rien de ce que tu disais, ni du paysage ou de mon être. Tu t'es fait abri ou prison de la pensée des autres que tu n'avais même pas eu l'ambition de disséquer. Tu l'as avalée affamé et tu t'es félicité de t'en être bien nourri. Quand il m'arrivait, à travers tes tirades, de poser une question, tu me répondais par des citations que tu habillais avec des gestes pompeux, tu expirais alors la fumée de ta cigarette de plus en plus haut, passais ta main dans tes cheveux ou me fixais du regard, comme on fixe un enfant qui avait fait une bêtise et devait être puni. J'étais révoltée par ton manque de volonté de me connaître, provoqué et soutenu par ta conviction d'avoir tout vécu, d'avoir tout expérimenté. La vieillesse et la mort t'animaient et te satisfaisaient. Tu as si bien réussi à entrer dans la peau d'un homme fini ! Aucune virilité en toi ! (– *Tu sais, il a toutes sortes de relations avec des femmes mûres, chez lesquelles il s'en va à pied, avec chapeau et bâton, traversant le centre de Bucarest*). Oui, c'est ta sœur qui me l'a dit, dégoûtée, durant l'une des soirées où tu avais préféré remplir quelques feuilles de ton cahier bleu pour les brûler le matin suivant. Était-ce un essai pour imiter Eugenio d'Ors ? Ou l'écriture n'était-elle pour toi qu'une manière de te faire brûler ? Tu refusais toute présence, toute caresse. Avec moi, tu te sentais bien dans ta peau parce que tu ne voyais aucun danger dans ma féminité, bien cachée par une paire de pantalons courts et un large maillot. Tenue enfantine, avais-tu l'habitude de me dire. Jusqu'à cette soirée-là, où le désespoir t'a envahi. Et tu as quitté ta coquille. Moi, je n'allais comprendre que plus tard ce qui s'était passé avec toi. Comment, sans le vouloir, je suis passée au-delà des dizaines de paravents derrière lesquels tu cachais ton identité. Et ton âme. Notre dernière soirée de l'été 199… Cela ne compte plus. Moi, vêtue de cette robe jaune, qui moulait mon corps, fleurant bon les fruits mûrissants, entrant par la porte sur le seuil de laquelle tu te trouves maintenant, muet, comme alors, me regardant ébloui, pour t'assurer que c'est moi ou te convaincre que ce n'est pas moi… Nous nous sommes regardés une minute, pas plus, l'étonnement avait embrumé tes yeux et tes années, tu as commencé à gesticuler, en m'accusant de frivolité, en me considérant comme une tentation dont tu pourrais facilement te débarrasser. Je n'ai pas attendu que tu le fasses, je suis partie, sans bien comprendre où était ma faute, blottie sous mon morceau de soie jaune. Ma peau me brûlait, je m'illusionnais à croire que le bronzage en était la cause. J'avais froid à l'intérieur, je tremblais de toutes les jointures, j'ai couru vers ma maison, les bras serrés autour de la taille, et étranglée par la honte. C'était comme si je défilais nue parmi les pierres, bien qu'il fît noir et je n'y fusse accompagnée que par un pauvre chien vagabond. Arrivée, je me suis regardée dans le miroir. J'aurais voulu être vieille, la peau ridée, le visage ascétique, portant une robe longue, noire et large. Et que je fleure le désert et que j'aie le regard voilé. M'aurais-tu aimée alors ? Oui, car nous aurions tous les deux admiré notre vieillesse. Nous aurions touché des mains les années à venir, nous aurions senti le parfum des acacias de tant de saisons, nous aurions caressé nos corps avec le désir paroxystique d'une ultime rencontre. Dans le miroir, cette nuit-là, tu m'as initiée au trouble de la recherche de l'autre, tu m'as vidée de mon propre moi, de mon propre visage, qui s'est dilaté, s'est allongé sur le tapis, s'est diffusé sur tous les objets de la chambre, mon image désemplie, étranglée par tes mains molles, qui jouent avec mes cheveux, poussés brusquement jusqu'aux talons, couvrant nos corps, les protégeant des spectres menaçants de l'extérieur et de l'intérieur de nous. Comme des chauves-souris, nos cœurs se heurtent aux fenêtres de l'abysse, tu me cherches maintenant, avec tout ton corps et je sens son tremblement, il ne t'appartient plus, tu l'as rejeté, même si je n'ai entendu ni le premier, ni le deuxième, ni le troisième chant du coq, seulement le cri du hibou, assis sur le rameau du cerisier dans le jardin de mes grands-parents, triomphant et pénétrant, nous vouant à notre mort intérieure. Je regarde dans le miroir et j'y vois ton visage réconcilié, seulement ton visage enfin arrivé à accepter et à vivre son âge. Maintenant je me cherche du regard, mais le miroir me montre sans tête, ma peau brille comme si elle était couverte d'écailles, j'ai de longs ongles noirs. Mes jambes, violacées, semblent s'amincir, se projettent sur les murs, et, dans un dernier effort, se mettent à courir. Je ne me vois plus dans le miroir, ni dans la chambre, mais je continue d'avoir très chaud. Les bois de bouleau ne craquent plus dans la chambre, mais j'entends ta voix me parler tranquillement, tout près de moi, je sens ta respiration mentholée, mais je ne tends pas les mains pour te toucher de peur que tu ne t'évapores. Ou du désir que tu le fasses, toi. « Tu m'as délivré du temps. Allons dans la prunelaie. » J'ai senti ta main chaude et moite serrer la mienne, nous avons fait quelques pas, tu m'as pris dans tes bras, et, pour quelques secondes, nous avons triomphé sur la durée. Mais déjà, de la cour des voisins, le coq chante pour la première fois et toi, tu n'y es plus. Je reste seule, sans aucune trace de toi.

(*Elle n'a plus jamais accepté de me revoir. Je l'ai attendue une journée entière devant le musée Brukenthal. J'ai essayé de la contacter. En vain. Sa vanité nous a tués. Elle voulait tellement vivre cet été qu'elle ne concevait pas* l'après. *Un après qui aurait été vide. Par la force du destin et la nécessité que chacun suive ses études. Je n'étais pas fait pour un été, mais pour l'éternité. Elle se croyait reine de l'instant. Et elle l'était. De mon instant. J'adorais sa minceur, sa façon de rouler ses doigts dans mes cheveux. J'aimais aussi quand elle caressait mes joues que je gardais immobiles. Sa façon d'attacher mes mains à ce cerisier sauvage avec mon foulard. Était-ce un cerisier ? Je ne m'en souviens plus. Mais je porte maintenant, lorsque j'écris, le même foulard blanc, devenu gris à force de l'avoir sur moi un peu partout. Que dirait-elle si elle voyait mon tiroir plein de foulards blancs bien ordonnés ? Serait-elle moins furieuse ? Depuis cet été de 199…, je me suis maintes fois imaginé l'après. Notre* après. *Je me suis appliqué des châtiments et je suis descendu, de plus en plus, dans ma solitude et dans notre passé. Je n'ai vécu aucun* après. *J'ai prolongé cet instant-là, le nôtre, j'en ai fait ma durée à moi. Dans mes mots, elle trouvera, un jour, sa trace.)*

Mihaela-Gențiana Stănișor

APHORISMOÏDES

Qu'est-ce qu'un aphorismoïde ? Évidemment, un aphorismoïde n'est pas un aphorisme, tout comme Astérix n'est pas un astéroïde. L'aphorismoïde est à l'aphorisme ce que l'opérette est à l'opéra : c'est plus frivole, plus inconséquent. Si le lecteur peut parfois avoir l'impression que cela ne veut rien dire du tout, c'est tout aussi bien. Parfois aussi, l'aphorismoïde est tout juste un aphorisme inabouti, quelque chose entre l'aphorisme, la boutade et la note de carnet. L'aphorismoïde, c'est la version mai 68 de l'aphorisme, la libération de l'aphorisme. Et peut-être –pourquoi pas ? – son avenir.

Vous n'avez qu'à l'essayer : dormir sur ses deux oreilles, c'est physiquement impossible.

***

Les mariages se terminent toujours de façon tragique : soit par un divorce, soit par la mort d'un des partenaires.

***

Texte lu sur un mur à Mont-de-Marsan :
« Je n'ai pas besoin d'argent
Ce sont les autres qui m'en demandent. »

***

Dans ma vie, j'ai rencontré beaucoup de gens qui voulaient devenir *manager*, mais je n'ai rencontré personne qui rêvait d'être managé.

***

La Belgique : un état balkanique, mystérieusement égaré dans le Nord-Ouest de l'Europe.

***

Dans son public, tous les âges et toutes les classes sociales se confondent dans une farce chaleureuse : la corrida adoucit les mœurs.

***

C'est avec l'âge qu'on apprend à apprécier les perversions à leur juste valeur.

***

Toutes les femmes sont les mêmes : quand on leur dit que toutes les femmes sont les mêmes, elles répondent toutes par « non ».

***

Il ne prenait pas l'humour suffisamment au sérieux.

***

Il est des gens qui se méfient profondément de toute forme d'humour. Souvent, de leur point de vue, ils ont raison.

***

Curieusement, il existe des façons extrêmement intelligentes d'être bête.

***

Ce que le bricolage a en commun avec faire l'amour : assez souvent, on aurait été content de disposer d'une troisième main.

***

Il faut être jeune pour vouloir mourir très vieux.

***

Existe-t-il déjà un programme informatique pour produire des aphorismes ?

***

Dans chaque relation amoureuse que nous nouons, il y également une prise d'otage.

***

Ah, la vieille histoire de l'homme nouveau…

***

La mauvaise humeur est signe d'une mauvaise éducation.

***

Un fonctionnaire doit fonctionner. Un *boss* doit bosser.

***

Un couple parfait : chacun des deux voudrait mourir avant l'autre.

***

Un ami me raconte qu'il existe à Bruxelles une société pour la méditation silencieuse dont il fait partie et qui a deux sections : l'une francophone et l'autre néerlandophone. Et il en serait également ainsi avec les espérantistes.

***

Gibier : de la viande halali.

***

Comme j'aurais aimé être la deuxième symphonie de Sibelius, interprétée par l'orchestre du Concertgebouw sous la direction de George Szell.

***

On me parle des droits des animaux. Et leurs devoirs ?

***

Il est trop impatient pour profiter d'un problème, il cherche tout de suite une solution.

***

Loch Ness : les gens savent qu'il n'y a rien à voir. Ils viennent vérifier que, effectivement, il n'y a rien à voir et repartent contents une fois qu'ils ont constaté que, décidément, il n'y a rien à voir.

***

L'Union européenne a imposé que soit apposé dorénavant, sur les paquets de cigares que je fume, une mention comme quoi ma fumée nuit à la santé de mes enfants, de ma famille et de mes amis. Mais on omet de signaler qu'elle nuit également à la santé de mes ennemis.

***

Il faisait un temps *sans intérêt.*

***

La tentation terrible de rester calme pendant des disputes : l'autre se fâchera encore plus.

***

« Toi, tu as toujours une solution ! » Se méfier de ceux qui vous font ce compliment. Eux, ils auront toujours des problèmes.

***

L'opération « Paris plages » : sous la plage, le béton.

***

Si tout le monde s'en tenait aux dix commandements, la littérature n'existerait pas.

***

Qui cherche ses limites finira par les trouver.

***

J'tK : j'ai toujours eu l'impression qu'il y avait en lui une part qui craignait l'autorité dont il était investi.

Ger LEPPERS

LE RASOIR D'OCKHAM

On peut toujours échapper plus facilement à un César qu'à un Brutus…

***

Le régime du cannibale suppose de toujours manger de la chair…

***

L'écrivain n'est pas un surhomme mais un mutilé de guerre.

***

Jeter du pain aux hommes et leur demander leur âme en échange…

***

Tout caniche qui apprend à marcher sur deux pattes s'imagine pouvoir devenir pianiste.

Aucun dompteur ne se permet de dissiper ses illusions.

***

Les géants n'ont pas besoin d'échasses, et elles sont inutiles aux nains.

Les échasses sont pour Don Quichotte qui se bat contre les moulins à vent.

***

Si le diable a créé Karl Kraus, alors Karl Kraus lui a rendu la monnaie de sa pièce.

***

Avoir peur plutôt du « gousset de Dieu » que du « fouet de Dieu ».

***

Peut-être que tout chien qui mord la main de son maître n'est qu'un fin ironiste…

***

Toute alliance des gens qui ont des oreilles pendantes se fait au nom des gens sans oreilles…

***

Les pinacothèques des grenouilles sont remplies de portraits de crocodiles…

***

Il n'y a pas de *Superman* sans batteries de rechange…

***

Tout chevalier de l'Apocalypse descend de cheval au moins une fois.

***

Dans leur for intérieur, les vieilles femmes ont toujours été convaincues que la fin du monde n'est que pour les chiens et les chats…

***

Ceux qui croient que tout porcher peut être Hamlet se trompent.

***

Ceux qui prétendent qu'Hitler a vécu un temps en Argentine essaieront peut-être de nous convaincre qu'il lui était arrivé de subvenir à son existence en donnant des cours de tango…

***

Il existe assez de gens qui ne voyagent au Sahara que pour pouvoir penser à la Sibérie.

***

La seule dispute philosophique vraiment importante pourrait être celle entre un singe hurleur et un brasseur bavarois.

***

Ne jamais se réjouir de l'otite du monstre…

***

Les pensées des sirènes sont lascives – c'est pourquoi leurs voix sont tellement suaves…

***

Ceux qui mangent des sirènes peuvent-ils être considérés comme des cannibales ?

***

Au nom de la raison, Robespierre n'aurait pas refusé de se faire épiler…

***

Toute sirène honorable est obligée de se faire au moins une opération d'augmentation du volume des seins.

Les sirènes qui ont une poitrine plate sont destinées à la chorale…

***

Tout faux Messie a de *vrais* adorateurs.

***

Nous écririons différemment si nous voyions le monde à la hauteur des girafes…

***

Il semble difficile de croire qu'il y ait des touristes sur les eaux du Styx…

***

Tout cadavre a le mérite de ne plus indisposer ses ennemis…

***

Il existe probablement assez de gens qui voudraient être les chaussettes d'un artiste finlandais…

***

On ne peut pas construire les portes du Paradis avec des meules…

***

Toute armée envahissante emmène au moins quelques flûtistes…

***

Pour un myope, toutes les statues de Michel-Ange ont le nez trop petit…

***

Tout matou botté a un handicap dans la lutte pour la survie…

***

On ne peut pas mettre de ventouses aux sirènes…

***

Peut-être les hommes parviendront-ils à chérir la naissance d'une nouvelle idée seulement quand les penseurs commenceront à hurler comme s'ils étaient en proie aux douleurs de l'enfantement.

***

Il y a des gens qui n'ont confiance en eux-mêmes que s'ils tiennent une mitrailleuse entre les mains.

***

Brûler tous les livres pour remplir ses poches de cendres…

***

Les maladies mentales des aristocrates sont les maladies de peau de l'homme commun…

***

Ne chercher que des vampires doués d'esprit de douceur…

***

Les tyrans ne s'amusent pas à dresser des singes – ils se sont proposé de dresser des hommes…

***

Les bains de foule ne diffèrent pas trop des bains de boue…

***

Personne n'objectera si on essaie d'élever son chien comme on élève son enfant.

En revanche, tous hurleront avec indignation si on essaie d'élever son enfant comme un chien…

***

Essayer de soigner un aphte avec un passage de Husserl…

***

Découper des veaux avec le rasoir d'Ockham…

Ciprian Vălcan
Traduit du roumain
par Mihaela-Gențiana Stănișor

SAUF, L'OUBLI (PAS D'OUBLI, 3)

À Joël Vernet.

Nous n'avons pas les clés de l'oubli. L'oubli est en nous, et l'oubli est à tout bout de chant une répétition, un égarement.

Et il y a soudain un précipité d'oubli, un précipité d'enfance, un mot tout contre, il vertige soudain la mémoire.

19 janvier 2020

« J'entends alors une voix depuis la maison voisine. Un chant répétitif et récurrent… Attrape et lis, attrape et lis[1] ». Attrapons et lisons l'oubli. L'oubli n'a peut-être pas de fin.

Nous revenons à la maison sans avoir les clés de l'oubli, nous poussons la porte – elle resta entrebâillée sur le vide, sur l'absence, nous rouvrons les fenêtres et la lumière sur le vide, sur l'absence.

« Il fallait que l'oubli ait lieu… Souviens-toi de l'oublier… Mémoire et trou de mémoire… Souvenir et amnésie… Ne jamais oublier de nous en souvenir[2] ».

La mémoire laisse entrebâillée la porte sur l'oubli.

25-27 janvier 2020

---

1 Saint-Augustin, *Les Aveux*, Livre VIII, chapitre 29, trad. Fr. Boyer, Paris, POL, 2008, p. 227.

2 D. Horvilleur, conférence donnée au Colloque Gypsy, Paris, 9 décembre 2017, https://www.youtube.com/watch?v=6BEfjTBXWbk (consulté le 30 mai 2020). *Souviens-toi de m'oublier* est une chanson de Serge Gainsbourg.

Attrape et lis, attrape et lis. Attrapons et lisons l'oubli. Il est une origine. Un mot reste toujours à la porte du silence. Mais qu'est-ce qui nous vient de l'oubli ?

« Moi qui fais profession de choses muettes[3] ».

Il y a ce qui nous reste en l'état dans l'insistance de l'oubli, sa dormance. « Et peut-être faut-il, pour qu'il y ait éveil, qu'existe tout d'abord et pendant très longtemps l'équivalent de cette faculté de réserve ou de retardement que, dans le règne végétal, on appelle la dormance[4] ». Nous ne donnons souvent pas de nom à ce qui nous paraît oublié.

31 janvier 2020

Comment oublier ? L'air est sur les yeux, après l'eau des larmes. L'oubli est un seuil laissé, où vient « l'inconnu qui est tout regard[5] ». Jusqu'alors, nous étions restés dans l'inconnu de nous… « où ce qui a réellement existé gît inconnu de nous[6] ».

L'oubli finit par laisser entrevoir une lumière, aussi faible soit-elle. Sauf l'oubli, sauf, l'oubli. Même vertige, il vit. Sans oubli, comment continuer à arracher la lumière, à lire, à écrire ?

« La lumière intenable du ravissement est là[7] ».

« La fin de la nuit ne cesse pas de commencer[8] ».

1er février 2020

Dans le ravissement, nous écrivons des fragments, tirés de l'oubli.

« J'ai bien le droit d'écrire en hameaux[9] ». Sur le seuil, sur le point de disparaître, avec l'oubli, nous retrouvons des mots nus, dont celui

3 N. Poussin, Lettre à Monsieur des Noyers, 20 février 1639, in *Collection de lettres de N. Poussin*, Paris, Imprimerie Firmin Didot, 1824, p. 13.

4 J.-C. Bailly, *L'Instant et son ombre*, Paris, Seuil, 2008, p. 148.

5 J.-C. Bailly, *Le Vertige de l'image*, conférence Circulo de Bellas Artes, Madrid, 21 janvier 2019, https://www.youtube.com/watch?v=OkmGG4NkJlk (consulté le 30 mai 2020).

6 M. Proust, *Le Temps retrouvé*, Paris, Gallimard, coll. « Quarto », 1999, p. 2285.

7 J.-Fr. Lyotard, *La Confession d'Augustin*, avec des travaux de Fr. Rouan, Paris, Galilée, coll. « Incises », 1998, p. 81.

8 *Ibid.*, p. 82.

9 G. Perros, *Papiers collés 2*, Paris, Gallimard, coll. « L'Imaginaire », n° 221, 1984, p. 116.

de nuit, celui de lumière. Et cette question répétée : comment poursuivre ? Comment lire et écrire encore, ne serait-ce qu'une phrase pour commencer la nuit, pour commencer la lumière ?

Ce que nous entrevoyons nous ravit littéralement le regard. Nous traversons le visible pour aller vers. Aller vers ce à quoi nous ne donnions plus de nom jusqu'ici, jusqu'à cette heure soudaine. La nudité nous regarde. La nuidité.

« Tous vont vers le visible, mais nous c'est l'invisible qui nous aimante[10] ».

Nous traversons la disparition et nous chantons celles et ceux que nous avons perdus, ce que nous avons perdu, restés à l'abri de l'oubli. Nous déplions le monde, la disparition, l'absence dans notre atelier de mots, souvent même sans trop de mots à empoigner. Nous ne voulons plus perdre leurs visages dans la traversée de l'invisible, ils nous accordent à l'oubli. Nous avons déjà perdu leurs voix. Notre chant naît nu de la perte de leurs voix.

Nous reste toujours à « écrire non pas un livre définitif mais le livre tremblant[11] ».

22 février 2020

Avec l'invisible, avec l'oubli, nous retournons voir « le ciel du ciel… la peau du ciel[12] ».

Nous nommons l'âme avec l'oubli de l'oubli, le vif du manque, de l'absence. Nous retrouvons ces mots : « tu m'as touché et j'ai brûlé d'ardeur pour ta paix[13] ». Nous reste l'âme de ce que nous croyions avoir perdu à jamais, au-delà des voix. Est-ce que la terre oublie le ciel d'un seul visage ? Est-ce que la lumière oublie l'obscurité d'un seul visage ?

---

10 J. Vernet, *Carnets du lent chemin : copeaux 1978-2016*, Sainte-Colombe-sur-Gand, La Rumeur libre, coll. « La Bibliothèque », 2019, p. 453.

11 *Ibid.*, p. 308.

12 J.-Fr. Lyotard, *La Confession d'Augustin*, *op. cit.*, p. 75.

13 *Ibid.*, p. 76.

L'âme est le « langage entier[14] » de l'oubli. Le peu de nos mots s'accorde à l'oubli, dehors dedans. Nous sommes sans cesse sur le seuil de lire, d'écrire, d'entrevoir la lumière. « Ce que je ne suis pas encore, je le suis[15] ». Nous nous accordons à un nous inouï, seul non seul, avec nos absents.

23 février 2020

Nous lisons, nous écrivons, nous n'avons pas d'autres mots pour dire que nous arrachons cette faible lumière restée sur le seuil. Jusqu'à ce que l'oubli ne nous sépare plus.

Nous retrouvons vos visages sans retrouver vos voix.

« Prenez soin de vos vieux oublis[16] », nous avions gardé ces mots.

L'oubli ne nous sépare plus. Chacun de nos mots a désormais un visage, et chacun de nos silences ; nous, nous seuls non seuls, nous habitons l'oubli.

27 mars 2020

Comment t'oublier, oubli ? D'ici là, disions-nous du lieu, d'ici là, disions-nous du temps. D'ici là, c'est une question de temps, c'est une question de lieu, l'oubli venu. Qu'est-ce qui se perd, et qu'est-ce qui reste dans l'oubli venu ou l'oubli qui vient ?

« … l'âme qui se découvre fidèle quand tout se brise qui comprend le jour quand la nuit vient[17]… ».

30 mars 2020

« Le sens ce n'est pas ce que cela veut dire, c'est ce vers quoi ça va. Et ce vers quoi ça va … pour que le mouvement reste vif, on ne le sait pas[18] ». Ce vers quoi nous allons, c'est l'oubli, nous l'habitons déjà sans savoir vraiment vers où nous allons. Nous ne savons pas encore.

---

14 J. Bousquet, *Langage entier*, Mortemart, Rougerie, 1981, p. 59.

15 J.-Fr. Lyotard, *La Confession d'Augustin*, *op. cit.*, p. 82.

16 P. Valet, *La Parole qui me porte et autres poèmes*, préface de S. Nauleau, Paris, Gallimard, coll. « Poésie », n° 549, 2020, p. 33.

17 H. Thomas, *Compté, pesé, divisé*, Paris, Plon, coll. « Carnets », 1989, p. 110.

18 B. Noël, entretien avec D. Sampiero, *Le Matricule des Anges*, n° 8, juillet-août 1994, p. 5.

« Il y a du central mais il n'y a pas de centre du fait que le sens est mouvement. Mais c'est un mouvement perpétuellement décentré. Et perpétuellement central[19] ». Même vertige, l'oubli vit. Nous allons sauf l'oubli, sauf, l'oubli.

7 avril 2020

Un bruissement, un tremblement de mots se fait en arrachant la lumière à la tombée du jour ou au lever du jour. Et au fond, ce que je retiens c'est l'oubli : l'oubli garde un secret, et mis à nu garde encore au fond un autre secret dans la suite de nuit et de jour.

« Ignorez-moi passionnément[20] » nous dit l'oubli.

Mais nous ne fermons pas l'œil de l'oubli. Nous ne fermons pas l'œil sur l'oubli.

13 avril 2020

« *Ya somos el olvido que seremos*[21] ». Nous sommes déjà l'oubli que nous serons. Entre nuit et jour, entre obscurité et lumière. L'oubli est une épiphanie. Soudain.

25 mai 2020

Nous nous disons :
« *Y en esa luz estás tú ;*
pero no sé dónde estás,
no sé dónde está la luz[22] ».
Et tu es dans cette lumière ;
mais je ne sais pas où tu es,

---

19 B. Noël, extrait d'une lettre à Charles Juliet, cité in B. Noël, entretien avec D. Sampiero, in *Le Matricule des Anges*, *op. cit.*, p. 6-7.

20 J. Dupin, *Le Corps clairvoyant*, préfaces J.-C. Bailly et J.-P. Richard, postface de V. Hugotte, Paris, Gallimard, coll. « Poésie », n° 340, p. 40.

21 J. L. Borges, extrait du sonnet *Aqui. Hoy* (« Ici. Aujourd'hui ») ; ce sonnet fut parmi les derniers poèmes qu'il a écrits et qui furent publiés en 1987 dans un petit livre à 300 exemplaires par des étudiants (dont J. Correas) de Mendoza (en Argentine) à l'enseigne des Ediciones Anónimas. Nous traduisons. J. L. Borges a rencontré aussi J.-D. Rey, le 29 septembre 1985, chez lui à Buenos Aires, calle Maipu et lui a remis ces cinq poèmes.

22 J. R. Jiménez, *Lírica de una Atlántida*, edición de A. Alegre Heitzmann, Barcelona, Galaxia Gutenberg, 1999, p. 57. Nous traduisons.

je ne sais pas où est la lumière.
Seuls non seuls dans la langue inouïe de nous.

29 mai 2020[23]

Jean Gabriel COSCULLUELA

23 *Sauf, l'oubli* poursuit un chemin d'écriture commencé avec *Pas d'oubli* (*Alkemie*, n° 23), *Carnet de l'inoubli* (*Alkemie*, n° 25).

CE JOUR SI LOIN DU JOUR

EN PURE PERTE

> Tu es la vie et la mort.
> Tu es venue en mars
> sur la terre nue –
> et ton frisson dure[1].

Au moins trois écrivains italiens
m'ont durablement
marqué influencé accompagné
  Cesare Pavese
  Giuseppe Ungaretti
  Pier Paolo Pasolini

Tous les trois pour des raisons
différentes complémentaires
mais tous les trois
pour des raisons essentielles

Pavese pour son pessimisme
sans aucun artifice
Ungaretti pour sa puissance
d'évocation ésotérique
Pasolini enfin
pour sa vitalité désespérée
& pour ses combats humains

---

1 C. Pavese, *Travailler fatigue, La Mort viendra et elle aura tes* yeux, Préface D. Fernandez, trad. G. de Van, Paris, Gallimard, coll. « Poésie », 1979, p. 209.

Ce qui me rapproche de Pavese
c'est la courte liste
de ses obsessions
rue aube fenêtre
silence solitude et immobilité

Ce qui au fond m'en éloigne
les rapports fuyants du poète
avec la triste réalité

À Turin jamais je ne suis descendu
à l'hôtel *Roma* place Carlo Felice
là où Pavese s'est donné la mort
    le 27 août 1950
après avoir laissé un mot
    sur la table
Je pardonne à tout le monde
et à tout le monde
je demande pardon
Ça va ?
Ne faites pas trop de commérages

Charles Juliet et Patrick Vighetti
    pour leur part
ont dormi dans la chambre
où l'écrivain s'est suicidé

Les années passent
et elles m'enlacent

Les années passent
et je me lasse

Je voudrais n'être
qu'un observateur attentif

qu'un regard solide

Je voudrais n'être
plus qu'un œil
en vérité

Tout a une fin
et c'est ce qui me mine
et c'est ce qui m'anime

Trop de sucre dans le sang
beaucoup trop de sucre

Une autre manière de mourir
de dire au revoir à la vie

Turin, le 2 mars 2019 ; sur la route du retour, le 3

FILS UNIQUE

> Aujourd'hui, maman est morte. Ou peut-être hier, je ne sais pas.
> J'ai reçu un télégramme de l'asile : *Mère décédée. Enterrement demain. Sentiments distingués.*
> Cela ne veut rien dire. C'était peut-être hier[2].

C'est le vingt-sept janvier dernier
que j'ai pour la dernière fois
pris ma mère en photo
Après j'ai ressenti le trouble
le glissement vers l'épuisement
vers la dégringolade finale

2 A. Camus, *L'Étranger*, Paris, Gallimard, 1942, p. 9.

Je n'ai plus du tout osé
lui tirer le portrait
placer son visage et son regard
dans la lumière   devant mon objectif

Lointaine peu à peu   maman
    absente même
absente à mes yeux
et à ses propres yeux

Et ce mardi cinq mars 2019
à vingt et une heure quinze
ma mère s'est éteinte
dans sa chambre
à la maison de retraite
de Saint-Julien-Molin-Molette

Ma mère est partie sans faire de bruit
    dans son sommeil
comme dans un rêve inutile
quand on a la sensation soudain
que tout dérape ou nous échappe
    et puis que tout pour toujours s'efface
        de notre mémoire

Ma mère est morte
suis-je le prochain sur la liste
        Maintenant il y a
la préparation des funérailles
le feu de l'action
l'accueil des amis   de la famille
de tous les autres invités

Après il faudra reprendre
le cours normal des choses
apprendre à vivre autrement
        sans elle

Sans ses chants et sans ses danses
sans ses bouquets de fleurs dessinées
sans sa présence à nos côtés
sans son humour toujours léger
malgré le poids toujours plus lourd
               de la vieillesse

Ma mère est morte
et je n'ai plus de parents
et je n'ai plus assez de feu
pour rallumer ma cigarette

Ma mère est morte
je suis encore sous le choc
mais tout reste à faire
               pourtant

Les nouvelles sont exactes
               plutôt bonnes
les nouvelles nous disent
qu'il faut absolument tenter
de préserver le fragile équilibre
des forces en présence

L'audace   l'intelligence
               et l'imagination
doivent être sauvegardées
coûte que coûte

Ma mère s'est éteinte en silence
dans sa quatre-vingt-onzième année

Vénissieux, le vendredi 8 et le samedi 9 mars 2019

PAGE BLANCHE

> tu fais silence
>
> tu ne peux empêcher
> que le monde
> se détruise
> multiplie ses ruines
> te compte parmi elles[3]

ce qui est insensé
c'est lorsque tu restes
plusieurs jours sans écrire
sans le moindre mot
couché sur le papier

tu as le sentiment
immédiat presque
que tu vas devoir
tout recommencer
depuis le début

que peut-être
tu ne sauras plus faire
que tout est perdu d'avance
et que la page va demeurer
blanche
encore longtemps

c'est ce qui est arrivé
en ces temps récents
avec la disparition
prévue certes
mais tout de même

3 Ch. Juliet, *L'Œil se scrute*, Saint-Clément-de-Rivière, Fata Morgana, 1976, p. 36.

tellement inhumaine
de ma mère

avec cette brutale secousse
remontée en surface
et avec d'autres partagée

mais l'écriture jusqu'à présent
a toujours repris le dessus
bravé les interdits
et très vite
je me suis rendu à l'évidence
sur mes divers chantiers
l'encre de nouveau
s'est mise à couler

cela faisait plusieurs jours
que je vivais comme
un cloporte
que je n'étais plus
que l'ombre de mon ombre

plusieurs jours déjà
que je me terrais
et surtout me taisais

maintenant mes mots
collent à ce piège
que moi-même je me suis
si souvent tendu

mes mots ressemblent
à l'imminente cigarette
du futur condamné

mes mots ne sont pas morts
mais debout ou assis
sur leur fessier

mes mots sont
de terribles instants
d'éternité retrouvée

Vénissieux, le 17 mars 2019

Thierry RENARD

LE BAUME DE L'ALBUM

Épithalame

Le but d'une métamorphose
est nuptial, à c' que je crois :
la pauvre Cendrillon qui ose
se transformer en autre chose,
le fait pour le beau Fils du Roy.

Le chef olympien, pour faire
l'amour avec une fille (encor
qu'il est marié), quitte sa sphère
d'activité, dont il préfère
la mutation en pluie d'or.

La fille, sommeilleuse nymphe,
se fait papillon pour se marier
(et transmuter en sang la lymphe) ;
voilà pourquoi les paranymphes
l'acclament : Vive la mariée !

La bellaide

La beauté d'une belette est d'ordre euphémistique,
celle de la bellaide consiste en sa laideur ;
je suis d'accord qu'il ne faut pas être un flatteur
et que pour l'aimer bien il faut être un mystique.

Cendrilloniser

Elle aime un rôle ingrat : la Cendrillon, afin
de m'émouvoir et que je m'amourache d'elle
et de sa main gantée de fil jusqu'à la fin
de mars, et qui rougit sous la fausse dentelle.

Elle aime aux rendez-vous venir à bout de souffle
un pied chaussé et l'autre à demi nu, sans quoi
on compromettrait tout essai de la pantoufle
de verre et tout l'amour du pauvre Fils du Roy.

Quatrain

Elle a la beauté d'une étoffe qui s'éraille
son pas est silencieux comme le vol de mite ;
mais sans savoir pourquoi elle se délimite
d'Amédée et de l'Enlèvement au sérail.

Épendyme

C'est pour elle que je soustrais en tapinois une fleur (de style) à une célèbre pépinière ; &, pendant que son odeur persiste dans ma chambre ainsi qu'une fumée de chanvre indien, je dis qu'elle est belle comme la membrane qui tapisse le quatrième ventricule du bulbe rachidien & le canal central de la moelle épinière.

« La jeune fille violaine »

En raison de sa sonorité de viole de laine, – je crois que le syntagme précédent reste, pour elle, le nom le plus évocateur, le plus précis, le plus idoine, d'autant plus que les laïques, prêtres (ou moines) n'ont pas lu depuis longtemps le théâtre de Claudel.

Cantilène

Il faisait très chaud dans la pleine
il faisait très chaud dans la pleine
quand notre amour battait son plein
quand notre amour battait son plein

Le ciel parmi les nues de laine
le ciel parmi les nues de laine
avait le bleu d'une fleur de lin
avait le bleu d'une fleur de lin

Et nous courions à pert' d'haleine
et nous courions à pert' d'haleine
le long d'un mur ni vide ni plein
le long d'un mur ni vide ni plein

pour apaiser sous le grand frêne
pour apaiser sous le grand frêne
une frénésie sans frein ni fin
une frénésie sans frein ni fin

L'arcane XIII

La Dame est actuelle en dépit de son air
fossile ou décrépit : les faux cils de la Dame
dont nous (re)parlons sont de vraies faucilles ; l'âme
qu'elle a est falcifère & son cœur est en fer.

La Dame est équanime : elle est toujours d'humeur
égale, bien qu'elle ait un penchant pour les jeunes ;
en fait est omnivore & goinfre, hait le jeûne
qui lui est imposé par experts ès tumeurs.

Şerban FOARŢĂ

QUATUOR POÈMES

À l'Orangerie de Seneffe, je serre la main du gardien du bateau-phare que j'ai vu tant de fois devant le Musée MAS d'Anvers. Le gardien, je le vois pour la première fois. Il s'appelle Julien et habite Nieuport. Il a été pas mal de temps le gardien de ce bateau-phare. Je me l'imagine tout à coup parmi les brumes, droit, enveloppé de sa pèlerine dans le bateau lumineux, guidant vers bon port. Julien est un peu âgé, grand, bien bâti. En fait, il est le beau-frère de mon vieil ami Jan. Et on se met à parler des villages de pêcheurs, de leur vie. Souvenirs d'enfance au bord de la mer du Nord. Nieuport, port de pêche, port de plaisance qui fait rêver. Et Diana, la sœur de Jan, elle me dit qu'elle a joué de l'orgue et de la flûte, qu'elle joue encore dans leur grande maison. Ils sont tous les deux contents que leur fils Dimitri se soit marié et souhaitent que son mariage résiste comme « un roc dans le ressac », suivant leur exemple. Et il fait beau, soleil, on parle encore. Et la St Feuillien brune est bien bonne, même pour les abeilles.

Août, Seneffe 2019

Miettes de pain et grains de sucre sur le rebord des fenêtres. Tu les y mets pour que les oiseaux te suivent, et surtout pour qu'ils t'apprennent leur chant. Leur chant qui pourrait te sauver des cris et injures, et leurs fines pattes comme du macramé se posent sur tes doigts comme des anneaux saints. Et ils chantent, ils chantent le jour, le soleil, la pluie, ils chantent l'air et la joie, ils chantent l'amour de l'envol. Comme c'est bien dommage que je n'aie pas d'ailes pour les suivre ! Et pourtant, j'exerce toujours cet envol ici-bas, en secret. Car mes bras dansent et mes cheveux s'étendent comme des voiles en plein vent. Et mes sourires dansent aussi, se font ailes de pigeon lorsque tu mets un baume sur mon cœur.

*

Mon cousin me dit au téléphone : « Je vais tordre le cou à un coq et te l'apporter pour que tu le plumes. » Et moi, je m'affole aussitôt, non, non, je ne vais pas plumer ce coq ; de plus, l'odeur des plumes bouillies me donne la nausée. Même si je n'aime pas trop les coqs qui se dressent sur leurs ergots, je ne vais pas leur faire du mal. Déjà, cela doit être triste qu'on leur rogne les ailes pour qu'ils ne volent pas. Alors, il le plume pour moi. Et un dimanche, voilà qu'on le mange… Coq au vin délicieux… « Mange ses ailes, pour que tu t'envoles ! » dit maman. M'envoler où ? Le sais-je vraiment ? Depuis quelque temps je ne fais que virevolter… Jeudi, gris-gris, pluie m'annonce un moineau, récitant comme une nonne…

Mars 2020

Exil de nos visages, exil de nos voix, exil de nos baisers et étreintes, exil de nos touchers et sourires, j'en ai assez. J'aboie, je jappe comme une chienne à cet exil pour qu'il s'en aille de notre monde.

Avril 2020

Doina IOANID

DÉS/DEUX ORDRES
DU MONDE ET DU LANGAGE

PENSÉES D'UN CONFINÉ

LA CHAUVE-SOURIS TRAVESTIE EN COLOMBE

Il était une fois un poète qui songeait que les guerres cesseraient et que la fraternité entre les hommes régnerait si des armées d'extraterrestres, un jour, menaçaient les terriens d'extinction. Cette fiction qu'il imaginait dans sa vidéo intérieure ou qu'il lui arrivait d'évoquer contre la folie des hommes n'était en réalité qu'une façon de conjurer son peu d'espoir d'une paix universelle sur notre planète bleue.

Or, voilà que le sort vint au secours du poète.

La survenue d'un méchant virus de la secte des têtes couronnées, un certain sire Coronavirus à l'allure d'un oursin microscopique transporté par chiroptères (véhicules hybrides appelés communément chauves-souris) un agent double de Chine, tenu secret sous le nom codé de « SARS-CoV-2 », sorti tout droit d'un film de Spielberg, allait favoriser ce rêve d'une solidarité mondiale… Tout au moins un certain temps.

La chauve-souris, cet étrange hybride qui tient du rongeur et de l'oiseau, invisible le jour en dormant la tête en bas drapé comme un vampire et la nuit « battant les murs de son aile timide », cet animal étrange tantôt protégé, tantôt maudit, que de vieilles superstitions clouaient sur les portes des maisons pour conjurer le mal, voilà que cet être paradoxal porteur de terreur et de mort pouvait être aussi, comme la colombe, annonciateur de la bonne nouvelle, celle d'une humanité enfin fraternelle au cœur de la tragédie.

Le poète se sentait déchiré entre la déploration des souffrances et des morts et l'émerveillement face aux ressources d'ingéniosité, de bonté et de fraternité insoupçonnées qui se révélaient chez les hommes. En effet, prises d'assaut par les armées de sire Coronavirus, les cités s'étaient vidées du bruit et de la fureur pour aider les défenses immunitaires et les hommes soudain isolés et confinés ne rêvaient plus alors que de pouvoir s'embrasser.

Trop absorbés par la lutte contre l'ennemi planétaire, les pays songeaient moins à se faire la guerre qu'à pratiquer « les gestes barrières », les militaires ne formaient plus que des cordons sanitaires et bien que distant et solitaire chacun était contraint d'être solidaire… Tout au moins un certain temps.

Cependant, un moment viendrait forcément où les lumières de la science chasseraient enfin l'angoissante nuit et la peur des chauves-souris, mais aussi avec elles les rêves de fraternité, et dame Discorde régnerait de nouveau sur le monde libéré.

Un jour viendrait sans doute où une inconvenante nostalgie ferait regretter le règne maudit de sire Coronavirus et l'empire des chauves-souris, ces moments éphémères de fraternité qui fleurissent sur le Mal et se nourrissent de nos larmes comme les plus belles fleurs poussent sur le fumier.

Mais le poète continuerait de rêver et d'espérer les colombes car s'il peut arriver qu'un mal serve un bien, que des chauves-souris se travestissent en colombes, jamais les colombes ne souhaitent se travestir en chauves-souris.

EFFACEMENT[1]

Il était une fois le vingt-et-unième siècle.

Écrans, PC, Internet, portables, fax, scans, mails, réseaux sociaux, télétravail, visioconférence, drive, boutiques en ligne, vidéos à la demande, serveurs désincarnés, plateformes numériques, identifiants codés, paiements sans contact, sites de rencontres virtuelles, livres, journaux, magazines et documents dématérialisés, procréation sans rapports, véhicules autonomes, robots, clones, intubations, respiration artificielle jusqu'à l'incinération finale…

Comme toujours, les bénéfices de ces avancées techniques se mariaient aux maléfices comme le numérique à l'argument écologique !

1 Les textes « Effacement » et « Controverse » feront partie d'un ouvrage plus vaste.

Rien de nouveau donc avec le surgissement brutal de la pandémie du Coronavirus au début de ce siècle qui a béni et comme canonisé ces avancées. Siècle des hautes technologies qui nous promettait une ère post-biologique d'intelligences artificielles et de corps en 3D bio-ioniques, un siècle qui devait nous offrir l'immortalité et ferait de nous les Pharaons nouveaux du transhumanisme.

C'était comme si les contraintes d'isolement, de distanciation, d'effacement des visages sous les masques, imposées par la Covid-19 n'avaient fait qu'accélérer et mettre en lumière le glissement irrémédiable de notre histoire vers un monde de plus en plus abstrait et aseptisé. C'était comme si les masques qui amputaient fortement l'expression humaine accomplissaient symboliquement cet effacement progressif de l'homme. Comme si ce qui était censé protéger la vie contribuait dans le même temps à l'évincer en partie.

Les mêmes qui tantôt avaient vu dans le port du voile une aliénation religieuse, voilà qu'ils étaient empressés de s'aliéner pour se préserver.

En réalité, cet effacement progressif de la dimension humaine avait commencé insensiblement depuis l'origine. Depuis toujours l'homme avait la capacité de soulager ses efforts, de se dispenser en quelque sorte, grâce à son ingéniosité et ses créations techniques. Depuis la nuit des temps, ses machines rendaient son engagement physique contre l'adversité du monde comme sa nécessaire complicité charnelle avec l'autre, de moins en moins indispensables avec son cortège d'avantages et d'inconvénients.

Au fond, les déclenchements automatiques, la domotique, la robotique, le numérique qui colonisaient de plus en plus son espace ne faisaient que poursuivre une irréversible avancée qui ne se fait jamais sans un certain recul.

C'était comme si l'outil qui était censé le servir, qui devait le rendre « comme maître et possesseur de la nature » le rendait dépendant au point de l'évincer progressivement. Comme si, à force d'être déchargé du poids de l'existence, il avait parfois la sensation de ne plus peser. Les moyens, en quelque sorte, avaient pris la place du maître et menaçaient, s'il n'y prenait pas garde, de lui dessiner un univers désaffecté et de décider des fins.

Dieu merci, même masqué, il lui restait la belle intensité du regard, « la courbe de ses yeux qui fait le tour de son cœur » comme l'écrivait Paul Éluard ; des yeux qui sont « les soupiraux de notre âme » comme le rappelait Baudelaire ; des yeux qui, lorsqu'ils sont tenus « ouverts sur la lumière comme sur la mort », disait Camus, préservent la lucidité, sauvent la beauté, et donc l'Espérance !

Penseurs et poètes, vous êtes nos phares et nos vigies pour que le génie humain ne gomme pas l'homme !

CHAMBOULEMENTS

Dans une période de crise sanitaire comme celle que le monde a connue avec la « Covid-19 », où la vie de chacun se trouve menacée, on assiste à de curieuses contradictions et d'étranges paradoxes qui mettent l'idéalisme et la raison à rude épreuve.

Les comportements religieux plus ou moins fanatiques qui, habituellement, aiment à prôner l'abandon à la volonté divine cèdent la place à la valorisation du libre arbitre humain, au combat mené par la science rationnelle contre ce qui serait envoyé par le Ciel. En simplifiant quelque peu, la volonté divine, l'irrationnel mystique cède la place au volontarisme des hommes. Les églises, les temples et les mosquées se vident au profit des cabinets médicaux. La Recherche scientifique devient la véritable Terre promise.

Mais, constatant que la science médicale ne parvient pas à vaincre l'épidémie aussi facilement, on assiste à un nouveau revirement. On voit de plus en plus de tentations pour les remèdes miracles, les voies occultes, les superstitions, et les croyances aux forces irrationnelles refont surface. L'obscurantisme reprend l'avantage sur les Lumières. Le chercheur et le médecin cèdent du terrain aux sorciers, aux gourous en tous genres. On ne sait plus, comme on dit, à quel Saint se vouer ! Bientôt, l'affluence pour Lourdes devient plus importante que pour les unités de soins intensifs. Chacun espérant le fameux « Lazare, lève-toi » !

D'autre part, que la rencontre accidentelle d'une chauve-souris et d'un pangolin sur un marché chinois ou bien que la négligence d'un simple laborantin aient pu infecter la planète entière et faire dérailler l'économie mondiale, qu'une petite cause puisse produire un si grand effet, un tel paradoxe déstabilise nécessairement notre rationalisme triomphant et Pascal reprend l'ascendant sur Descartes. Notre idéalisme occidental et cartésien est mis à mal par le fameux « effet papillon ».

En temps de guerre ou de menace épidémique, on découvre également et avec regrets que les dictatures sont plus efficaces que les démocraties. L'autoritarisme détesté en temps de paix prend l'avantage en temps de crise, ne serait-ce que pour faire respecter le couvre-feu ou le confinement. L'obéissance forcée et la discipline chronique des soumis l'emportent sur les chants de liberté des insoumis.

On découvre aussi tristement que les collectivismes, qui donnent la priorité au système sur l'individu, finissent par favoriser la survie de chaque élément de l'ensemble.

Notre combat orwellien, souhaitable par beau temps contre un totalitarisme qui opprime l'individu avec inhumanité, nous défavorise en temps de guerre où paradoxalement, seul le sacrifice de l'individualisme au profit du système permet de sauver l'individu. En temps de guerre, l'individu ne peut être sauvé qu'en acceptant de n'être plus roi !

Si le monde tirait des leçons bénéfiques de ses crises, il s'agirait de ne plaider ni pour les obscurantismes ni pour les dictatures, mais pour le véritable esprit des Lumières et de la démocratie rêvée par Rousseau. Un égoïsme intelligent en somme qui rappellerait notre inévitable interdépendance avec la nature et les autres humains, que le sort de chacun est lié au monde dans son intégralité, et que ménager l'autre est une façon de se ménager, soi-même !

Au cœur de ce chamboulement à l'épreuve des faits, qu'on me permette de rêver !

CONTROVERSE

Quand tout est pour le mieux dans le meilleur des mondes, quand les choses vont dans le sens de ce qui arrange, il est aisé pour le croyant de penser que tout ce qui arrive est la volonté céleste et qu'il est vain et même coupable de mécréance de se révolter puisque Dieu aurait des raisons impénétrables pour notre pauvre raison humaine. Et que s'opposer au destin avec le pouvoir diabolique de la science, depuis la contraception jusqu'à l'euthanasie par exemple, peut apparaître comme un péché d'orgueil.

Là, bien sûr, des théologiens me diront qu'il faut distinguer chez les croyants, ceux qui sont délibérément sinon fanatiquement fatalistes de ceux qui prétendent malgré tout, et non sans spécieuses arguties, au libre arbitre.

Quoi qu'il en soit, lors de l'épidémie du coronavirus (la Codiv-19, « puisqu'il faut l'appeler par son nom », aurait dit La Fontaine), j'ai vu bien des célébrations et des voyages à Lourdes annulés, des offices tronqués avec des communions eucharistiques parfois supprimées ou données avec « des pincettes » pour éviter le contact « de ces bouches humides et chaudes où l'infection pouvait dormir », comme le notait Camus dans son roman *La Peste* ; j'ai vu des synagogues désertées, des mosquées désinfectées avec des moyens techniques très élaborés qui imposaient finalement la volonté des hommes contre la soumission à la volonté divine !

Quand notre vie est menacée, que la crainte nous terrifie, soudainement les mesures prophylactiques et les moyens médicaux, les combats contre l'idée de destin, le rationalisme scientifique, bref la volonté des hommes reprend l'ascendant sur l'idée que les puissances célestes seraient à l'œuvre et qu'il s'agirait plutôt de faire son examen de conscience, son éventuel *mea culpa*, de prier en attendant la volonté divine.

Albert Camus, dans son roman *La Peste*, en provoquant le face à face entre le docteur Rieux et le père Paneloux, avait eu le courage de souligner la contradiction qu'il peut y avoir pour un prêtre à consulter un médecin.

Mais sans doute cette demande de cohérence est-elle excessive et bien trop intransigeante. Exiger de choisir entre la volonté libre des hommes sur la terre et la soumission à la volonté divine est trop difficile en temps de crise.

Une fois l'angoisse écartée et la sécurité revenue il est plus facile de réciter que la volonté de Dieu soit faite sur la terre comme au ciel et même, pour certains, de redevenir intégristes en toute immunité !

CORONA AD VITAM AETERNAM

Cet ennemi invisible nous oblige à déverser notre rage et nos colères sur des coupables imaginaires ou des raisons secondaires et collatérales. Rien n'est plus insupportable que de ne pouvoir exorciser son angoisse et son fiel sur un être ou un objet dont la responsabilité serait originaire et incontestable. Alors, faute de mieux, on jette l'anathème sur un dieu, ses saints ou ses apôtres et au besoin on fustige de simples conséquences comme des causes.

Notre haine du virus est une manière indirecte d'en vouloir au mystère d'une vie qui ne nous est pas livrée avec son sens et ses raisons, d'être un effet sans cause, « *causa sui* » comme dirait Spinoza. C'est pourquoi il nous faut des « délires de compensation ».

En réalité, le Coronavirus n'est pas un ennemi dont on pourrait triompher à jamais. Il nous rappelle qu'une lutte sans merci entre des particules élémentaires dont nous sommes constitués est l'essence même de ce qu'on appelle bien évasivement « la vie ». La vie qui est l'expression alternative de victoires et d'échecs assurés et programmés. Comme disait Montaigne « tu ne meurs pas de ce que tu es malade, tu meurs de ce que tu es vivant[2] ».

La bonne santé n'est qu'une trêve provisoire, une illusion d'optique toujours éphémère depuis notre poste mobile et aléatoire, comme ces arcs-en-ciel que l'on croit réels depuis notre balcon et qu'on voudrait fixer sur la toile d'un Turner.

Jean-Pierre CHOPIN

2 M. de Montaigne, *Essais*, t. III, 13, Paris, LGF, coll. « Le Livre de poche », 1972, p. 385.

CIORAN AU JAPON

Traduction et réception

DE FONDANE À CIORAN

Il faut avouer tout d'abord que je ne suis pas du tout spécialiste de la philosophie de Cioran (1911-1995). Je travaille sur un autre auteur roumain d'expression française : Benjamin Fondane (1898-1944), un poète juif né en Roumanie, qui a commencé à écrire ses poèmes et textes philosophiques en français à partir des années 1930, sous l'influence de Chestov. À Paris, Cioran a fait la connaissance de Fondane pendant l'Occupation. Ce poète original le marque tellement qu'il dit même « [s]e reproche[r] toujours de n'avoir pas noté ses propos, ses trouvailles, les bonds d'une pensée tournée dans toutes les directions, sans cesse en lutte contre la tyrannie et la nullité des évidences, avide de ses contradictions et comme effrayée d'*aboutir*[1]. »

Lorsque Fondane a été arrêté, Cioran s'est efforcé de le faire libérer. Cela a presque réussi, mais Fondane refusa de sortir sans sa sœur arrêtée en même temps. Après sa mort, Cioran a beaucoup peiné pour la publication de *Baudelaire et l'expérience du gouffre*[2].

C'est dans cette orientation que je m'approche de Cioran. Il semble que cela constitue un cas rare, car, décidément, Cioran est plus connu que Fondane au Japon. Alors comment y est-il reçu ? Voici un aperçu que je donne à cette occasion[3].

---

1 Cioran, « Benjamin Fondane. 6 rue Rollin », *Exercices d'admiration*, Paris, Gallimard, coll. « Arcades », 1986, p. 157.

2 B. Fondane, *Baudelaire et l'expérience du gouffre*, Paris, Seghers, 1947 ; rééd., Bruxelles, Complexe, 1994.

3 Ce texte est une version revue et augmentée de ma communication prononcée au colloque international : *Fernando Pessoa & Emil Cioran : Pensadores das Margens da Razão e da Civilização*, à la faculté des lettres de l'université de Lisbonne, le 9 octobre 2019. Je tiens

LES DIX-NEUF TRADUCTIONS JAPONAISES

Il existe dix-neuf livres traduits en japonais de l'œuvre de Cioran – il n'y en a aucune de Fondane. Voici la liste des livres de Cioran traduits en japonais, par ordre chronologique[4] :

1. *Rekishi to yûtopia* [*Histoire et utopie*], traduit par Yûkô Deguchi, préface par l'auteur pour l'édition japonaise, Kinokuniya-shoten, 1967 ; un extrait de ce livre est repris sous le titre de « Ôgon jidai ["L'Âge d'or"] », dans *Sekai bungaku no furontyia 4 : Nosutarujia* [*Frontières de la littérature mondiale 4 : Nostalgie*], textes réunis par Ryûta Imafuku, Mitsuyoshi Numano, Inuhiko Yomota, Iwanami shoten, 1996.
2. *Hôkai gairon* [*Précis de décomposition*], traduit par Tadao Arita, préface par l'auteur, tome I des *Œuvres choisies de E. M. Cioran*, Kokubunsha, 1975.
3. *Jitsuzon no yûwaku* [*La Tentation d'exister*], traduit par Chiwaki Shinoda, tome III des *Œuvres choisies de E. M. Cioran*, Kokubunsha, 1975.
4. *Kujû no sandanronpô* [*Syllogismes de l'amertume*], traduit par Kaoru Oikawa, tome II des *Œuvres choisies de E. M. Cioran*, Kokubunsha, 1976.
5. *Jikan e no shittui* [*La Chute dans le temps*], traduit par Yû Kanai, tome IV des *Œuvres choisies de E. M. Cioran*, Kokubunsha, 1976 ; édition revue, 2004.
6. *Seitan no saiyaku* [*De l'inconvénient d'être né*], traduit par Yûkô Deguchi, Kinokuniya-shoten, 1976.
7. *Shin'en no kagi* [*La Clef de l'abîme*], traduit par Yûkô Deguchi, Kaoru Oikawa et Hiroshi Hara, tome V des *Œuvres choisies de E. M. Cioran*, Kokubunsha, 1977.
8. *Ashiki zôbutsushu* [*Le Mauvais Démiurge*], traduit par Yû Kanai, Hôsei Daigaku Shuppankyoku, 1984.
9. *Yotsuzaki no kei* [*Écartèlement*], traduit par Yû Kanai, Hôsei Daigaku Shuppankyoku, 1986.

à remercier C. Vălcan pour son aimable invitation. Mes remerciements vont également à A. Uriu et K. Okabe pour leur aide en documentation.

4 Il s'agit seulement des publications en volume, la liste ne tient pas compte des traductions publiées dans des revues. Les citations des traductions japonaises de l'œuvre de Cioran sont désormais suivies du chiffre correspondant à cette liste.

10. *Omâju no kokoromi* [*Exercices d'admiration*], traduit par Yû Kanai, Hôsei Daigaku Shuppankyoku, 1988. Version exemptée de deux essais : « Préface à Joseph de Maistre » et « Valéry face à ses idoles », dont la traduction a été déjà publiée dans *La Clef de l'abîme* (voir n° 7).
11. *Namida to seija* [*Des larmes et des saints*], traduit par Yû Kanai, Kinokuniya-shoten, 1990.
12. *Zetsubô no kiwami de* [*Sur les cimes du désespoir*], traduit par Yû Kanai, Kinokuniya-shoten, 1991.
13. *Shisô no tasogare* [*Le Crépuscule des pensées*], traduit par Yû Kanai, Kinokuniya-shoten, 1993.
14. *Kokuhaku to juso* [*Aveux et anathèmes*], traduit par Yûkô Deguchi, Kinokuniya-shoten, 1994.
15. *Haisha no kitôsho* [*Bréviaire des vaincus*], traduit par Yû Kanai, Hôsei Daigaku Shuppankyoku, 1996.
16. *Giman no sho* [*Le Livre des leurres*], traduit par Yû Kanai, Hôsei Daigaku Shuppankyoku, 1996.
17. *Shioran taidanshû* [*Entretiens*], traduit par Yû Kanai, Hôsei Daigaku Shuppankyoku, 1998.
18. *Kaie 1957-1972* [*Cahiers. 1957-1972*], traduit par Yû Kanai, Hôsei Daigaku Shuppankyoku, 2006.
19. *Rûmania no hen'yô* [*Transfiguration de la Roumanie*], traduit par Yû Kanai, Hôsei Daigaku Shuppankyoku, 2013.

Ces traductions ont été publiées par trois maisons d'édition qui se spécialisent dans la publication d'œuvres de sciences humaines. Les éditions Kokubunsha publient des *Œuvres choisies de E. M. Cioran* en cinq volumes durant 1975-1977 (2-5, 7). Le tome IV, *La Chute dans le temps*, est corrigé et augmenté lors de la réédition. Les éditions Kinokuniya publient six livres (1, 6, 11-14). Enfin, les Presses Universitaires de Hôsei[5] publient huit livres (8-10, 15-19).

Cioran aimait le Japon. En mai 1966, il a même écrit que « Mozart et le Japon sont les réussites les plus exquises de la Création[6]. » Il se dit, en mai 1967, à l'occasion d'un cocktail chez une jeune Japonaise :

---

5 C'est l'éditeur en chef, Yoshito Ina (1927-2002), de la collection « Universitas », qui a encouragé les traductions de Cioran. Ina est réputé pour ses choix parfois risqués sur le plan de diffusion, mais très souvent appréciés parmi les intellectuels. C'est un éditeur « légendaire », selon l'expression souvent employée par de plus jeunes éditeurs.

6 Cioran, *Cahiers. 1957-1972*, Paris, Gallimard, 1997, p. 364.

« Il faudrait apprendre le sourire *nippon*. Le reste est accessoire[7]. » Le comportement des Japonais, résumé ici en un sourire, devait lui sembler un élan vers le consentement non verbal.

Cioran a rédigé deux préfaces pour l'édition japonaise, qui n'ont pas été reprises dans l'édition de la Pléiade. Malgré son intérêt particulier pour le Japon, il n'y fait point appel au public japonais. C'était plutôt pour lui une occasion de se retourner vers sa propre œuvre. Cioran qualifie *Histoire et utopie* (1960), dans sa préface datée de novembre 1966, de la manière suivante :

> De toute façon, je ne pense pas avoir écrit un livre destructeur. Et je ne suis pas si détaché de la vie pour en être capable. L'objet de mon horreur me soutient dûment ; les choses et les êtres ne cessent de susciter ma curiosité ; le grotesque, je l'affectionne. Et l'être humain reste pour moi comme un ensemble de méchantes habitudes *difficiles à maîtriser*[8]…

Dans la préface datée du 26 août 1974 qu'il a rédigée pour *Précis de décomposition* (1949), dont il dit qu'il « n'était pas un ouvrage proprement dit, mais une violente bagarre », il écrit : « Ce dont je me souviens clairement, c'est la nécessité que j'éprouvais de déclarer immédiatement la guerre contre toute croyance, tout Idéal, contre toutes ces illusions dont l'homme avait été victime depuis des siècles[9]. » Cioran s'arme du scepticisme, qui reste sa « religion » jusqu'au jour de la rédaction de cette préface. La conclusion de Cioran est claire sur le résultat de cette « guerre » :

> Franchement parlant, ai-je perdu ? Le meilleur est de laisser cette question sans réponse, parce que, en fin de compte, il n'y a dans la lutte métaphysique ni vainqueur ni vaincu, mais seulement un charme énigmatique de l'*insoluble*[10].

C'est ainsi qu'il propose au lecteur japonais ses propres œuvres antérieures. Le ton rétrospectif laisse entendre qu'au moment de la préface, il n'est plus en guerre contre l'idéalisme. Moins furieux contre l'idéal trompeur, il devient plus indulgent pour le monde humain constitué de « méchantes habitudes ».

---

7 *Ibid.*, p. 525.

8 Cioran, « Préface à l'édition japonaise », *Histoire et utopie* (1), p. 3. Tous les textes japonais cités ont été traduits par K. Iwatsu, revus par B. Allioux.

9 Cioran, « Préface à l'édition japonaise », *Précis de décomposition* (2), p. 3.

10 *Ibid.*, p. 4.

TRADUCTEUR PRINCIPAL N°1 : YÛKÔ DEGUCHI

En jetant un coup d'œil sur la bibliographie de la traduction japonaise, on s'aperçoit immédiatement que deux traducteurs ont traduit la plupart des œuvres de Cioran. Le premier, Yûkô (alias Yasuhiro) Deguchi (1928-2015) était écrivain et professeur de littérature française (Université Hitotsubashi). Il a traduit, entre autres, *L'Espace littéraire* de Maurice Blanchot, *L'Expérience intérieure* de Georges Bataille et *La Cathédrale* de Joris-Karl Huysmans. C'est en 1962, quand il était à Paris, que Deguchi a découvert le petit texte de Cioran accompagnant *L'Apocalypse selon Jean*[11]. Il a cru y trouver son semblant, sa « race », comme Baudelaire avait cru le retrouver chez Edgar Allan Poe[12] :

> C'était avant tout parce que j'avais découvert un porte-parole de moi-même en Cioran que je me suis attelé à voler des mots en les mettant en japonais[13].

Il a échangé des lettres avec Cioran pour la préparation de cette première traduction japonaise. Il se souvient d'avoir souvent rendu visite à Cioran, au sixième étage du 21 de la rue de l'Odéon, lors de son séjour parisien en 1977. « Cioran à Paris aimait plaisanter, il était gentil et sympathique. Du moins, il ne m'a montré que cet aspect-là. Il ne montrait pas un seul instant son côté sombre ou morne[14]. » Deguchi était aussi écrivain. Il a écrit une nouvelle intitulée « La fête des transfrontaliers » (1980) où apparaît un personnage fort ressemblant à Cioran. Je le présenterai plus tard.

Ensuite, leur correspondance a cessé. Mais un jour en 1993 où Deguchi est passé au carrefour d'Odéon à Paris, il a cru y croiser Cioran assis au pied de la statue de Danton. Il était en voyage avec son fils, il n'a donc pas osé le confirmer en s'adressant à ce vieil homme. « Cioran, pense-t-il,

11 Il s'agit d'une édition reproduite de ce livre unique que Joseph Forêt a réalisé en 1961, avec les illustrations de S. Dalí, L. Foujita, P.-Y. Tremois, L. Fini, G. Mathieu, O. Zadkine et B. Buffet, accompagné des textes de J. Cocteau, J. Giono, J. Guitton, Daniel-Rops, J. Rostand, E. Jünger et Cioran. Le livre original pèse 210 kilogrammes et coûtera 100 millions de francs à l'époque.

12 Y. Deguchi, « Fragments sur E. M. Cioran I », in *La Clef de l'abîme* (7), p. 145.

13 *Ibid.*, p. 148.

14 Y. Deguchi, « Postface du traducteur », *Aveux et anathèmes* (14), p. 247-248.

ayant rompu avec l'écriture, regarde les passants au carrefour d'Odéon, sans rien dire[15]. » Cette expérience du quiproquo éventuel l'a quand même encouragé à traduire *Aveux et anathèmes*.

Deguchi voit en Cioran un Baudelaire moderne. Il écrit :

> On pourrait sans difficulté relever l'influence de Nietzsche ou Spengler, et sans nul doute situer Cioran dans la lignée des moralistes français, mais la figure qui ne m'a pas quitté tout le temps de la traduction, c'est celle de Baudelaire[16].

Ce n'est pas parce que les textes de Cioran sont lyriques, mais qu'ils sont révélateurs du gouffre. Il justifie ainsi le choix de prose que se donne Cioran :

> Si Baudelaire en se réincarnant revenait dans notre Occident moderne, il n'aurait certainement pas écrit de poèmes, mais il aurait écrit des essais à la Cioran[17].

Il est vrai que Baudelaire est pour Cioran « un des esprits qui ont le plus compté dans [s]a vie[18]. » Il trouve chez le poète son semblant : « seul Baudelaire [lui] semble avoir eu un sentiment plus vif de l'irréparable que [lui][19]. » C'est dans ce sens que Deguchi trouve la prose de Cioran moins explicative que poétique :

> Se refusant à écrire de la poésie, il écrit des essais, mais ils deviennent l'un après l'autre des poèmes : une forme de torture réservée à cet anti-poète que se voulait Cioran[20].

Cette remarque correspond exactement à ce que Cioran a noté en été 1957 :

> Tous les poèmes que j'aurais pu écrire, que j'ai étouffés en moi par manque de talent ou par amour de la prose, viennent soudain réclamer leur droit à l'existence, me crient leur indignation et me submergent[21].

Deguchi devine bien la souffrance que Cioran devait éprouver de ne pas écrire de poèmes. Il retrouve chez cet auteur l'aliénation propre à

15 *Ibid.*, p. 244.
16 Y. Deguchi, « Postface du traducteur », *Histoire et utopie* (1), p. 191-192.
17 Y. Deguchi, « Fragments sur E. M. Cioran I », *op. cit.*, p. 147.
18 Cioran, *Cahiers*, *op. cit.*, p. 684. Le 5 février 1969.
19 *Ibid.*, p. 249. Décembre 1963.
20 Y. Deguchi, « Postface du traducteur », *Histoire et utopie* (1), p. 195.
21 Cioran, *Cahiers*, *op. cit.*, p. 14.

la modernité que Baudelaire était le premier à exprimer. On sait que Cioran tente souvent de chercher des recours au bouddhisme ou au taoïsme, pour échapper au système de pensée européen :

> Le taoïsme, écrit-il, m'apparaît comme le premier et le dernier mot de la sagesse : j'y suis pourtant réfractaire, mes instincts le refusent, comme ils refusent de *subir* quoi que ce soit, tant pèse sur nous l'hérédité de la rébellion[22].

Il se demande pourtant si les Européens qui se recommandent de telles pensées ne prétendent pas se placer *au-dessus* de leurs actes. Si tel est le cas, ce serait une « [s]upercherie intolérable[23]. »

Par contre, certains Japonais occidentalisés s'enthousiasment davantage pour Baudelaire que pour Bouddha. Alors que Cioran trouve essentiel leur sourire non verbal, ils ont besoin d'un poème qui exprime l'angoisse de la vie moderne. Quand il s'agit de comprendre la popularité de Cioran au Japon, on ne peut pas manquer de souligner cette relation asymétrique.

TRADUCTEUR PRINCIPAL N°2 : YÛ KANAI

Le deuxième traducteur Yû Kanai (1934-) a découvert Cioran grâce à la traduction japonaise d'*Histoire et utopie* faite par Deguchi[24]. Il est actuellement professeur émérite à l'Université chrétienne d'Ibaragi. Il a traduit douze livres de Cioran, on lui doit beaucoup pour la diffusion de la pensée de Cioran au Japon. Il a traduit aussi des œuvres comme *Le Fleuve Alphée* de Roger Caillois, *L'Art du roman* de Milan Kundera, *Le Réel et son double* de Clément Rosset. Sa traduction des *Cahiers. 1957-1972* de Cioran lui a valu le Grand prix de la traduction japonaise en 2006. Il faut noter qu'il a traduit aussi *Cioran ou le dernier homme* de Sylvie Jaudeau en 1997, et *Cioran, L'Hérétique* de Patrice Bollon en 2002. Si le nombre de traductions est inférieur à celui de Richard Howard, traducteur américain de Cioran, Kanai n'en est pas moins un traducteur infatigable.

22 Cioran, « Penser contre soi », *La Tentation d'exister*, Paris, Gallimard, coll. « Tel », 1999, p. 12.
23 *Ibid.*, p. 13.
24 Y. Kanai, « Postface du traducteur », *La Chute dans le temps* (5), p. 178.

Toutefois, il n'a jamais écrit de livre sur Cioran lui-même, il semble se contenter d'être « passeur ». Dans ses douze traductions se trouvent cinq livres écrits originairement en roumain, qu'il a traduits à partir des versions françaises. Cela pourrait pourtant poser un problème, notamment avec *La Transfiguration de la Roumanie*, sensiblement remaniée l'édition roumaine de 1990, à partir de laquelle a été faite la traduction française.

Dans les notes accompagnant *Sur les cimes du désespoir*, Kanai présente une interprétation intéressante de ce premier livre de Cioran, écrit à 22 ans. Selon le traducteur japonais, Cioran est un Nietzsche inversé. Si Nietzsche avait écrit d'abord *Ecce homo*, pour parvenir à la *Naissance de la tragédie*, ce serait le parcours de Cioran, dit-il[25]. Autrement dit, Cioran est parti d'une rage pour aboutir à une résignation. Cette interprétation perspicace serait justifiée par l'auteur qui a écrit dans ses *Cahiers*, le 17 novembre 1969 : « J'ai suivi exactement le trajet opposé à celui de Nietzsche. J'ai commencé avec… *Ecce Homo*[26]. »

Quant au *Bréviaire des vaincus*, Kanai soutient que Cioran met fin à son lyrisme fervent dans ce livre comme le fait Rainer Maria Rilke dans *Les Cahiers de Malte Laurids Brigge*[27]. Et lui aussi, il entend l'écho baudelairien dans les écrits de Cioran :

> Selon les remarques de Stolojan, les mots employés dans ce livre [*Des larmes et des saints*] sont « les mots brisés d'un jeune intellectuel des Balkans d'avant la guerre », mais, à lire le texte avec humilité, et avec dans l'esprit ces deux mots du jeune Cioran : « penser poétiquement », ce qu'on perçoit derrière ces « mots brisés » est d'une tonalité lyrique du regret qui fait penser presque à Baudelaire, du regret déchirant envers « le perdu » et « l'innocent[28] ».

Cette acceptation très « littéraire » est probablement due à la formation des traducteurs. Tous ont fait leurs études de littérature française avant de se lancer dans la traduction de Cioran.

Contrairement à Deguchi, Kanai n'a jamais rencontré Cioran en personne. C'est le traducteur du *Précis de décomposition*, Tadao Arita, qui s'est rendu deux fois chez Cioran à Paris, respectivement en 1967 et en octobre 1973. C'était sur la présentation de Katsumi Takizawa

25 Y. Kanai, « Postface du traducteur », *Sur les cimes du désespoir* (12), p. 193-194.

26 Cioran, *Cahiers*, *op. cit.*, p. 761.

27 Y. Kanai, « Postface du traducteur », *Bréviaire des vaincus* (15), p. 181.

28 Y. Kanai, « Postface du traducteur », *Des larmes et des saints* (11), p. 164. Sanda Stolojan a traduit en français *Des larmes et des saints*.

(1909-1984), professeur de l'Université de Kyûshû, disciple de Karl Barth, qui connaissait personnellement Cioran. Lors de sa deuxième visite, Cioran a offert à Arita trois livres : une traduction espagnole du *Précis de la décomposition*, *Récréations grammaticales et littéraires* de Paul Stapfer, *Ainsi parla Monsieur Lancelot* d'Abel Hermant, sous-titré *Le Bon usage du français*. On y trouve un humour un peu noir capable de faire douter un traducteur japonais de ses compétences en français[29]. Les lettres de Cioran à Arita ont été rendues publiques à l'occasion de l'exposition : *Les poèmes de Tadao Arita et les peintres*, à la Galerie Sumi à Fukuoka, les 23-30 janvier 2015. Voici un texte épistolaire daté du 13 mars 1967 :

> Monsieur,
> Je viens de recevoir un mot de notre ami commun, Katsumi Takizawa, qui m'annonce votre arrivée à Paris vers le 20 du mois. Je serais très heureux de faire votre connaissance. Tâchez de m'appeler avant le 25, car, vraisemblablement, je m'absenterai quelques jours après Pâques.
> À bientôt, j'espère.
> Croyez, Monsieur, à mes sentiments les meilleurs.
> E. M. Cioran[30].

Le ton courtois correspond à l'impression qu'a eue de lui Chiwaki Shinoda (1943-), traducteur de *La Tentation d'exister*. Lui aussi a rencontré Cioran à Paris plusieurs fois. À l'une de ces occasions, il a reçu une traduction anglaise du même livre, annotée par l'auteur, avant qu'il ne le traduise en japonais[31]. Cioran était gentil, il l'a encouragé même pour la traduction, ce qui contrastait, dit-il, avec le désespoir exprimé dans ses œuvres. Il s'attendait en effet à un philosophe « difficile », plein de haine contre la société d'aujourd'hui.

Kaoru Oikawa (1932-), traducteur des *Syllogismes de l'amertume*, cite dans sa postface[32] un essai de Yoshio Abe (1932-2007), intitulé « Nouvel essai sur le cannibalisme ». Professeur à l'université de Tokyo et éminent spécialiste de Baudelaire – il a édité, en 1994, les *Œuvres complètes de Baudelaire* aux éditions Chikuma Shobô, en six volumes –, Abe écrit une lettre ouverte à son « maître » Cioran dans cet essai publié en 1971. Il relate sa conversation avec Cioran autour de divers sujets dont la mini-jupe, à la

29 T. Arita, « Postface du traducteur », *Précis de décomposition* (2), p. 300.
30 *Cf.* le site suivant : https://yokabaido.com/tag/有田忠郎/ (consulté le 30 mai 2020).
31 C. Shinoda, « Postface du traducteur », *La Tentation d'exister* (3), p. 270.
32 K. Oikawa, « Postface du traducteur », *Syllogismes de l'amertume* (4), p. 165.

mode vers la fin des années 1960. La rencontre doit dater d'octobre 1967 où, selon les *Cahiers*, Cioran reçoit une « visite de deux Japonais, absolument charmants : un jeune poète qui prépare une thèse sur Baudelaire, et une jeune fille, ravissante, qui [lui] apporte – avec quelle grâce ! – un cyclamen. Tous les deux sont vifs, cultivés[33]. » À cette occasion, à en croire le témoignage d'Abe, Cioran aurait soutenu que la mini-jupe avait été inventée par les modistes homosexuels anglais dans l'intention de balayer le féminin une fois pour toutes. Les femmes, dont les cuisses étaient trop exposées, auraient perdu leur charme en tant qu'objet érotique !

Une autre soirée, Abe, participant à la discussion autour de Cioran, en compagnie d'Yves Bonnefoy, écoute Théo Lesoualc'h parler de l'existence d'un cercle cannibale à Paris. Selon celui-ci, le cannibalisme aurait résolu tous les problèmes de la civilisation, causant une démolition raisonnable de l'humanité. Abe recommande enfin à son « maître » une nouvelle japonaise écrite par un romancier japonais de sa génération, Akiyuki Nosaka (1930-2015), sans le nommer pourtant. Cette nouvelle publiée en 1969 évoque justement un incident cannibale dans un village minier[34].

RÉCEPTIONS DIVERSES

Les livres de Cioran ont été traduits et lus par les Japonais depuis les années 1960 jusqu'à aujourd'hui. Cela signifie que Cioran jouit d'une popularité permanente, il ne perd jamais son actualité. Toutefois, les études académiques consacrées à cet auteur sont en général peu nombreuses. Une seule thèse de doctorat dans ces dernières décennies, intitulée *L'Étude sur la pensée religieuse de Cioran : désir envers Dieu et la non-croyance*, a été soutenue en 2012 à l'Université de Tokyo. L'auteur, Takuya Fujimoto, publie cinq articles en japonais sur Cioran, durant 2007-2011, mais il ne publie plus rien depuis sa soutenance. Il paraît que, malheureusement, il

33 Cioran, *Cahiers*, *op. cit.*, p. 527.

34 Y. Abe, *Conversations avec l'Occident : à la recherche de l'origine de la pensée [Seiyô to no taiwa : shikô no genten wo motomete]*, Tokyo, Kawade shobô shinsha, 1972, p. 159-170. Théo Lesoualc'h (1930-2008) est un écrivain français, qui a séjourné cinq ans au Japon. Sur la nouvelle cannibale, voir A. Nosaka, *La Vigne des morts sur le col des dieux décharnés*, suivi de *La Petite marchande d'allumettes*, trad. C. Atlan, Arles, Philippe Picquier, 1998.

a cessé ses recherches prématurément. Dans le résumé en anglais de son article intitulé « L'idéation suicidaire et l'acceptation de soi chez Cioran : de l'inutilité à l'anonymat religieux », Fujimoto insiste :

> Quand il a tenté le suicide en 1966, il a compris le non-réel, qu'il transposerait plus tard sur le néant bouddhiste. Après cette expérience, il commençait à accepter progressivement le monde et soi-même. On peut l'interpréter comme un processus résilient d'une tentative suicidaire à une idéation suicidaire[35].

Un autre chercheur, Takashi Ôtani (1987-), qui, en tant que doctorant à l'université Waseda, a publié des articles sur Cioran, prépare son doctorat sur la philosophie roumaine à l'université Babeş-Bolyai de Cluj-Napoca depuis 2018. Il a publié en 2019 un essai en japonais : *Pour vous qui souffrez d'être né : la pensée de Cioran, champion des pessimistes*. Il s'agit d'une première monographie de Cioran, à l'usage des lecteurs non spécialisés. Le livre est reçu favorablement à sa sortie. Dans la première partie, l'auteur donne un aperçu biographique de Cioran, suivi d'une présentation de sa philosophie divisée en six chapitres, intitulés respectivement : « Paresse et fatigue », « Suicide », « Haine et affaiblissement », « Civilisation et décadence », « Vanité de la vie », « Maladie et défaite ». Dans la deuxième partie, plus brève que la première, Ôtani apprécie Cioran pour son échec fondamental : déjà né, il ne pouvait échapper à la vie et à la mort auxquelles il ne pouvait pas être totalement indifférent comme il l'aurait voulu. Si Cioran aime la négation, cet amour négatif prouve son attachement à des choses détestables d'ici-bas. Paradoxalement, le pessimisme, par sa critique du monde, nous permet d'y vivre pleinement[36].

Parmi les écrivains, Seigô Matsuoka (1944-) déclare son admiration pour la pensée de Cioran. Écrivain et éditeur renommé, qui se définit comme « ingénieur d'édition », Matsuoka est connu au Japon notamment pour ses comptes rendus publiés sur Internet, intitulés *Mille nuits mille*

35 T. Fujimoto, « L'idéation suicidaire et l'acceptation de soi chez Cioran : de l'inutilité à l'anonymat religieux [*Shioran no jisatsu nenryo to jikojuyô : muyôsei kara mumei no shûkyôsei e*] », *Death and Life Studies [Shiseigaku kenkyû]*, n° 15, Tokyo, École doctorale des sciences humaines et sociales de l'Université de Tokyo, 2011, p. 82-108. Le texte cité est rédigé en anglais dans l'original : « *When he attempted suicide in 1966, he realized unreality, which he later transposed to emptiness of Buddhism. After this experience, he had accepted gradually world and himself. It could be also regarded to a recovery process from suicide attempt and suicidal ideation.* »

36 T. Ôtani, *Pour vous qui souffrez d'être né : la pensée de Cioran, champion des pessimistes [Umaretekita koto ga kurushii anata ni. Saikyô no pesimisuto Shioran no shisô]*, Tokyo, Kôdansha, 2019, p. 286-340.

livres. Il a présenté *Précis de décomposition* lors de sa 23e nuit (le 31 mars 2000), et encore le livre de Bollon lors de sa 1480e nuit (le 15 août 2012). C'est une exception chez lui, car il se donne cette contrainte de ne présenter qu'un livre choisi de chaque auteur. Il dit avoir écrit son essai intitulé *Fragile* (2004) sous l'influence de *Des larmes et des saints*[37].

Il retrouve chez Cioran « quelque chose de proche d'un nihilisme bouddhiste ou d'une ontologie taoïste[38]. » C'est une tendance dont s'approchait Cioran déjà dans les années 1950. Matsuoka continue :

> Bien sûr, Cioran ne s'impose pas seulement par son travail sur l'ontologie. Il avait toujours des vues très pertinentes, sur ses choix lexicographiques, sur les notions de rationalité et d'irrationalité, de norme et déviance, et ce, tel un *marebito*, visiteur divin, étranger et passant. C'est quelqu'un qui possède une vision du monde hors pair, et qui en est un compilateur fondamental[39].

Marebito est un dieu dans la mythologie japonaise qui vient de loin pour apporter du bonheur à ses descendants. Matsuoka évoque un dieu visiteur pour souligner que Cioran observe de l'extérieur tout système de la pensée. Cela ne signifie pas pour autant qu'il se tient de manière objective devant les actes et les pensées. Au contraire, il revient à la source de la pensée : l'angoisse. Matsuoka admire Cioran justement parce que celui-ci se garde de faire de l'angoisse une idée transcendante. Il conclut :

> C'est de la tristesse que vient la meilleure capacité réactionnelle. Ce qui blesse dans l'existence, et l'idée que l'être lui-même puisse être altéré, c'est de cela qu'il faudrait jouir. Ainsi, c'est le malheur qui est sublime[40] !

Je tiens à présenter un récit de fiction signé de Yûkô Deguchi, traducteur de Cioran. Intitulée « La fête des transfrontaliers », cette nouvelle est publiée d'abord dans une revue littéraire en 1980. Le narrateur est un traducteur japonais d'un certain Slavici, essayiste d'origine roumaine, qui habite rue Monsieur-le-Prince à Paris. Sur la présentation de celui-ci, il fait la connaissance d'un jeune Polonais, tuberculeux et suicidaire.

---

37 S. Matsuoka, compte rendu du *Précis de décomposition* de Cioran, publié sur son site *Mille nuits mille livres [Senya sensatsu]*, 23e nuit : https://1000ya.isis.ne.jp/0023.html (consulté le 30 mai 2020).

38 S. Matsuoka, compte rendu de *Cioran, L'Hérétique* de Patrice Bollon, publié sur son site *Mille nuits mille livres [Senya sensatsu]*, 1480e nuit : https://1000ya.isis.ne.jp/1480.html (consulté le 30 mai 2020).

39 *Ibid.*

40 *Ibid.*

Type Kirilov, il veut que Slavici accompagne son suicide, mais l'écrivain l'interrompt de force. Après l'incident, Slavici dit au narrateur :

> Mais, vous savez, quelqu'un des Balkans, qui a plus de soixante ans, qui vit dans cette ville de Paris, et qui parle français, eh bien, pour des gens ordinaires, ça doit être difficile de le décrypter du regard, et de supporter de voir son cœur. Le regard se glace et l'on finit comme pétrifié. Car alors on y décèle ce fameux monstre à tête de serpents mouvants. Mais vous, vous êtes de ceux qui ont pris la peine, dans le lointain Japon, de le regarder, et je vous en sais gré. Ce n'est pas un merci occidental que je vous adresse, mais un remerciement à la balkanique, venant de mes entrailles. Pourtant, il pourrait arriver ceci : vous voyiez celle qu'on nomme Méduse. Oui. Vraiment. Cependant Méduse, elle, ne vous voit pas. Si elle vous avait vu, son regard vous aurait littéralement glacé, pétrifié. Et ça, au moins, j'aimerais que vous vous en souveniez[41].

Paraphrasant le célèbre passage de Nietzsche sur l'abîme – « Celui qui combat des monstres doit prendre garde à ne pas devenir monstre lui-même. Et si tu regardes longtemps un abîme, l'abîme regarde aussi en toi[42]. » –, Deguchi met en cause les limites de la compétence intellectuelle. Avec un auteur comme Cioran, qui détestait d'ailleurs les universitaires, serait-il permis d'accueillir ses propos, tout en se gardant de tomber dans le gouffre qu'il tend ? Si c'est le gouffre qui nous charme, comment peut-on s'en éloigner tout en l'appréciant comme texte, mais jamais comme expérience ? Voilà la question qu'il pose à tous les intellectuels. C'est aussi ce que Benjamin Fondane offre à la réflexion dans son dernier essai, *Baudelaire et l'expérience du gouffre*.

CONCLUSION

Cioran écrit en octobre 1969 : « J'ai essayé à l'instant de me figurer l'image que les autres se font de moi, ce que je suis pour eux ; impossible d'y arriver. [...] Mon sentiment habituel est que je n'existe pour

41 Y. Deguchi, « Ekkyôsha no matsuri » [« La fête des transfrontaliers »], dans le recueil de nouvelles : *Ekkyôsha no matsuri [La Fête des transfrontaliers]*, Tokyo, Kawade shobo shinsha, 1983, p. 119. La nouvelle a été publiée dans la revue *Bungei*, juin 1980.

42 Fr. Nietzsche, *Par-delà bien et mal*, aphorisme n° 146, trad. C. Heim, Paris, Gallimard, coll. « Folio essais », 1971, p. 91.

personne ; et pourtant il paraît que si[43]. » Cioran ne passe pas inaperçu au Japon. Dix-neuf livres, traduits par des professeurs de littérature française, permettent l'accès à des œuvres majeures de Cioran. Cette abondance montre bien que les Japonais les lisent avec un vif intérêt. Les traducteurs le comparent communément à Baudelaire, comme les deux auteurs semblent partager le dégoût et le désespoir vis-à-vis de la civilisation européenne. Pour un intellectuel japonais, éduqué à l'occidentale, le positionnement de Cioran, un « rebut des Balkans[44] » à Paris, qui écrit sa haine contre la société moderne en français élégant, semble incarner une issue possible de la sphère dans laquelle il s'enferme. Et dans son répertoire, Baudelaire semble être le plus proche de cet auteur antimoderne.

Pour un lecteur japonais moins occidentalisé, Cioran est un écrivain mystique, plutôt qu'un philosophe qui tente de démanteler la tradition de la pensée européenne. Le sentiment constant du néant et le mouvement perpétuel qui l'emportent sur la pensée systématique et solide sont familiers aux Japonais. La blessure, l'éclat, la décomposition : ce sont des thématiques déjà chères à la littérature japonaise.

Enfin, et curieusement, en dépit de sa popularité auprès du public, on constate qu'il n'existe pas beaucoup d'études académiques sur Cioran. Je ne suis pas capable d'analyser la raison de cette lacune, mais je suppose que c'est en partie à cause de l'encadrement disciplinaire dans l'enseignement supérieur japonais. Cioran n'apparaît ni dans les cours de littérature française, ni dans ceux de philosophie occidentale. Il est en quelque sorte suspendu entre les deux. Trop littéraire pour être rigoureuse, trop philosophique pour être sentimentale, l'œuvre de Cioran occupe une place singulière, même dans le milieu intellectuel japonais.

Ko Iwatsu

43 Cioran, *Cahiers*, *op. cit.*, p. 752.
44 Cioran, « En relisant… », *Exercices d'admiration*, *op. cit.*, p. 214.

JOURNAL DE LECTURE(S)

Pourquoi lit-on ? J'avoue ne m'être jamais posé la question à titre personnel. Je lis. Chaque jour. Faisant mien, en le détournant, le célèbre adage : *nulla dies sine linea*. Aussi loin qu'ils remontent, je n'ai pas le souvenir d'une seule journée sans que j'aie lu une page, quelques lignes au moins. Même les jours de deuil, même au réveil d'une opération un peu plus lourde avec anesthésie générale. Il me *fallait* lire. Une phrase, un vers. Cela pouvait suffire à ma pitance quotidienne. Car c'est sans doute de cet ordre. D'un besoin physique, physiologique. Quelque chose qui relèverait du constat beckettien : *bon qu'à ça*. Je lis car il *faut* que je lise. Certains jours, il m'est arrivé de ne lire qu'un article sur la poterie traditionnelle japonaise, un texte de Pasolini sur le football, un précis d'héraldique pour me bercer de cette autre langue (je ne lui trouve de pendant, en matière de vocabulaire spécialisé, que celui de la marine), l'autobiographie de Johnny Cash, des pages d'un essai sur le schiste de Burgess et sa faune fossile particulière et improbable, des entrées du Littré ou d'une encyclopédie Larousse de 1886 dont les sept volumes avec leurs planches en couleurs sur les œufs, l'empire de Siam ou les cristaux ont nourri les plus beaux voyages imaginaires de mon enfance. Je lis sans discriminer. Bien entendu, je sais faire la différence entre Valery Larbaud et Édouard Louis. Du second, la logorrhée suffisante mais pas nécessaire dans une langue creuse et arrogante me provoque une confuse nausée au bout de quelques lignes, comme un gourmet, un amateur, devant un plat de chez Tricatel. Du premier, en revanche, une simple phrase au début de *Barnabooth*, « rien ne change, et la vieillesse du monde grandit sur moi[1] » – qui trouverait un lointain écho, un prolongement trente ans plus tard dans la célèbre formule de Tancredi à son oncle, Il Gattopardo don Fabrizio : « *se vogliamo che tutto rimanga come è, bisogna*

1 V. Larbaud, *A.O. Barnabooth : son journal intime*, Paris, Éditions de la Nouvelle Revue Française, 1932, p. 16.

che tutto cambi[2] » – a suffi à rendre inoubliable pour moi un trajet en train Corail de Paris à Amsterdam, un jour de printemps. Toujours est-il que j'ignore encore à ce jour pourquoi je lis. Et j'ai d'autant moins de réponse à cette question que je ne me la suis jamais posée.

*

Depuis mes dix-sept ans, je note scrupuleusement dans des carnets tous les livres que je lis. J'ignore comment tout cela a commencé, un 17 septembre 1984, qui ne correspond à aucun moment particulier de ma vie, aucune étape climatérique. J'étais convaincu que c'était un vendredi soir, mais vérification faite, c'était un lundi. Mais cela n'y change rien. Je n'y vois pas plus clair sur les raisons pour lesquelles, ce soir-là, dans ma chambre de lycéen, j'ai pris un carnet à livrée verte et petits carreaux, sans doute destiné, originellement, à noter des mots de vocabulaire d'allemand ou d'anglais, et j'y ai inscrit un tout premier livre qui, dans mon souvenir, était une histoire de vétérinaire offerte par mes grands-parents. De tous les livres que j'ai pu lire dans la douzaine d'années qui a précédé, il ne m'en reste que quelques-uns qui me marquèrent : *L'Île mystérieuse*, les *Lettres de mon moulin*, Kipling, Stevenson, Twain, London, James Fenimore Cooper, Daniel Defoe et ma première lecture de *Moby Dick* dans une édition très raccourcie (en gros, dépouillée de ses digressions), puis il y eut la période des *Six Compagnons*, des Cronin, des Gaston Leroux et des Agatha Christie, des classiques russes de la bibliothèque parentale, *La Pierre et le Sabre*, Gourmont et Gheorghiu dont des exemplaires figuraient dans l'annexe de la bibliothèque qui se trouvait dans ma chambre, Pagnol et Maria Borrély avant Giono, pas de poésie hormis François Villon, puis Baudelaire. Mais je passais indifféremment de l'un à l'autre. Sans discrimination. Je lisais ce qui me tombait sous la main. J'écumais les rayonnages de la maison familiale et, l'été, je passais des heures enfermé dans le bureau de mon grand-père, dont la fenêtre donnait sur Samten Dzong, la maison où était venue s'établir Alexandra David-Neel, à dévorer des traités d'héraldique, d'histoire de la Provence, à lire des passages de la *Légende des siècles* ou de la *Divine Comédie*. J'étais heureux de n'être *qu'*un lecteur. Je ne saurai

2 G. Tomasi di Lampedusa, *Il Gattopardo*, Nuova edizione a cura di G. Lanza Tomasi, Milano, Giangiacomo Feltrinelli Editore, 2002, p. 50.

sans doute jamais pourquoi il m'a fallu, à compter de ce soir d'automne 1984, garder la trace de ces lectures. Cela a peut-être correspondu au moment où j'ai également commencé à recopier à la main, dans des cahiers grand format, des citations tirées de mes lectures. Rien de pensé, mais quelque chose de décidé.

*

En classe préparatoire vétérinaire au lycée Lakanal de Sceaux, qui fut sans doute l'*annus horribilis* de ma scolarité, j'eus comme professeur de français, qui m'initia cette année-là à Saint-John Perse, Beaumarchais, Mishima et Kafka, une émigrée juive russe excentrique, Mimika Grunfeld. Au début de l'année, elle nous demanda combien de livres nous lisions par an, et j'avais pu répondre crânement que j'en lisais une centaine. Ce fut la seule fois où je m'illustrai dans son cours… Je me disais qu'à ce compte, j'aurais bientôt épuisé tous les grands livres, même si j'étais loin de mettre en application le conseil de Thoreau, que je venais de découvrir : « Lisez d'abord les meilleurs livres, de crainte de perdre toute chance de les lire jamais[3]. » Je n'ai jamais su me tenir à ce précepte qui m'apparaît contre-indiqué. Il y aurait un risque à être déçu et ne jamais renouer avec le plaisir de la lecture si l'on venait à bout des meilleurs livres, tous les autres leur étant par définition inférieurs. Et puis, à la manière d'un écureuil faisant des réserves pour l'hiver, j'ai conservé de ces « meilleurs livres » par-devers moi, comme une poire pour la soif. Ils occupent toujours une place bien visible dans la bibliothèque, comme s'il fallait que leur présence immédiate me rassurât. J'en pourrais citer quelques-uns : *Auto-da-fé*, *Une maison pour Monsieur Biswas*, *Ada ou l'ardeur*, *Anna Karénine*, *La Montagne magique*, *Alexis Zorba*, *L'Homme qui rit*, *Michel Strogoff*, *Le Comte de Monte Cristo*, *L'Éducation sentimentale*, *La Chartreuse de Parme*, *Le Jardin de Babylone*, *La Marche de Radetzky*, *Le Hussard sur le toit*, *Le Paradis perdu*, la biographie de Samuel Johnson par son ami James Boswell, *L'Histoire naturelle et les Antiquités de Selborne*, le *Parfait pêcheur à la ligne*, le *Chant général*… Avec parcimonie, je vais à eux. J'en prolonge la fréquentation, l'attente dont on sait, depuis Frédéric Moreau, qu'elle constitue une part essentielle du plaisir qui en découle. De temps à autre, je me décide à en prendre

3 H. D. Thoreau, *Sept jours sur le fleuve*, trad. Th. Gillybœuf, Paris, Fayard, 2012, p. 104.

un. Mais je ne redoute plus d'épuiser le filon. Je sais que je ne lirai pas tout, et surtout que je ne lirai pas tout ce que je voudrais lire. Loin de m'affliger ou de me décourager, ce constat me réjouit, et je peux me dire, comme Jules Renard : « Quand je pense à tous les livres qu'il me reste à lire, j'ai la certitude d'être encore heureux[4]. » Car c'est bien de cela qu'il s'agit, avant tout, dans la lecture.

*

Je persiste à lire sans méthode. La littérature me fait l'effet d'un écheveau sans fin. Je suis un Sisyphe qui pousse son rocher à un train de sénateur. Je fais mien le conseil de Stendhal qui dit qu'il faut choisir ses ignorances. Je varie en ne me laissant guider que par mon humeur du moment : le livre d'un ami qui vient d'arriver par la poste, le récit du concert des Beatles sur le toit du 3, Savile Row, un essai sur la philosophie des insectes, une biographie de Tchekhov par son ami Bounine, la relecture de *Trois hommes dans un bateau*, les *Réflexions sur l'engagement personnel* de Paul-Louis Landsberg, un Simenon ou un Verne… Le tout-venant, le tout-venu. Il y a plusieurs piles branlantes au chevet du lit qui composent un Manhattan de livres, où je pioche désinvoltement. Sans méthode, ou presque.

*

Tanguy Viel, racontant une visite qu'il fit chez Montaigne, écrit :

> Quand on va visiter une maison d'écrivain, il est rare de ne pas amener avec soi l'ombre portée de l'homme dont on a construit l'image le long des heures passées à le lire, ou même pas le long des heures, puisque dès la première minute, dès avant qu'on l'ait lu même, on dirait qu'une sorte d'impression initiale s'est déjà formée, plus vive et plus rapide que le soleil à noircir une plaque de métal, non pas forcément dans la clarté d'un portrait mais dans celle, plus précise au fond, d'une ombre mentale[5].

À deux mois d'intervalle, je me rendis dans les maisons de deux écrivains avec lesquels je venais de passer toute une année. Non pas deux maisons où ils avaient vraiment vécu, mais qu'ils avaient immortalisées

---

4 J. Renard, *Le Journal de Jules Renard (1887-1910)*, Paris, Typographie François Bernouard, 1927, p. 753.

5 T. Viel, *Icebergs*, Paris, Minuit, 2019, p. 107.

dans leur œuvre, l'un dans ce qui demeure l'un des sommets de la littérature mondiale, l'autre dans une plaquette que lui avait extorquée un comminatoire éditeur belge et qui était quantité si négligeable à ses yeux qu'il ne jugea pas nécessaire de l'inclure dans ses *Œuvres complètes* dans la Pléiade.

Après le baptême de ma petite-fille, je décidai, sur le chemin du retour, de faire un crochet, un écart, un pas de côté pour passer à Illiers-Combray. Le comble aura été que, pendant quelques années, je vécus à une trentaine de kilomètres de ce village qui, cas unique sans doute, se vit rebaptiser pour marquer le centenaire de l'auteur qui l'avait immortalisé. Une ou deux fois l'an, pour me rendre sur la Côte d'Opale, il m'arrivait de le traverser, mais sans jamais m'y arrêter ni même y prêter grande attention. Je n'étais pas proustien… Mes deux premières tentatives de lecture de la *Recherche* avaient achoppé au même endroit : le *Côté de Guermantes* dont l'aspect mondain me masquait tout le sel. Mais il est des ouvrages dont il est impossible de faire l'économie tant ils sont des étapes obligées, des amers littéraires. Pour venir à bout de mes préventions, j'optai pour la première fois pour une méthode à laquelle je me tins scrupuleusement : je lirais un volume de la *Recherche* par mois ; en commençant en janvier, cela me conduirait jusqu'en août. Et cette fois fut la bonne – après tout, il est bien dit dans l'Ecclésiaste qu'il y a un temps pour tout. Je fus *pris*, incapable de ne pas aller jusqu'au bout de cette œuvre monumentale. J'ai été fasciné par ce souci, chez Proust, de tout noter. Il y a une trame, une ligne du récit à laquelle il revient toujours, mais après mille digressions. Le tour de force, c'est que nombre d'entre elles ne sont pas forcément *utiles* à l'histoire, mais elles sont indispensables à l'univers qu'il crée sous nos yeux. Proust balade son lecteur. Si à un moment il sent que ce dernier commence à décrocher, par une phrase virtuose, il le rattrape au vol et le remet en selle. Il n'y a aucune volonté naturaliste dans ce souci du moindre détail, car chacun d'eux donne naissance aux métaphores les plus inattendues qui constituent peut-être la marque de son génie, contribuent à la musique proustienne par son caractère éminemment visuel. Il n'y a que lui pour comparer le surgissement de jeunes filles (en fleurs) de retour de la plage où elles ont croisé le peintre Elstir, à une colonie de madrépores. Il y a un charme, au sens d'envoûtement, qui opère, malgré les innombrables préciosités et des phrases si longues qu'il faut parfois s'y reprendre à deux ou trois reprises pour en saisir le sens complet – ce que, dans un appendice assez drôle au récit d'un voyage en Suisse et en Bavière, Mark Twain reprochera précisément à la phrase allemande type. L'écriture de Proust possède le charme capiteux d'une conversation intarissable. Ce qui m'a peut-être retenu, ce qui est un écueil durable dans la *Recherche*, c'est sans doute… le narrateur : personnage égocentrique, égoïste, capricieux, presque tyrannique avec son entourage, et geignard. Mais sitôt qu'il détourne l'attention de son nombril pour se porter sur les autres personnages, c'est un véritable enchantement, et dans les portraits qu'il dresse de cette étonnante galerie de personnages, il distille de plus ou moins tendres rosseries avec un humour subtil qui fait mouche à chaque coup. Ce qui m'a particulièrement frappé, c'est la très grande liberté de ton et de propos. Il fallait oser un volume comme *Sodome et Gomorrhe*, un quart de siècle après l'incarcération d'Oscar Wilde dans la prison de Reading. J'ai noté la récurrence de termes tels que *youtre*, *youpin* ou *inverti*, comme si leur multiplication servait de pare-feu à Proust. En somme, c'est l'illustration par l'exemple du propos même de son *Contre Sainte-Beuve*, à savoir qu'il n'est pas nécessaire de connaître la vie d'un écrivain pour se livrer à l'exégèse de son œuvre. En mettant ces mots dépréciatifs dans la bouche du narrateur ou de ses personnages, Proust entend détourner l'attention de lui. Car s'il s'érigeait contre l'approche développée par l'auteur des *Lundis*, c'est parce qu'il ne tenait pas à ce que l'on sût sa vie, peut-être moins sa judéité dans cette France dont la déchirure de l'affaire Dreyfus était encore bien mal cicatrisée, que son homosexualité encore considérée au mieux comme une maladie, au pire comme un vice et un crime. Quand je me plaignais des plages d'ennui que je croisais dans ma lecture, mes amis proustiens me répétaient, sans tout à fait me convaincre, que cet ennui faisait partie intégrante de la *Recherche*, tout comme on dit que les silences chez Mozart, c'est encore du Mozart. Et tous de m'assurer que tout le *prétexte* de la *Recherche* – ou plutôt tout ce pour quoi elle a été écrite – se dénoue dans le *Temps retrouvé*, point d'orgue, apogée, confluence, convergence, final d'une mémoire qui prend des airs, tendres et bouleversants, de bal de fantômes.

Ils avaient dit vrai, et quand j'eus terminé la *Recherche* dont on sait que le dernier mot est « temps », j'éprouvai le curieux sentiment d'*en être*. Le *Temps retrouvé* diffère des volumes antérieurs en ce qu'il adopte un côté roman *assumé*, jusqu'à expliquer, dans la partie centrale de ce dernier volet, tout le projet romanesque de la *Recherche*. Depuis le début, je trouvais que le narrateur proustien ne *vit* pas au milieu de ses personnages, mais qu'il est un démiurge, un marionnettiste, et dans le *Temps retrouvé*, son don d'ubiquité est assumé sans réserve, dans cette scène où il décrit à la fois la soirée chez Guermantes et celle chez Berma. Le narrateur ressemble à un *dibbouk*, ce mauvais démon qui soulève les toits des maisons dans je ne sais plus quel conte juif. Ce dernier volume, c'est l'histoire d'Ulysse, mais aussi d'Orphée descendant aux Enfers – avec Albertine en Eurydice, ou bien, la mère de Marcel, le narrateur et Proust, puisque toute la *Recherche* est son tombeau (Freud a-t-il lu Proust ?). Mais c'est aussi le Dante de la *Divine Comédie*, qui regarde avec une nostalgie tendre et facétieuse ce bal d'ombres, comme derrière un écran, une vitre, inaccessibles. Cela m'a rappelé la scène finale de *Theophilus North* de Thornton Wilder, où le personnage principal observe à l'écart, en retrait, derrière une fenêtre avec rideau, tous les personnages qu'il a croisés dans ce roman qui se plaçait pourtant sous influence jamesienne. Proust témoigne de ce qui disparaît sous ses yeux. Mais ce n'est pas tant la fin d'un monde qu'il décrit – à la façon dont le font Roth dans *La Marche de Radetzky*, Lampedusa dans *Le Guépard* ou bien Musil dans *L'Homme sans qualités* – qu'un déclassement, illustré par cette audace consistant à faire de Madame Verdurin la nouvelle duchesse de Guermantes. Devançant les nouvelles découvertes en matière d'astronomie, Proust a intuitivement compris la plasticité du temps. Aucun des personnages ne vieillit à la même vitesse. Et il ressort que ce temps *perdu* qu'il recherche et recrée, ce n'est pas seulement le passé disparu, révolu, mais tout ce temps *perdu* à ne pas vivre assez, à ne pas ressentir assez chaque moment que l'on vit. La *Recherche* est une discipline de l'attention.

Proust est un poison qui agit lentement. Je n'ai pas compris tout de suite, en refermant la *Recherche*, que quelque chose était en train d'infuser en moi. Dans les semaines et les mois qui ont suivi, il m'a fallu lire encore et encore du Proust, sur Proust. La conversion avait eu lieu. Et ce jour-là, en pénétrant dans Illiers-Combray, je fis lentement trois fois le tour de l'église, en tentant de me rappeler les descriptions qu'en donnait l'écrivain. Puis je passai devant la maison de Tante Léonie, dont la grille était ouverte. Je me garai. C'était un beau dimanche après-midi d'été. Il n'y avait personne dans le jardin.

Je pénétrai là comme gagné par une sorte de sentiment océanique proustien. Sitôt que je vis cette demeure avunculaire, j'eus l'impression de voir surgir sous mes yeux des silhouettes sépia et d'entendre leurs conversations étouffées. J'étais dans le saint des saints. Je n'aurais jamais imaginé qu'une telle émotion pût me gagner, jusqu'à verser dans le fétichisme en achetant des timbres, les souvenirs de Céleste Albaret sur « Monsieur Marcel » et une carte postale *imago* – puisque c'est le sens étymologique de ce mot – de l'écrivain sur son lit de mort. Je repartis, et je crus croiser le regard vif, mordant de Proust, appuyé sur l'une des chaises, tandis que sous sa moustache fournie se dessinait un sourire qui valait adoubement.

Deux mois plus tôt, le jour de mes 52 ans, je m'étais rendu à Clermont-de-l'Oise en compagnie de Claire Paulhan, avec laquelle nous avions réédité cette magnifique *curiosa* qu'est *Noizemont-les-Vierges* de Roger Martin du Gard. C'est là que celui que Gide appelait « le clavecin bien tempéré » était venu s'installer, durant trois ans – une plaque le commémore au-dessus d'un salon de coiffure – pour, au sortir de la guerre, attaquer la rédaction des *Thibault*.

Comme je l'avais fait quelque temps auparavant avec la *Recherche*, je me décidai à lire, à raison d'un volume par mois – soit cinq mois, dans la vieille édition de poche qui est la mienne – l'histoire de Jacques et Antoine Thibault. Mais si j'avais sursis à cette lecture, contrairement à Proust, ce n'était pas par prévention, mais au contraire selon cette logique de la « poire pour la soif » dont j'ai parlé plus haut. Je nourris pour Roger Martin du Gard une même dilection que pour Valery Larbaud, Claude Roy ou Joseph Delteil. Et je crois pouvoir dire que j'avais presque tout lu de lui, à l'exception de cette saga familiale qui lui valut le prix Nobel et pour lequel il est le plus connu. Je ne m'explique pas que Martin du Gard soit si peu lu. Si l'on prend la peine de se plonger dans la correspondance qu'il échangea avec Albert Camus – qui préfaça l'édition des *Œuvres complètes* dans la Pléiade, de celui qui se vit couronner vingt ans avant lui par l'Académie suédoise – on ne peut qu'être saisi par l'extraordinaire lucidité, le sens camusien de la mesure, et l'inépuisable modernité de la pensée de Martin du Gard. *Jean Barois*, par exemple, est l'histoire d'une génération qui sera passée de l'enthousiasme à la désillusion, en pleine crise moderniste – Camus dira de lui qu'il est « le seul grand roman de l'âge scientiste, dont il exprime si bien les espérances et les déceptions[6] » – quand le héros et ses amis assistent, impuissants, à la transformation de leur mystique en politique. Dans ce livre de 1913, Martin du Gard pressent, mieux que quiconque sans doute, l'avènement des idéologies qui marqueront au fer rouge ce siècle dont cette année charnière est l'orée.

Le génie de Martin du Gard, c'est de ne jamais forcer le trait chez ses personnages ; ils ne sont pas d'un seul tenant, et lui compose avec la complexité insondable de la nature humaine. Même le père Thibault, si dur, trouve, dans sa fin, une forme de rachat aux yeux du lecteur. Parler de *saga* familiale au sujet des *Thibault* est sans doute exagéré. C'est avant tout l'histoire de deux frères qui se rejoignent jusque dans ce qui différencie fondamentalement leurs deux natures. Antoine reproduit le modèle social du père, comme s'il lui incombait de le faire en tant qu'aîné. Jacques, c'est celui qui rompt avec ce modèle, parce qu'il ne peut s'y résoudre. Plus des deux tiers des *Thibault* sont consacrés à « l'été 1914 ». D'un côté, Jacques à Genève, Antoine à Paris. Antoine est médecin, comme son père, et fraie avec les ministres, les personnages politiques en vue. Jacques essaie d'écrire et fraie avec les milieux révolutionnaires, les silhouettes de Lénine et de Mussolini apparaissant furtivement, dans le *Local*, ce lieu de réunion des révolutionnaires de tous pays convergeant à Genève. Martin du Gard confronte, avec un sens consommé de la précision qu'il tient sans doute de sa formation de Chartiste, l'inconscience d'une majorité de gens à quelques semaines seulement du début des hostilités, et la conscience exacerbée qu'avaient de cette menace une poignée d'hommes. Ainsi, hormis quelques dirigeants et les internationalistes, personne n'a vu venir cette guerre qui a peut-être marqué la perte définitive de ce qui restait d'innocence à l'humanité. Je dois à Martin du Gard d'avoir compris ce qui a conduit à ce carnage. Quand on nous l'enseignait à l'école, je ne voyais pas par quel enchaînement logique l'assassinat dans les Balkans d'un archiduc autrichien par un nationaliste serbe pouvait entraîner tout un continent dans la tourmente. Par la suite, j'ai fini par comprendre que c'était le jeu complexe des alliances qui avait joué – mais comme, d'une manière générale, on ne nous a jamais enseigné toute la période qui va du sacre de

6 A. Camus, Préface aux *Œuvres complètes* de R. Martin du Gard (1955), in A. Camus – R. Martin du Gard, *Correspondance 1944-1958*, édition établie et annotée par C. Sicard, Paris, Gallimard, 2013, p. 231.

Napoléon à la première Guerre mondiale (omission selon moi volontaire, car le XIXe siècle qui pose les assises tourmentées de la République, voit l'explosion de la révolution industrielle et du capitalisme, sans parler des violents attentats anarchistes qui ont frappé Paris, vient quelque peu écorner la légende nationale), il était impossible de comprendre tout ce qui avait précédé et j'ignorais que déjà, par le passé, la guerre avait été évitée une ou deux fois – mais grâce à Martin du Gard, je prends conscience que ce qui s'est joué symboliquement à travers cet assassinat, c'est tout simplement l'affrontement entre le pangermanisme et le panslavisme.

Le personnage central – mais sans Antoine, il se détacherait moins bien – c'est évidemment Jacques. Dans une longue conversation dans le *Local*, qu'il faudrait recopier *in extenso*, il déclare :

> J'ai la certitude qu'aucun vrai progrès ne peut être réalisé par des moyens vils. Exalter la violence et la haine pour instaurer le règne de la justice et de la fraternité, c'est un non-sens : c'est trahir, dès le départ, cette justice et cette fraternité que nous voulons faire régner sur le monde !... Non ! Pense là-dessus ce que tu voudras. Mais, pour moi, la vraie révolution, la révolution qui mérite qu'on lui voue toutes ses forces, elle ne s'accomplira jamais dans le déni des valeurs morales[7] !

Il y a du Jean Barois dans Jacques – et donc du Martin du Gard dans les deux. Est-ce l'aveu d'une impuissance à changer le monde sans fouler aux pieds lesdites valeurs morales ? Cela pose la problématique de l'assujettissement sans discernement ni discrimination à *la* cause, à une idéologie. Autrement dit, la fin justifie-t-elle les moyens ? Toutes les révolutions dévoient tôt ou tard ce qui les justifierait. Pour Jacques, il existe deux types de révolutionnaires : les *apôtres* et les *techniciens*, distinguo que je trouve pertinent à plus d'un titre ; les premiers sont des « mystiques généreux », plus dans l'idéal révolutionnaire, la pensée ; les seconds ont une culture révolutionnaire solide, des objectifs et des revendications précis, méthodiques. Les premiers sont souvent taxés ou soupçonnés, par les seconds, de faire montre d'esprit bourgeois, de passivité ou de complicité avec l'ordre établi. Mais ils sont ceux, souvent mis en minorité, qui ne légitiment à aucun moment la violence.

---

7 R. Martin du Gard, *Les Thibault*, t. III « L'Été 1914 », Paris, LGF, coll. « Le Livre de poche », 1964, p. 95.

Camus en a fait l'argumentaire de sa pièce *Les Justes* – et son ami Emmanuel Roblès celui de son *Montserrat* – mais également l'axe de son *Homme révolté* qui sonde cette démesure du temps où sombre toute révolte dès lors que, presque inéluctablement, de mouvement de libération elle devient force d'oppression. Le philosophe existentialiste Paul-Louis Landsberg qui, en raison de ses origines juives et de son opposition au régime nazi, fut traqué par la Gestapo avant de mourir en déportation, ne dit pas autre chose dans ses *Réflexions sur l'engagement personnel*. Il récuse l'embrigadement idéologique, dans lequel il voit une « désertion de la responsabilité personnelle[8] » et rappelle que « l'homme engagé reste un *homme libre*, c'est-à-dire qu'il se libère perpétuellement dans *l'humanisation*[9] ». Le sacrifice de Jacques Thibault est décidé, celui d'Antoine est consenti.

Dans le train qui me conduisait à Clermont-de-l'Oise, j'étais plongé dans la lecture de l'épilogue des *Thibault*. Claire Paulhan et moi étions attendus dans l'Hôtel de Ville, magnifique bâtiment du XIVe siècle, avec poutres, grandes toiles façon Puvis de Chavannes, des bustes de généraux et maréchaux d'empire, de grands tableaux aux boiseries chargées représentant d'anciennes gloires locales. Pendant les discours officiels de circonstance, je me fis la remarque que j'avais sous les yeux une complète galerie de portraits flaubertiens : un représentant du conseil général, un ancien communiste chantant dans une chorale qui lui-même taquine la plume, l'ancien maire, une femme pomponnée qui nous fera visiter la maison de l'arrière-grand-mère de Martin du Gard, la directrice du festival de musique, l'historien local qui me prendra à part pour m'expliquer qu'il y avait huit marches d'escalier si on compte le perron, et pas sept, une comédienne tonique qui fera une lecture à voix haute d'extraits du petit livre de Martin du Gard que nous avions exhumé et qui nous avait valu cette invitation. Après une balade dans le village, nous empruntâmes le terrain de longue paume où Gide fit des confidences détaillées sur sa sexualité à un Martin du Gard médusé, qui les consigna dans un cahier bleu encore sous séquestre à la Bibliothèque Nationale de France, longeant la prison des femmes, où furent enfermées les « pétroleuses » dont Louise Michel, avec au loin, les ruines de l'ancien asile qui effrayait le petit Roger. Puis, en petit

8 P.-L. Landsberg, *Réflexions sur l'engagement personnel*, Paris, Allia, 2018, p. 16.
9 *Ibid.*, p. 17.

comité, nous visitâmes la maison de l'aïeule de Martin du Gard, qui constitue le cadre de ces souvenirs à peine revisités. La décoration de l'intérieur est pittoresque, une sorte de kitsch sympathique, et surabondant. Un escalier en pierre en colimaçon comme ceux que l'on voit dans les châteaux forts menant aux douves. Des enfilades de chambres, dans une organisation labyrinthique. Sur les meubles, des piles de vieux *Paris Match*, un nombre incroyable de bibelots et de figurines en faïence (animaux et soldats). Une salle de bains avec une impressionnante baignoire ronde au rebord en marbre, surmontée d'une sorte d'abat-voix en bois. Dans le salon, un aigle impérial ailes déployées juché sur une colonne torsadée et dorée. Et soudain, quand je descendis l'escalier en bois, je m'écartai pour laisser passer le fantôme du petit Roger grimpant quatre à quatre, au retour du cimetière où venait d'être conduite sa grand-mère, pour aller dans la chambre retrouver son aïeule et qui, comprenant soudain que « jamais plus, jamais plus[10]... », éclata en sanglots assis sur l'une de ces marches. J'eus, comme dans le jardin de Tante Léonie, le sentiment presque palpable d'une présence, ce qui ne laissa pas de m'émouvoir, car il est si rare de voir à ce point s'incarner sous ses yeux un lieu lu.

Enfin, si je devais établir un autre parallèle entre les 3 500 pages de la *Recherche* et les 2 200 pages des *Thibault*, ce serait un mot : Proust comme Martin du Gard utilisent ce terme joliment désuet de *téléphonage*, qu'il faudrait presque remettre en usage, à moins que, précisément, il ne soit une de ces manifestations, comme la lumière qui nous parvient d'étoiles mortes depuis des millions d'années, de ce que Zweig appelait le *monde d'hier*.

*

Ce travail sur la mémoire, c'est celui que conduit la Biélorusse Svetlana Alexievitch dans tous ses ouvrages, qu'il s'agisse de raconter la guerre d'Afghanistan, la catastrophe de Tchernobyl ou la fin de l'URSS. Sa démarche est toujours la même : elle va à la rencontre des témoins, directs ou indirects. Elle donne la parole à ceux que, d'ordinaire, on n'écoute pas, sans doute parce que ce qu'ils ont à raconter ne coïncide pas avec

10 R. Martin du Gard, *Noizemont-les-Vierges : « Souvenirs de ma petite enfance »*, édition établie, annotée et introduite par Th. Gillybœuf, Paris, Éditions Claire Paulhan, 2017, p. 83.

la version officielle retenue par l'histoire. Il est difficile de dire lequel de ses livres est le plus dur, tant chacun plonge au plus profond de la souffrance et de la résignation humaines : « J'ai toujours été curieuse de savoir combien il y avait d'humain en l'homme, et comment l'homme pouvait défendre cette humanité en lui[11] ». La guerre de l'Union soviétique contre l'Allemagne nazie sur le territoire russe reste un épisode méconnu, du moins en Occident, malgré son caractère éminemment décisif dans l'issue finale.

Magnétophone et carnet à la main, Svetlana Alexievitch se rend chez ces femmes qui, toutes jeunes, pour certaines même pas majeures à l'époque, se sont spontanément engagées comme infirmières, simples soldats, pilotes de char ou d'avion, mécaniciennes, etc. L'auteur ressemble aux deux hellénistes irlandais partis sur les traces d'Homère, en Albanie, pour enregistrer les épopées orales déclamées par les *guzlars* (les rhapsodes), dans le roman d'Ismail Kadaré, *Le Dossier H.* Svetlana Alexievitch trouve un juste équilibre entre la nécessité de restituer ces récits bruts, sans les détourner vers une interprétation ou une ligne directrice, et son propre travail d'écrivain qui consiste à explorer « le continent isolé des femmes[12] ». Elle agence et fractionne l'ordre de ces récits. Le sordide y côtoie l'humour, parfois l'amour. Si la guerre n'a pas un visage de femme, c'est peut-être parce que même dans le chaos le plus extrême, celles-ci persistent à vouloir s'émerveiller de la floraison des cerisiers. Et peut-être aussi parce que la femme donnant la vie, elle ressent de façon plus intime « tout ce qu'il y a d'intolérable à tuer[13] ». Ce ne sont pas des Amazones, mais des fiancées, des sœurs, des filles dont le courage et la force ressortent d'autant plus qu'elles ne masquent jamais leurs faiblesses. Leurs souvenirs leur sont propres, mais ils relèvent de la même mémoire et de la même expérience de l'humain : « La guerre "féminine" possède ses propres couleurs, son propre éclairage et son propre espace de sentiments. Ses propres mots enfin. On n'y trouve ni héros ni exploits incroyables, mais simplement des individus absorbés par une inhumaine besogne humaine[14] ».

11 S. Alexievitch, *La Guerre n'a pas un visage de femme*, trad. du russe par G. Ackerman et P. Lequesne, Paris, J'ai lu, n° 7552, Paris, Les Presses de la Renaissance, 2005, p. 14.

12 *Ibid.*, p. 9.

13 *Ibid.*, p. 17.

14 *Ibid.*, p. 9.

*

Pour parler de la capacité à témoigner – et l'interroger – le philosophe américain Robert Harvey a forgé le terme de *witnessness*, que l'on peut traduire par « témoignabilité ». Cette *témoignabilité*, un rescapé d'Auschwitz, Yehiel Dinur, en a éprouvé les limites quand il est venu témoigner à la barre le 7 juin 1961, au tribunal de Jérusalem, dans le cadre du procès d'Adolf Eichmann. Christian Doumet part de cette image, parmi les plus frappantes et les plus saisissantes, de ce procès, en fait la matière d'un essai concis et magistral, *L'Évanouissement du témoin*. Dinur se trouve dans le cas présent confronté au dilemme ontologique du témoin : « Il se tient parmi les vivants ayant échappé au destin dont il a mission d'incarner la preuve[15] ». Il se sent accablé par les mots, par le « lexique de l'érosion[16] » qui est celui du témoin. Des mots aux morts, il n'y a qu'une lettre, et c'est peut-être dans cette simple lettre que se trouve cet indicible où s'effondre la capacité à témoigner. Évitant l'écueil de la complaisance, Christian Doumet ne s'approprie pas ce débord d'émotion qu'il qualifie d'encombrement, mais fait ressortir « la fragilité du verbe[17] » quand il a pour impératif « la manifestation du souci de la vérité[18] ». Tout se joue dans cette idée d'« évanouissement » qui désigne également une disparition, la « perte de connaissance » étant aussi la dépossession dont est frappé le témoin confronté à l'innommable. Or, Dinur n'est pas n'importe qui. Sous le nom de Ka-Tzenik – qui, en polonais, signifie « détenu d'un camp de concentration », une manière pour lui de marquer la désappropriation de cette humanité qui lui a été déniée – il a tenu dans plusieurs ouvrages, qui ont rencontré un réel succès en Israël, la « chronique de la planète Auschwitz[19] ». Mais au moment de *prendre* la parole, Dinur ne peut que constater que les mots sont « des outils bons à tout, sauf à restituer le secret dont ils sont ici les vicaires[20] ». On songe à Maurice Blanchot parlant de l'instant de sa mort. Pour Dinur, comme pour Primo Levi et les autres rescapés des camps, tout témoignage s'inscrit dans le désert d'une double incompréhension :

15 C. Doumet, *L'Évanouissement du témoin*, Paris, Arléa, 2019, p. 40.
16 *Ibid.*, p. 43.
17 *Ibid.*, p. 107.
18 *Ibid.*, p. 111.
19 *Ibid.*, p. 11.
20 *Ibid.*, p. 43.

l'incompréhensible de qui a été vécu et l'incompréhension à laquelle se heurte toute tentative d'en parler. Car comme le dit Celan, « Personne / ne témoigne pour le / Témoin[21] ». Il doit s'absenter de lui pour témoigner. C'est cette absence à soi qui permet la transaction du témoignage.

*

Cesare Pavese dit que l'*hubris* « consiste à connaître un oracle et à ne pas en tenir compte[22] ». Peut-être serions-nous bien avisés de nous intéresser à l'histoire, au cours de ces cent dernières années, d'un minuscule îlot perdu en plein océan Pacifique, cinq fois plus petit que Paris, comptant 12 000 habitants. Tout comme pour distinguer des étoiles de plus faible magnitude dans un beau ciel d'été, il faut laisser à l'œil le temps d'accommoder sa vision, il faut prendre le temps de dénicher cette tête d'épingle à plus de 7 000 kilomètres au sud de la Chine et 3 000 des côtes australiennes. Mais Nauru n'est pas un îlot paradisiaque pour destination touristique : ni cocotier, ni lagon, ni volcan, ni longue plage de sable blanc, ni vahiné. Il ressemble à une sorte de minuscule soucoupe posée à plat sur l'océan. Alors pourquoi s'y intéresser ? C'est que l'histoire de Nauru, sur le siècle écoulé, semble préfigurer et incarner ce que nous sommes en train de vivre à l'échelle globale. En l'espace de quelques décennies, ce territoire pourtant circonscrit a été le théâtre d'une folie capitaliste, où la farce le partage au cynisme, où l'on retrouve les répercussions humaines, politiques, économiques et écologiques qui sont notre lot. C'est ce que raconte un jeune journaliste, Luc Folliet, dans un court ouvrage intitulé *Nauru, l'île dévastée. Comment la civilisation capitaliste a détruit le pays le plus riche du monde*, et que l'on peut lire comme un essai écologique, un brûlot économique et une diatribe politique, mais surtout comme une fable swiftienne de notre temps.

Au début du XXe siècle, on découvre par hasard que le sol de cet îlot alors sous protectorat allemand est riche en phosphate pratiquement à l'état pur. Or, le grand voisin australien encore sous couronne anglaise, dont les sols sont très pauvres, a un besoin immense de phosphate comme engrais

21 P. Celan, « Gloire de cendres », *Choix de poèmes* réunis par l'auteur, augmenté d'un dossier inédit de traductions revues par P. Celan, traduction et présentation de J.-P. Lefebvre, Paris, Gallimard, coll. « Poésie », n° 326, 1998, p. 265.

22 C. Pavese, *Le Métier de vivre*, trad. M. Arnaud, Paris, Gallimard, coll. « Folio », n° 1895, 1977, p. 293.

pour ses terres agricoles. Les deux puissances européennes concluent un accord secret. Mais même si Nauru se trouve à 15 000 kilomètres des tranchées européennes de la Grande Guerre, la fin du conflit va avoir des conséquences lourdes et inattendues pour l'île. En effet, l'Allemagne vaincue et dépossédée de ses colonies, Nauru suscite les convoitises. La Société des Nations place Nauru sous mandat britannique et en confie l'administration à l'Australie. L'exploitation de cet or agricole se modernise et s'intensifie dans l'entre-deux guerres, sans que les Nauruans ne bénéficient des retombées de cette manne. Annexé par le Japon pendant la seconde Guerre mondiale, Nauru est, à l'issue du conflit, placé par l'ONU sous protectorat australien. Et l'exploitation de phosphate reprend de plus belle. Mais dans le même temps, une nouvelle génération de Nauruans émerge, qui a fait ses études à l'étranger. L'un d'eux saisit le Conseil des Nations Unies et obtient, au terme d'une lutte de haute main de plusieurs années, l'indépendance de son île – les Australiens étant allés jusqu'à proposer aux Nauruans de s'installer sur une autre île, au nord du Queensland australien… Le père de l'indépendance devient le premier président de l'île, et nationalise l'exploitation du phosphate en créant la Nauru Phosphate Corporation qu'il dirige en personne ; il crée une forme de système « collectiviste » et théorise « une sorte de socialisme parfait où chaque citoyen récolte les fruits de l'activité de l'État[23] ». C'est ce que l'on va appeler la « Naurutopia ». Parce qu'ils touchent des *royalties* de la compagnie nationale pour l'exploitation des terres dont ils sont les propriétaires, les Nauruans s'enrichissent rapidement et considérablement. Renonçant à leur mode de vie traditionnel, à la pêche et aux veillées rituelles, ils vivent en rentiers oisifs et consommateurs : dans les années 1970, Nauru est le pays le plus riche du monde. Sur l'île, tous les services sont gratuits ; le gouvernement lance une compagnie aérienne et achète tout un quartier résidentiel à Melbourne pour ses ressortissants. Chaque Nauruan possède plusieurs grosses voitures qu'il fait venir par bateau d'Australie, pour rouler en boucle sur l'unique route qui fait le tour de l'île.

Mais la corruption, la gabegie, l'incurie des dirigeants nauruans, épaulés par de véritables requins étrangers qui se présentent comme des « conseillers économiques », vont précipiter l'île à sa perte. Car les réserves

23 L. Folliet, *Nauru, l'île dévastée Comment la civilisation capitaliste a détruit le pays le plus riche du monde*, Paris, La Découverte, coll. « Poche », 2010, p. 44.

de phosphate ne sont pas inépuisables. Bien que l'exploitation ralentisse, le gouvernement continue de vivre sur un train fastueux, d'accumuler les dettes, les investissements désastreux et les montages financiers calamiteux.

À la fin des années 1990, l'exploitation du phosphate tourne au ralenti : l'île n'est plus qu'une saignée à ciel ouvert, les bâtiments sont en ruines, 90 % des Nauruans sont au chômage, l'immense majorité souffrant, de surcroît, d'obésité morbide et de diabète. Pour survivre, Nauru devient un paradis fiscal abritant quatre cents *shell banks* et vend à prix d'or des passeports nauruans, dont bénéficieront deux terroristes d'Al Qaida… Il est question de faire de l'île un centre financier *offshore*, mais le projet échoue. En 2001, en échange de contreparties financières et infrastructurelles, Nauru accepte d'accueillir deux centres de détention de demandeurs d'asile refusés par le gouvernement australien. Le Japon y fait également de nombreux investissements, en échange desquels Nauru votera en 2006 la levée du moratoire sur la pêche à la baleine – cette levée étant obtenue à une voix près. Enfin, à coups de subsides, la Chine et Taïwan s'y disputent l'installation d'une ambassade. Car l'enjeu est de taille : pour Pékin, il s'agit d'asseoir sa présence dans cette immense zone d'influence et d'empêcher toute forme de reconnaissance de Taïwan ; pour Taipeh, il s'agit de bénéficier, indirectement, d'une voix à l'ONU.

L'histoire de Nauru offre ainsi, sur une échelle spatiotemporelle réduite, ce que Grégoire Quevreux a appelé « une synthèse de la modernité[24] ». S'y joue la fable ubuesque de notre société d'abondance et de consommation, cette utopie délétère d'une croissance infinie dans un milieu fini que nous martèle le capitalisme, et qui conduit inéluctablement au désastre écologique, aux drames humains et humanitaires, à l'appropriation et à la confiscation des richesses par quelques-uns au détriment de tous, à la corruption, au culte d'un progrès exponentiel, et à l'anéantissement de la culture et de la civilisation. Comme l'écrit en conclusion Luc Folliet : « Ce pays est un bout de mondialisation, isolé et entouré d'eau, mais où se croisent sans se voir les acteurs du "village planétaire[25]" ». On pourrait se consoler en se disant que Nauru nous servirait de leçon. Mais l'histoire se répète, bégaie. Il existe aujourd'hui

24 G. Quevreux, « Le futur a déjà eu lieu à Nauru », site PhiLitt : https://philitt.fr/2018/04/23/le-futur-a-deja-eu-lieu-a-nauru/ (consulté le 23 avril 2018).

25 L. Folliet, *Nauru, l'île dévastée Comment la civilisation capitaliste a détruit le pays le plus riche du monde*, *op. cit.*, p. 148-149.

des Naurus un peu partout dans le monde : dans les forêts amazoniennes dont on chasse les populations millénaires, en Alaska dont on détruit le sol pour du gaz de schiste, ou bien en Afrique, comme l'illustre la bande dessinée de Jean Van Hamme et Christophe Simon, *Kivu*, dénonçant les exactions, le cynisme, la corruption et la barbarie qui sévissent dans cette région de non-droit en République démocratique du Congo riche en cobalt, en manganèse, et, surtout, en coltan, minerai précieux et indispensable pour nos appareils électroniques. Ce qui est terrible, c'est que, grâce à Nauru, on connaît la suite de l'histoire. C'est celle, éternelle, des Nibelungen dont la morale pourrait être : la possession d'un grand trésor est toujours porteuse de malheur.

*

Elizabeth Gaskell fut la contemporaine de Charles Dickens et Charlotte Brontë, ce qui explique sans doute qu'on la connaisse si peu. Elle est pourtant l'auteur d'une longue nouvelle qui touche au cœur même de l'identité américaine. S'inspirant du procès des sorcières de Salem, soixante-dix ans après que les Pilgrim Fathers eurent mis le pied sur le Nouveau Continent après avoir traversé l'Atlantique à bord du *Mayflower*, Elizabeth Gaskell raconte l'histoire de Loïs Barclay, une jeune orpheline anglaise de dix-huit ans, envoyée par sa mère chez son oncle en Nouvelle Angleterre où, comme l'explique Bernard Fillaudeau dans sa préface, « les hommes vêtus de noir, une Bible dans la main, un fusil dans l'autre [appartiennent à] cette première génération, pure et dure – proscrivant les boissons fortes, les jeux de hasard, les relations sexuelles non justifiées par la procréation –, [pour qui] le Nouveau Monde était le laboratoire idéal de leur foi[26] ». Sa famille adoptive appartient aux premières vagues d'immigration puritaine. Une atmosphère mystique règne à Salem, où l'on se raconte des histoires de sorcières et d'actes démoniaques au coin de la cheminée, nourries par un imaginaire collectif que résume ce proverbe en vigueur parmi eux : « Où commence la forêt, commence l'Indien. Où commence l'Indien commence l'Ennemi[27] », ennemi facilement associé au Diable, dont la forêt devient par prétérition

---

26 B. Fillaudeau, préface à E. Gaskell, *La Sorcière de Salem*, trad. R. Kann et B. Fillaudeau, Paris, José Corti, coll. « Les Massicotés », n° 28, 2018, p. 9.

27 *Ibid.*, p. 9.

le royaume. Loïs est arrivée à Salem juste après l'hystérie collective des fillettes, les procès et les exécutions. Elizabeth Gaskell retrace subtilement, mais implacablement, la façon dont la paranoïa, le fanatisme religieux et l'hystérie collective ont frappé ce petit village américain. Elle restitue magistralement l'atmosphère de suspicion, de délation et de haine qui règne dans cette communauté ébranlée, et met en exergue la force du verbe. Car c'est la rumeur, les bruits, qui vont imposer leur version du réel et transformer cette communauté humaine en pandémonium. Tout événement, tout comportement peut être interprété comme un signe d'ensorcellement. Le langage est l'outil de la manipulation. On voit les prolongements inépuisables de ce constat.

Certes, il ne faut pas perdre de vue que Gaskell appartient à la tradition unitarienne qui considère la raison et les sciences comme des moyens de révéler la création divine. Mais elle hésite entre le rationnel et le surnaturel, et cette hésitation nourrit les interrogations sur le degré de culpabilité des uns et des autres. En faisant de Loïs leur bouc émissaire au prétexte qu'elle troublerait l'ordre social de leur communauté, nous sommes dans l'archétype de la théorie développée par René Girard dans son étude des persécutions collectives dont il décrit les principes constitutifs : elles ont lieu en période de crise, les suspects sont accusés de crimes touchant aux fondements de l'ordre culturel et ils présentent des prédispositions victimaires par leur appartenance à une minorité, qu'elle soit ethnique ou religieuse. Le sacrifice permet à la communauté de se ressouder par l'expiation indirecte de ses tourments et le défoulement de toutes les pulsions refoulées sur ce bouc émissaire. En cela, le récit d'Elizabeth Gaskell est précurseur de ce que théorisera René Girard un siècle plus tard. La sorcière, c'est l'autre, dont on est incapable d'intégrer l'altérité. Autrement dit, cet autre sur lequel sont projetés tous les fantasmes des superstitions et de l'ignorance collectives. Salem est un monde à l'envers. C'est même une sorte d'archétype de toute communauté humaine hantée par l'idée et l'idéal du Bien. Cette Nouvelle Jérusalem qui se berce de l'illusion d'être pure est un foyer de perversions.

Et c'est en cela que le procès des sorcières de Salem constitue la scène originelle, fondatrice de l'identité collective américaine. Cette obsession du Bien, de la Pureté, irriguée par un besoin presque voluptueux de contrition et de pénitence, caractérise le fondement puritain de la société américaine. On pourrait s'en amuser, et on ne s'en prive pas quand on en décèle les manifestations les plus caricaturales. Mais cette obsession du Bien est contagieuse, et il nous est loisible de la constater aujourd'hui dans nombre de manifestations. Elle naît de la confusion du *bon* et du Bien, du *mauvais* et du Mal. Ses tenants semblent frappés de cette cécité platonicienne qui leur fait préférer les idées au réel et sont les zélateurs de « la dictature puritaine d'une notion pervertie du bien[28] », pour reprendre l'irremplaçable formule de Pierre Coustillas.

*

Un roman contemporain satirique, *Bienvenue à Veganland* d'Olivier Darrioumerle, vient illustrer cet avènement de l'empire du Bien que Philippe Muray taxe de « petit Néron de la dictature de l'Altruisme[29] ». Dans un futur proche, l'idéologie vegan a triomphé et ses valeurs règnent dans une cité idéale du nom d'Océania, dont les éco-citoyens vivent « dans le cercle vertueux d'une euphorie permanente[30] ». Tout est contrôlé et formaté, et chacun vit sous la surveillance de la Grande Famille, grâce à l'hyper-connexion, la notation mutuelle en temps réel, les immenses murécrans, les sondages d'opinions permanents et les réseaux sociaux qui ont remplacé le suffrage universel pour instaurer « la démocratie réelle[31] ». Pour garantir cet ordre idéal et paradisiaque, il y a les implacables policiers de l'Homéostasi. Sans « e » à la fin. C'est une des multiples trouvailles de l'auteur. Un jeu de mots dont je ne me lasse pas, entre l'homéostasie, cette tendance de l'organisme à faire en sorte que les différentes constantes physiologiques ne s'écartent pas de la normale, et la Stasi, cette police d'État qui a fait les grandes heures de la R.D.A. Elle traque les déviants, avec le consentement de tous, car c'est le bonheur homéostatique de la communauté qu'il s'agit de préserver. Dans son remarquable essai, *Déviances et déviants dans une société intolérante*, paru en 1992, Jacques Ellul dressait déjà ce constat :

28 P. Coustillas, « Le contexte social et socioculturel », in P. Coustillas, J.-P. Petit et J. Raimond, *Le Roman anglais au XIXe siècle*, Paris, PUF, 1978, p. 25.

29 Ph. Muray, *L'Empire du Bien*, Paris, Les Belles Lettres, 2015, p. 9.

30 O. Darrioumerle, *Bienvenue à Veganland*, Saint-Denis, Sable polaire, 2018, p. 53.

31 *Ibid.*, p. 14.

> Il ne faut pas se cacher que pour beaucoup la société sans déviance apparaît comme une sorte d'idéal merveilleux à atteindre. Il suffit de songer à toutes les grandes utopies classiques. Tout le monde a sa place. Chacun fait exactement ce qu'il a à faire. Il n'y a ni hésitation, ni refus. Il n'y a jamais de désobéissance aux ordres, ni de perturbation de l'ordre, parce que règne une stricte égalité, une stricte justice, une organisation sans faille, une satisfaction complète de tous les besoins primordiaux. Tout baigne dans l'huile, la machine sociale est vraiment une machine. Chacun a le bonheur parce qu'il n'a rien à désirer ; il n'y a rien à changer puisque tout changement entraînerait un déséquilibre, une satisfaction moindre. Mais évidemment on connaît le prix à payer [...] sous la forme d'une discipline inexorable et de la répétition[32].

Les Océaniens vivent dans des tours d'habitation collectives, avec un mobilier dépersonnalisé, conçu selon des principes vertueux d'ergonomie domotique. Le « chez moi » n'existe plus. On a exterminé la solitude. Il n'y a plus de murs, rien que des baies vitrées. Tout a été pensé par les architectes du Comité central pour « ressusciter le lien social[33] ». C'est le triomphe de la transparence impérieuse, contre laquelle Claudio Magris a mis en garde :

> Je pense qu'il y a une intimité qui devrait être inviolable, et plus que jamais en ces temps de nudisme psychologique et d'enregistrement de masse universel. Aujourd'hui, via les réseaux sociaux, et pas seulement, on expose, on exhibe l'intime, qui du coup perd toute sa validité. L'aveu est devenu maître, j'entends l'aveu volontaire. En ce sens, je partage complètement ce que disait Édouard Glissant sur, je cite : « le droit à l'opacité, le droit de ne pas être passé aux rayons de quelque connaissance globale ». Et c'est ce droit qui aujourd'hui est gravement menacé ; il s'agit d'un danger extrême. Nous n'en avons pas suffisamment conscience[34].

Océania est un monde uniformisé, où les émotions ont été abolies pour prévenir tout risque de sédition ou même de prise de conscience, et pour contribuer à instaurer une « société de concurrence harmonieuse[35] ». Il s'emploie à maintenir chaque individu dans un état de bonheur normal et normé, au nom des quatre préceptes cardinaux que sont le respect, la gratitude, l'admiration et la collaboration réciproque.

---

32 J. Ellul, *Déviances et déviants dans notre société intolérante*, préface de J.-L. Porquet, Toulouse, Éditions Érès, 2013, p. 65.

33 O. Darrioumerle, *Bienvenue à Veganland*, *op. cit.*, p. 65.

34 C. Magris, « Nous sommes tous des matriochkas (entretien avec Thierry Clermont) », *Le Figaro*, 7 janvier 2016, p. 25.

35 O. Darrioumerle, *Bienvenue à Veganland*, *op. cit.*, p. 27.

On a éradiqué l'égoïsme pour exalter le narcissisme. C'est le rêve éternel de l'Homme Nouveau qui s'accompagne d'une purge lexicale. Car à monde nouveau langue nouvelle. Jaime Semprun ne disait pas autre chose dans sa *Défense et illustration de la novlangue française* parue aux éditions de l'Encyclopédie des Nuisances :

> La formidable puissance d'égalisation qui s'est développée avec la société moderne est parvenue à faire adopter partout un même mode de vie, ou du moins à le rendre enviable : là où l'on ne peut y accéder, on en contemple les images. L'étonnant n'est donc pas que nous parlions de plus en plus une langue nouvelle, il serait, au contraire, que dans un monde si transformé nous continuions à parler la même langue[36].

Mais pour qu'une dystopie fonctionne, il faut qu'il y ait un dysfonctionnement. Dans le livre d'Olivier Darrioumerle, celui-ci intervient quand un nouveau référendum est lancé sur les réseaux sociaux : « Pour ou contre l'éco-citoyenneté accordée aux ex-carnivores ? » Autrement dit un « sang rouge » peut-il valoir autant qu'un « sang vert » ? Derrière cette démocratisation de l'intolérance et de l'élitisme, on sent poindre les idéaux nauséeux de l'hygiénisme, de l'eugénisme, du puritanisme, et de tous ces totalitarismes au service des substituts du sacré dont la perte a laissé les hommes inconsolables et déboussolés : « Drapés d'innocence, les militants de la cause animale se sont hissés en porte-drapeaux d'une alimentation rigoureuse. C'était leur éducation religieuse qu'ils recyclaient en prosélytisme. Ironie de l'histoire, ces petits-bourgeois ascétiques furent l'avant-garde, souriante et en bonne santé, du système qu'ils croyaient combattre[37] ».

*

Parfois, comme une friandise de gourmet, de *connoisseur* comme disent les Anglais, il m'arrive de m'offrir le plaisir gratuit, et chaque fois renouvelé, de la lecture d'un roman de Georges Simenon ou de Jules Verne. Ils sont comme deux amers. Comme deux bons camarades que je retrouve toujours avec le même bonheur, intact. Deux auteurs prolifiques, inépuisables. Du premier, j'aime l'écriture brute, sans fioritures, qui sait

---

36 J. Semprun, *Défense et illustration de la novlangue française*, Paris, Éditions de l'Encyclopédie des Nuisances, 2005, p. 18.

37 O. Darrioumerle, *Bienvenue à Veganland*, *op. cit.*, p. 33.

composer un tableau et une atmosphère psychologique en quelques lignes dans ce qu'il appelait lui-même ses « romans durs ». Il semble y éprouver une compassion écorchée pour ses semblables. Du second, j'aime cette foi naïve dans le progrès et les trésors d'érudition accumulés en amont pour se lancer dans de longues descriptions dont la rigueur scientifique est rehaussée par une poésie de la liste qui ressuscite sous mes yeux les planches en couleurs des sept volumes du *Nouveau Larousse Illustré* de Claude Augé, dans lesquels j'ai tant voyagé tout au long de mon enfance. Verne et Simenon sont un compagnonnage. Des jalons, des balises. Un gîte-étape. Je ressens régulièrement le besoin d'y retourner passer une nuit ou deux dans une chambre d'emblée familière.

*

Je ne dirai jamais, fort heureusement, comme Mallarmé : « La chair est triste, hélas ! et j'ai lu tous les livres[38] ». Mais il devient de plus en plus rare de découvrir un auteur. Je ne prétends évidemment pas avoir tout lu ni tout connaître. Mais il est bien des auteurs que je connais sans les avoir lus. Ne fût-ce que de nom. Je n'avais cependant jamais entendu parler de Pierre Girard, que Thierry Laget dépeint ainsi :

> Il est suisse, de Genève. Il aime les funiculaires, les trains, se pencher à la portière des wagons. Il aime les affiches que personne ne voit, la monarchie britannique, les vases grecs du musée, qui ont duré jusqu'à nous alors qu'ils auraient eu tant d'occasions de se briser. Il aime les naïades, le parc des Eaux-Vives, les grenouilles qui chantent entre l'immeuble de la SDN et le palais du BIT. Il aime Horace et Villon, Montaigne et Goethe, et Brueghel, et Stravinsky. Il prend le temps de noter tout ce qui disparaît : les diligences, les crachoirs, les voilettes, les manchons, les roses à la boutonnière. Au cinéma, il préfère les caissières aux stars ; à l'opéra, Rossini à Wagner[39].

Les titres de ses ouvrages composent un véritable poème en prose : *Lord Algernon*, *Curieuse métamorphose de John*, *Histoire de Bélisaire*, *Connaissez mieux le cœur des femmes*, *La Rose de Thuringe*, *Syrup de cassis*, *Amours au Palais Wilson*, *Charles dégoûté des beefsteaks*, *Othon et les sirènes*, *Le Gouverneur de*

---

38 St. Mallarmé, « Brise marine », *Poésies*, introduction, établissement du texte, notes, bibliographie et chronologie par L. James Austin, Paris, Flammarion, coll. « GF », n° 504, 1989, p. 61.

39 Th. Laget, « Pierre Girard, l'accord de l'orchestre », in P. Girard, *Monsieur Stark*, préface de Th. Laget, Talence, L'Arbre Vengeur, 2017, p. 5.

Gédéon, *La Grotte de Vénus* ou bien encore *Irène fait son marché*. Disons-le tout net : Pierre Girard est un Alexandre Vialatte helvétique.

Monsieur Stark, héros du roman éponyme, dirige une florissante usine cigarettière, dont il a supervisé les plans et surveillé la construction. Mais son chef-d'œuvre, c'est le règlement du personnel, dont l'un des préceptes inflexibles est la stricte non-mixité du personnel, et *a fortiori*, l'interdiction totale des « amours des directeurs d'usine avec les jeunes filles[40] ». Ainsi, deux escaliers hélicoïdaux mènent au bureau de Monsieur Stark, l'un réservé aux hommes, l'autre aux femmes. Mais ils sont agencés de telle sorte que non seulement les deux sexes ne se croisent jamais, mais ils ne peuvent pas se voir. Or, un jour, Monsieur Stark dont l'œuvre réglementaire admirée lui vaut d'être invité à des colloques internationaux sur l'organisation reçoit la visite de deux émissaires de l'Institut pour l'organisation de l'organisation basée à Cleveland, qui viennent lui expliquer qu'en haut lieu, il a été décidé que, pour des raisons ergonomiques, il fallait abolir cette non-mixité.

Monsieur Stark, consciencieux et évidemment respectueux du règlement, s'exécute. Il remercie *son* secrétaire et factotum, qui est remplacé par Séphora – nom, dans la Bible, de la plus belle des épouses de Moïse. Mais Monsieur Stark est austère comme son nom l'indique, et s'il *constate* la beauté de *sa* secrétaire, il ne s'en émeut pas outre mesure et lui dicte, impassible, son courrier. Jusqu'au jour où se produit un événement exceptionnel, d'une ampleur qui coïncide avec une sorte de conjonction des astres, puisque le jour du solstice d'été, Séphora est venue au bureau dans une robe bleue :

> Cette robe était bleue. Séphora ne l'avait même pas essayée. Il y a ainsi des réussites, des connivences mystérieuses, que connaissent seuls les artistes un peu ivrognes, les couturières un peu coureuses. Cette robe semblait être descendue du ciel sur le corps de Séphora, comme le nuage qui déroba Iphigénie pour le voyage de Tauride. Elle la drapait, et faisait courir sur elle les plis de la tragédie, le remous des fumées de l'holocauste, toutes les ruses de l'air dont se servent les déesses. Mais Séphora ne le savait pas. Elle n'y avait jamais pensé[41].

Cette robe, cette couleur, c'est un signe de reconnaissance, un appel impérieux du Destin, un déclic insurrectionnel. C'est le début d'une

40 P. Girard, *Monsieur Stark*, *op. cit.*, p. 39.
41 *Ibid.*, p. 71.

passion aussi imprévisible qu'irrépressible. Monsieur Stark, « le champion universel de la pureté des mœurs au sein des bureaux[42] », et Séphora, dont l'auteur nous dit que la silhouette et la démarche reposent sur « un équilibre qui utilisait avec un gracieux bonheur le jeu des deux seins et de deux autres globes opposés[43] », s'y donnent à corps perdu. Et en l'occurrence, ce n'est pas qu'une façon de parler, car leurs ébats, qui se déroulent toujours dans le bureau du directeur, sont si fougueux qu'ils en tordent le squelette tubulaire des fauteuils métalliques. Même si Stark aime « en Séphora bien plus la secrétaire que la femme » dans une forme de « désir, presque incestueux[44] », on assiste à un crescendo sentimental qui traduit cette extase de l'homme face au mystère de l'éternel féminin, comme disait Goethe dans son *Faust*, jusqu'au final explosif.

On a reproché à Pierre Girard de transfigurer le réel et d'en abstraire ses personnages dans une époque si violente de l'histoire où la littérature se *devait* d'être engagée. Mais la fantaisie, plus que la fiction, est une manière non pas d'esquiver le réel, mais de s'en protéger et de le surmonter. Plus que l'histoire elle-même, hantée par une ironie mélancolique, c'est la manière qu'a Pierre Girard de la raconter, cette langue malicieuse et malléable, cet imaginaire de guingois qui fait *presque* vrai, qui nous emportent. Le livre se termine forcément dans une apothéose tragique. Monsieur Stark et Séphora rejoignent ainsi les couples mythiques de la littérature universelle. Ils sont Tristan et Iseut sous l'ère du taylorisme. Abélard et Héloïse au temps du *management*. Roméo et Juliette égarés dans *Les Temps modernes* de Chaplin.

*

Il est des livres que l'on lit, par hasard, au bon endroit et au bon moment. Au cours de l'été dernier, nous avions été invités, ma compagne, Cécile A. Holdban et moi, à un festival littéraire à l'est de Montréal. Après cinq jours sur place, faits de rencontres, de lectures, de discussions jusqu'à une heure avancée de la nuit sur la terrasse du motel, nous entreprîmes un périple en voiture de plus de 2 500 kilomètres, où, la plupart du temps, nous n'étions que tous les deux, traversant la Mauricie, jusqu'au

42 *Ibid.*, p. 94.
43 *Ibid.*, p. 61.
44 *Ibid.*, p. 106.

lac Saint-Jean où l'écrivain breton Louis Hémon a situé l'action de son chef-d'œuvre, *Maria Chapdelaine*, longé la Saguenay jusqu'à l'embouchure du Saint-Laurent où, comme pour marquer le bicentenaire de Melville, nous partîmes à la rencontre des rorquals et des baleines, après avoir observé la veille les bélugas dans la Baie Sainte-Marguerite, en traversant des paysages majestueux de montagnes basses tapissées d'une dense végétation, couvertes de sapins dressés comme des I qui ressemblaient à autant de pointes de flèches indiennes. D'ailleurs, et je sais bien que c'est une *cosa mentale*, une projection, mais je ne pouvais m'empêcher, en embrassant du regard ces paysages, ou en m'y enfouissant, d'en ressentir, d'en deviner l'*âme* amérindienne, une sorte de persistance rétinienne de cette présence bien antérieure à l'Amérique blanche. Je crois que cela tenait aussi à la toponymie. Le même envoûtement qu'exerça sur Perros la toponymie des lieux bretons (il parle d'ailleurs de cette « gentillesse armoricaine / Qui tutoie l'univers entier[45] ») quand il écrit : « Laisse-toi prendre dans ces mots / Comme dans une algue marine / Qui va sa vie au gré des flots / Mots de granit et mots de laine / Entre le sauvage et le tendre[46] ». Bien entendu, il faudrait remplacer ici *algue marine*, *flots*, *granit* et *laine* par des éléments plus québécois, et cela fonctionnerait parfaitement, on pourrait écrire la même chose, le paraphraser, car c'était bien cette sensation de *sauvage* et de *tendre* qui nous gagnait. En lieu et place de Landudal, Plouhinec ou Rozermeur, c'était ici Wayagamac, Kiskissink ou Menokeosawin.

Le sentiment océanique qui naissait de l'immensité de cette nature donnait également l'impression rassurante que l'on pouvait s'y perdre. Ce que s'est peut-être dit Christopher Knight, un jeune homme intelligent et timide d'une vingtaine d'années, qui décida un beau jour de 1986 de démissionner, de prendre sa voiture et rouler, de passer devant la maison familiale sans s'y arrêter, de poursuivre sa route sans but précis, puis de s'arrêter dans les montagnes du Maine, de prendre les quelques affaires qu'il avait dans son coffre, de jeter les clefs de son véhicule et de s'enfoncer dans ces forêts denses. Il vivra là pendant vingt-sept ans, dans un campement rudimentaire et organisé, sans parler à personne, qu'un simple « bonjour » échangé avec un randonneur. Pour survivre, plutôt que pour vivre, il commet des larcins dans des bungalows d'été et un

45 G. Perros, « Marines », *Poèmes bleus*, Paris, Gallimard, 1962, p. 67.
46 *Ibid.*, p. 68.

centre de vacances pour enfants handicapés. Il vole de la nourriture, des revues, des livres, des *jeans*, des rasoirs, des bonbons, des bouteilles de gaz, un poste radio, des piles, et même une télévision. C'est lors d'une de ces expéditions qu'il est finalement arrêté, sans opposer de résistance, incarcéré, puis jugé, très vite relâché au prétexte qu'il souffrirait d'une maladie mentale, ce qui est une manière de le réinsérer dans la société.

Michael Finkel, qui raconte avec beaucoup de minutie cette histoire qu'il a découverte par hasard dans un entrefilet, dans *Le Dernier ermite*, est le seul journaliste auquel Knight ait consenti à parler, qu'il ait accepté de rencontrer. Finkel est fasciné par cet homme qui a fait le choix d'une « solitude inconditionnelle[47] ». Mais sans en percer complètement le mystère. Il est probable que Knight serait incapable d'expliquer son choix. Peut-être était-il trop sensible à ce que Jung appelle « l'insondable stupidité de l'homme[48] ». Sans doute a-t-il compris intuitivement que « le temps passé au milieu du silence de la nature vous rend plus intelligent[49] ». Toujours est-il qu'il a décidé de se placer en périphérie du reste de ses semblables, pour se rapprocher de ce que James Joyce appelle le « cœur sauvage de la vie[50] ».

Finkel tente de s'approcher de cette énigme en évoquant les deux années passées par Henry David Thoreau dans sa cabane de rondins au bord de Walden Pond, les années d'emprisonnement de John McCain dans les geôles vietnamiennes, les *hikikomori*, ces jeunes adultes japonais « retranchés » dans leur chambre, les anachorètes du désert d'Égypte, l'expérience scientifique à laquelle s'est soumise une spéléologue française et qui la conduira au suicide un an plus tard. Mais aucun de ces épisodes ne ressemble, peu ou prou, sinon dans leurs conséquences psychologiques, à ce choix sans concession de la solitude et de la liberté que fait Knight. Ce dernier s'est affranchi de son appartenance au monde humain : « Pour lui, il n'y avait de place nulle part et, au lieu de souffrir davantage, il s'est échappé. Ce n'était pas tant une protestation qu'une quête ; il était comme un réfugié de l'espèce humaine. La forêt lui offrait un refuge[51] ».

47 M. Finkel, *Le Dernier ermite. L'histoire incroyable d'un homme qui a vécu seul pendant 27 ans dans les forêts du Maine*, trad. J.-F. Hel-Guedj, Paris, Lattès, 2018 ; rééd., Paris, 10/18, n° 5420, 2019, p. 123.

48 *Ibid.*, p. 162.

49 *Ibid.*, p. 153.

50 *Ibid.*, p. 193.

51 *Ibid.*, p. 237.

S'il ne s'était pas fait prendre et surprendre, Knight avait prévu de régner jusqu'au bout « en monarque de sa jungle personnelle[52] » et de mourir dans son campement. De parachever sa disparition. D'atteindre à la perfection d'une vie accomplie. Sans susciter émulation ni curiosité. Il aurait donné ses lettres de noblesse au précieux conseil de Montaigne : « Il faut faire comme les animaulx, qui effacent la trace à la porte de leur taniere[53] ». Sans que personne ne le sache jamais. Charles Knight, c'est Bartleby dans les forêts du Maine. Dont la quête a consisté à se perdre, lui qui se voit comme « un surhomme qui ne se soumet à aucune règle que les siennes, un maître de la discipline de soi capable de transcender l'insipidité de la vie[54] ».

*

Il m'a fallu beaucoup de temps pour revenir du Québec. J'en ai porté longuement en moi la nostalgie, au véritable sens étymologique du terme, car j'éprouvais littéralement un « mal du retour ». Pendant l'hiver, j'ai lu d'une traite, en un week-end, les neuf volumes du *Magasin général*, la bande dessinée de Régis Loisel et Jean-Louis Tripp. Il est probable que le charme n'en eût pas agi avec autant d'efficacité si je ne m'étais pas rendu sur place, si je n'avais pas *éprouvé* quelques mois plus tôt la majesté de ces paysages qui oblige à un réensauvagement, fût-il partiel, la bonté presque enfantine, désarmante dans sa candeur et sa franchise de ses habitants, et cette langue qui, bien que commune, n'en possède pas moins une tournure lexicale, syntaxique et, surtout, métaphorique qui la démarque de la nôtre.

Dans un village de Gaspésie de deux cents âmes, Notre-Dame-des-Lacs, niché au fond d'une vallée, dans les années 1920, autrement dit, la même période, ou peu s'en faut, que celle où se situe l'action de *Maria Chapdelaine*, à l'époque dite de « la grande noirceur », quand l'église catholique écrase les campagnes québécoises de sa lourde et asphyxiante chape de rigueur morale, Marie Ducharme hérite à la mort de son mari du Magasin Général, seul commerce de cette bourgade rurale, dont les hommes s'absentent la moitié de l'année pour aller travailler dans

52 *Ibid.*, p. 118.

53 M. de Montaigne, « De la Solitude », *Essais*, Livre premier, Paris, Jean Servière – Jean-François Bastien, 1793, p. 345.

54 *Ibid.*, p. 221.

les bois. C'est une communauté de femmes, veuves, enceintes, vieilles filles, mères de famille nombreuse, d'enfants, de vieillards, d'infirmes. Le seul homme à l'année est le jeune prêtre qui vient d'arriver. C'est un Clochemerle sans méchanceté foncière. Mais avec son lot de ragots, de querelles, d'engueulades, de secrets, de complicités. Quand débarque Serge, un homme de la ville qui fut maître queux à Paris, son raffinement en fait la coqueluche de ce gynécée. *Magasin Général*, c'est l'histoire de Marie, qui apprend à se réconcilier avec le bonheur et l'amour, avec la vie. Sans violence ni coup d'éclat, mais avec une fermeté jamais démentie, celle d'une voie trouvée dont elle ne se déroutera plus, quand bien même elle foule aux pieds les conventions sociales et, surtout, religieuses de la communauté. À qui, ou plutôt, à quoi nuit-on quand on s'en affranchit ? Une liberté individuelle peut se conquérir sans qu'elle s'exerce aux dépens des autres. C'est cet affranchissement que raconte avec humour, tendresse, malice et intelligence l'histoire du *Magasin Général* : celui de l'émancipation d'une femme et, à travers elle, d'une communauté tout entière.

*

Le surgissement de la littérature dans ma vie est parfois inattendu. En matière de botanique, je suis un béotien, incapable de distinguer un arbre ou une fleur de l'autre. Avec Cécile, nous avons vogué toute une après-midi sur le lac Wapizagonke. Dans un silence complet, une quasi-solitude, nous nous laissions griser par cette sensation de plénitude et d'abandon. Je songeais au récit du jeune Alexis de Tocqueville et de son ami Gustave de Beaumont, et en particulier à la couverture de cette bande dessinée, *Tocqueville vers un nouveau monde* de Kévin Bazot qui s'en est directement inspiré, partis à la recherche de la frontière entre les prémices de la civilisation incarnée par les pionniers et la nature encore sauvage. Je songeais également au voyage sur la Concord et la Merrimack Rivers, entrepris par Henry David Thoreau et son frère, dont il fera la matière du premier de ses deux livres. Cécile s'émerveillait de cette flore qu'elle découvrait. Nous nous arrêtâmes dans une crique. Une plante aquatique aux épis de fleurs violettes et aux feuilles lancéolées attira son attention. Une plante totalement nouvelle pour elle, *a fortiori* pour moi. Intriguée, elle se demandait quel pouvait être son nom. Alors, par je ne sais quelle connexion neuronale de mon hippocampe son nom m'est apparu : Pontédérie à fleurs cordées (*Pontederia cordata*). Je le dis à Cécile qui crut d'abord que je plaisantais, mais put vérifier le soir même que j'avais raison. Comment avais-je pu reconnaître une plante que je n'avais jamais vue ? Thoreau, dans son journal, l'évoque à maintes reprises et en donne une description assez précise. Comment expliquer que j'avais pu conserver ce détail dans ma mémoire ? J'étais allé à Concord, deux années plus tôt, m'étais promené au bord de Walden Pond, mais curieusement, je me sentais, parmi ces lacs et ces forêts québécois, dans un décor qui correspondait davantage à ce que je m'étais figuré de la nature chère à Thoreau. Ainsi, quelques lignes parmi des milliers de pages, sur lesquelles je ne m'étais même pas attardé, avaient imprimé, par une sorte de persistance rétinienne de la lecture, une image inconsciente qui attendait de trouver son double dans la réalité pour se manifester. Pour s'incarner. Et je me fis la réflexion, ce soir-là, que la lecture était une pierre philosophale. Que l'alchimie qui s'opère en nous quand nous lisons forme des alliages, dépose des sédiments, irrigue des nappes souterraines, dessine des images pariétales sur des replis inaccessibles de notre mémoire. Et que nous ignorons souvent toute cette cartographie qu'elle trace en nous.

Thierry GILLYBŒUF

CŒURRESPONDANCES

« ÊTRE PHOTOGRAPHE, C'EST CRÉER ET FAIRE VOIR AUX AUTRES UN UNIVERS PLASTIQUE, UN TYPE DE LUMIÈRE OU DE TEXTURE, DES SUJETS PRIVILÉGIÉS, BREF, UN STYLE D'IMAGE. »

En dialogue avec Laurent Jenny

Mihaela-Genţiana STĂNIŞOR est en dialogue avec Laurent JENNY autour de son livre *La Brûlure de l'image. L'imaginaire esthétique à l'âge photographique*, Milano, Mimésis, 2019, 147 p.

Mihaela-Genţiana STĂNIŞOR : Pourquoi écrire un livre théorique sur l'histoire et les significations de la photographie ?

Laurent JENNY : Je me suis proposé d'écrire un livre non pas sur la photographie en général mais sur la photographie argentique parce qu'il me semble que son histoire est révolue et que cette distance nous permet de mieux comprendre quel événement extraordinaire elle a constitué durant un peu plus d'un siècle, un événement qui a également affecté tous les autres arts. Bien sûr, il y a encore des photographes qui font de la photographie argentique, mais c'est toujours par référence à ce qu'elle a été. Il y a plusieurs façons de s'intéresser aux images : pour certains théoriciens, une image est toujours une image depuis les fresques de Lascaux jusqu'à une photographie digitale, et toutes les images sont porteuses des mêmes pouvoirs et des mêmes questions ; mais pour d'autres, dont je fais partie, une image est essentiellement définie par les conditions de sa production matérielle (sa technologie, son support, son mode de diffusion, etc.). Et cela définit ce qu'on appelle d'un mot un peu pompeux son « ontologie », c'est-à-dire plus simplement sa forme d'existence. Ces conditions déterminent les usages qu'on en a, ses modes de réception et de circulation. De ce point de vue, bien qu'elles puissent se ressembler parfaitement, une photographie argentique et une photographie numérique sont essentiellement différentes.

Pour donner un exemple simple de ces différences, je rappellerai qu'une photographie numérique n'est pas précédée d'un « négatif » ; du même coup elle n'est pas porteuse du même rapport au passé, à la mort, au fantomatique que la photo argentique. Elle est enveloppée d'un imaginaire très différent. De même, une photographie argentique, surtout en ses débuts, était une image rare, faisant l'objet d'un culte et ayant une valeur mémorielle. Aujourd'hui les photos numériques sont banales, elles sont surtout destinées à circuler sur les téléphones portables et les réseaux sociaux, on les oublie et on les efface aussi vite qu'elles ont été prises. Cet effacement programmé, c'est même ce qui définit le succès des réseaux sociaux comme *Snapchat*. Elles sont donc prises dans une tout autre temporalité. Théoriser la photographie argentique c'est essayer de saisir ce dont nous nous sommes éloignés sans nous en être vraiment aperçus parce qu'il nous semble que la transition s'est faite insensiblement d'un régime de l'image à un autre.

Par ailleurs, ce qui m'intéresse, c'est la façon dont l'apparition d'un certain type d'image affecte les autres. Dans le cas de la photo argentique, les interactions avec la peinture ont été nombreuses et variées. Après une période d'antagonisme entre les deux mediums, on a vu des photographes appliquer à la photographie des techniques picturales (avec le pictorialisme) et à l'inverse des peintres comme Degas adopter pour leurs tableaux des types de cadrage photographique. Aujourd'hui, avec la photo numérique nous constatons de plus en plus fréquemment que les expositions de peinture ont tendance à proposer au spectateur une immersion virtuelle dans les tableaux au lieu d'une contemplation tranquille des images fixes (cela a été proposé à Paris avec des tableaux de Van Gogh numérisés et agrandis aux dimensions d'un « environnement »). Ce qui change, ce sont donc les façons de regarder.

M.-G. S. : Vous écrivez à propos de la photo argentique : « Sa valeur de vérité a été âprement débattue, donnant lieu à des positions antagonistes, depuis la foi naïve en son objectivité documentaire jusqu'à la dénonciation de l'information lacunaire et manipulée qu'elle délivre. C'est donc un ensemble de valeurs éthiques, psychologiques et esthétiques qu'elle a ébranlées. Il se pourrait que l'invention de la photographie ait été le plus troublant des événements culturels du 19e siècle. » (p. 12) De quel type de vérité s'agirait-il dans le cas de la photo numérique ?

L. J. : La photographie, comme toutes les images depuis Platon, a beaucoup été questionnée dans sa valeur de vérité. Aux commencements de la photographie argentique, certains l'ont naïvement présentée comme une représentation objective du monde d'autant qu'elle était une « empreinte » (oubliant qu'une photographie est aussi toujours cadrée, donc à la fois construite et lacunaire) ; d'autres ont dénoncé les distorsions de point de vue qu'elle entraînait, l'enlaidissement de la réalité. Bien sûr une photo argentique pouvait être manipulée et fausse (ainsi a-t-on pu prétendre photographier des « effluves psychiques » à la fin du XIXe siècle). Aujourd'hui la question se pose un peu différemment avec la photo numérique : celle-ci n'est plus une « trace » authentique, mais une analyse digitale et une recomposition de la vision. Elle a perdu pour partie le contact « indiciel » avec la réalité. Elle est aussi plus facilement suspecte d'être « virtuelle » ou « *fake* ». Quoi qu'il en soit, ce qui a jeté beaucoup de trouble avec l'invention de la photographie argentique, c'est qu'elle proposait des images dotées d'un statut de vérité ambiguë : d'une part, elles étaient des traces de réalité et, d'autre part, elles étaient des constructions visuelles. Cette ambiguïté a été très difficile à reconnaître et à accepter (je ne suis pas sûr que ce soit encore le cas aujourd'hui). Cela explique qu'il y ait pu avoir des avis aussi tranchés et contradictoires sur son statut de vérité. À mes yeux, la nouveauté de la photographie argentique tient justement au caractère hétérogène de son statut de vérité.

M.-G. S. : Siegfried Kracauer évoquait deux approches propres au médium photographique : une approche « photographique », mécaniste, basée sur l'œil du photographe et son imagination stimulée par le réel, d'une part, et une approche artistique, traditionnaliste, qui fait de la photo une expression, de l'autre part. Quelle approche vous semble être plus proche de l'actualité et de l'avenir de la photographie ?

L. J. : Kracauer n'oppose pas vraiment photographie réaliste et artistique ou expressive. En un sens, il est convaincu de l'objectivité de la photographie, mais c'est à ses yeux une objectivité pauvre, partielle et aliénante. Il commence par dénoncer la superficialité de la photographie, son incapacité à traduire le halo affectif qui entoure les êtres. En cela, il est assez proche de Proust et du Barthes de *La Chambre claire*. Mais par la suite, il a cependant réévalué son jugement. La photographie qui nous montre crûment les êtres ravagés par le temps nous montre la mort à l'œuvre. Par ailleurs, après-guerre il a exprimé l'idée qu'elle seule nous permettait de supporter des spectacles que nous ne saurions affronter en réalité. De ce point de vue, il accorde à la photographie une fonction cathartique.

M.-G. S. : La brûlure de l'image est-elle en *correspondance* avec la brûlure du langage ?

L. J. : Le titre de mon livre « la brûlure de l'image » reprend une citation de Walter Benjamin dans sa *Petite histoire de la photographie* (1931). Commentant la photo d'une petite pêcheuse de New Haven par David Hill, Benjamin écrit que dans ce cliché « le réel a, pour ainsi dire, brûlé le caractère d'image ». Il veut dire que la trace de réalité dont émane la photo « troue » la représentation, nous empêche de la voir comme une simple image. C'est de là que je tire l'idée qu'une photo est à la fois trace réelle et construction visuelle, « indice » et « icône » au sens du sémioticien C. S. Pierce. Cela ne va pas sans tensions entre les deux et c'est en ce sens-là qu'on peut parler de « brûlure ». Il ne peut y avoir de « brûlure du langage », si ce n'est de façon complètement métaphorique parce que le langage est entièrement « symbolique » (et non « indiciel » et « iconique » comme l'est la photographie). Le réel n'y fait pas effraction.

M.-G. S. : Vous voyez dans la photo une « esthétique de l'instant » et vous citez à cet égard le photographe Wunn Bullock, qui a offert « au regard de véritables filaments de temps avec ses remous de vagues du Pacifique autour de concrétions minérales » (p. 87). Dans ses relations avec le temps, avec ce moi/ici/maintenant, la photo démarque-t-elle la réalité ou marque-t-elle une extermination de la réalité ?

L. J. : Les photographies entretiennent des rapports complexes avec le temps. Toutes les photographies sont « historiques » au sens où elles « datent » ce qu'elles montrent de l'époque précise où elles sont prises, d'où leur valeur documentaire, mais aussi mélancolique (pour des gens comme Barthes). Par ailleurs, les relations des photos au temps représenté ont beaucoup évolué historiquement parce que la durée des temps de pose s'est prodigieusement raccourcie. Mais ce qui pouvait passer pour une victoire technique, la maîtrise de l'instantané, comporte un grave défaut, c'est qu'en figeant le mouvement, elle déréalise ce qu'elle saisit et l'immobilise. Pour redonner à leurs images une épaisseur temporelle, les photographes ont dû inventer toutes sortes de moyens esthétiques (des effets de flou, d'étagement de perspectives, d'épaisseur de texture). Enfin, il faut considérer une dernière temporalité qui appartient au spectateur : c'est le temps du regard. En définitive, le temps photographique n'est ni « réel » ni « irréel », ce n'est pas le temps du monde, c'est un temps entièrement construit dans l'image et par l'image.

M.-G. S. : Que serait, pour la photo, un *hasard favorable* ?

L. J. : Au cours de sa brève histoire, la photographie a été évaluée de façon très contradictoire par les poètes. Il y a une lignée anti-photographique chez certains, depuis les diatribes de Baudelaire dans le *Salon* de 1859 jusqu'aux sombres pronostics d'Yves Bonnefoy plus d'un siècle plus tard. Implicitement ces deux poètes lui opposent les images peintes, parce qu'elles ont une dimension imaginative pour Baudelaire, et parce qu'elles ne cèdent pas au hasard pour Yves Bonnefoy. Cette question du hasard mériterait une réflexion approfondie. C'est effectivement une donnée essentielle de la photographie mais c'est aussi une dimension refoulée de la peinture qui a tendance à idéaliser sa maîtrise du dessein artistique. Beaucoup de peintres modernes pourtant, comme Henri Michaux ou Francis Bacon, ont souligné à quel point c'était une donnée incontournable de leur art et une ressource créative. Pour d'autres poètes (comme William Carlos Williams et les « imagistes » anglo-saxons) la photographie a été au contraire un modèle. D'une façon plus générale les poètes qui approuvaient la photographie y voyaient une forme de représentation qui rejetait tous les artifices de la rhétorique et du lyrisme. On peut penser notamment au poète français Denis Roche qui, après avoir déclaré la poésie « inadmissible », s'est entièrement consacré à la photographie. Pour lui, la fonction de la poésie devait se résumer à être un simple dépôt de traces et la photographie pouvait assumer ce rôle bien mieux qu'elle. Encore une fois, nous voyons à quel point la photographie a pu troubler les autres arts et donner lieu à des jugements ambivalents, faute d'être comprise dans toutes ses dimensions.

M.-G. S. : En tant que praticien de la photographie, qu'aimez-vous photographier ?

L. J. : Pour parler de photographie, il n'est pas nécessaire d'être photographe, pas plus qu'on ne doit être écrivain pour faire de la critique littéraire. Il est juste nécessaire de regarder et de chercher à comprendre. Il est vrai que le regard du spectateur n'est pas tout à fait le même que celui du photographe : dans le premier cas, on inspecte une image, dans l'autre, un « devenir image ». Au demeurant « être photographe » veut dire plusieurs choses. Au sens où l'on est quelqu'un qui prend des photos, c'est une expérience aujourd'hui partagée par tout le monde, d'une extrême banalité. Et chacun est libre d'y réfléchir ou non. Dans un second sens, plus professionnel, « être photographe », c'est créer et faire voir aux autres un univers plastique, un type de lumière ou de texture, des sujets privilégiés, bref, un style d'image. Dans la prolifération actuelle des images, c'est extrêmement difficile d'échapper aux stéréotypes et au déjà-vu. Presque tout le monde prend des photos, mais il y a peu de photographes en ce second sens et je ne me compte pas parmi eux.

Mihaela-Gențiana Stănișor

LE MARCHÉ DES IDÉES

COMMENT RENDRE L'ÂME ?

L'apothéose pour les chiens

Qui sait savourer la beauté de la mort, l'exaltation du désastre, l'inouï de la calamité existentielle ? Qui connaît *Rugăciunea unui Dac* [*La Prière d'un Dace*], sublime poème de Mihai Eminescu (1850-1889), génie des lettres roumaines ? Qui a écouté cette apothéose du désespoir venue des confins des Carpates et du fond amer des âmes en peine ?

> Dans les accès de désespoir le seul recours salutaire est l'appel d'un désespoir plus grand. Aucune consolation raisonnable n'étant efficace, il faut s'accrocher à un vertige qui rivalise avec le vôtre, qui le dépasse même. La supériorité qu'a la négation sur toute forme de foi éclate aux moments où l'envie d'en finir est particulièrement puissante. Toute ma vie, dans ma jeunesse surtout, *La Prière d'un Dace* m'a aidé à résister à la tentation de mettre un terme à tout ça[1].

Ainsi commence « Rugăciunea unui Dac », bref texte passionné que Cioran écrit en 1988 – nonobstant sa rupture avec l'écriture après son dernier opus *Aveux et anathèmes* (1986) – et qu'il consacre à ce poème éponyme vertigineux d'Eminescu. Dans une lettre à son frère Aurel, Cioran lui confiait également :

> Citer Eminescu ici [en France], c'est impossible parce que personne ne le connaît : il est totalement intraduisible [...]. La vérité est que ma vision des choses n'est pas due à une influence littéraire quelconque, mais à mes diverses infirmités, à une sorte de malaise... inné. Il n'en demeure pas moins qu'en un certain sens je descends directement de cette *Prière d'un Dace*, dont j'ai toujours aimé le ton violent, comme s'il s'agissait d'un blasphème plutôt que d'une supplication[2].

Pour subjectif et lapidaire qu'il soit, le jugement cioranien n'a rien d'inexact, et se voit confirmé par l'analyse du linguiste et roumanophile

---

1 Cioran, « Rugăciunea unui Dac [La Prière d'un Dace] », in *Opere*, éd. M. Diaconu, Bucarest, Fundația Națională pentru Ştiință şi Artă, 2017, vol. 3, p. 255.

2 Cioran, lettre à son frère Aurel, 24 février 1975, *ibid.*, p. 796.

Alain Guillermou, lequel tenait même *Rugăciunea unui Dac* pour « le poème d'Eminescu où le plus haut degré d'impiété et de sacrilège antireligieux est atteint[3]. »

Cette déchirante *Prière d'un Dace* d'Eminescu est une sorte d'agonie poétique dans la chaleur étouffée de la voix d'un Baudelaire transfiguré en l'Ecclésiaste ou plutôt en Job, poussé à bout, au point d'aspirer à trépasser – d'une manière qui ne va pas sans rappeler vaguement la fin de Diogène – et, en somme, à se faire suicider :

Et si je meurs, alors, hors-la loi, étranger,
Puisse mon piètre cadavre être jeté à la rue –
Et qui reçoive de toi, Seigneur, une couronne précieuse,
Celui qui excitera les chiens à me lacérer le cœur
Et à cet autre qui me lapidera le visage
Puisses-tu accorder, Maître, de vivre au-delà des âges[4] !

C'est l'insigne mérite du cioranien, romancier, traducteur et éditeur Nicolas Cavaillès d'avoir hautement bravé l'impossibilité de mettre ce poème en français, en livrant une version bilingue de *La Prière d'un Dace*, parue dans la collection « Sine die », élégant petit écrin à œillet, caractéristique des Éditions Hochroth-Paris qu'il dirige. L'admirable traduction de Nicolas Cavaillès restitue le timbre poignant de cette lamentation poétique et son rythme mélancolique presque à bout de souffle au moment d'exhaler les derniers vers. Le traducteur parvient à retrouver ce fragile entre-deux qui confronte d'un côté une détresse exaltée jusqu'à la mort, pour celui qui implore follement d'en finir, et, de l'autre, la sombre, froide et décapante méditation de sa destruction, tout en évitant un lyrisme misérabiliste larmoyant qu'aimait justement à pourfendre Cioran.

Bien plus, Nicolas Cavaillès a augmenté son édition d'un florilège d'inspirations poétiques auxquelles a donné lieu cette noire et rayonnante *Prière d'un Dace*. Il faut dire qu'à partir du poème d'Eminescu de 1879, la forme même de la prière poétique est devenue en général un

3 A. Guillermou, *La Genèse intérieure des poésies d'Eminescu*, Paris, Didier, 1963, p. 38. Le commentaire cioranien d'Eminescu est ici imprégné de la lecture de Petru Vintilă, *Eminescu, roman cronologic*, Bucarest, Cartea Românească, 1974, *cf.* Cioran, lettre à son frère Aurel, 11 février 1975, in *Opere*, *op. cit.*, p. 795.

4 M. Eminescu, « La Prière d'un Dace » / « *Rugăciunea unui Dac* » [1879], in *Mon cadavre aux chiens*, textes choisis et traduits par N. Cavaillès, Paris, Hochroth-Paris, 2018, p. 7.

genre à part entière en Roumanie, comme en témoignent notamment les différentes sortes de « Psaumes » de Macedonski, Arghezi, Bacovia et de l'ami de Cioran, Fondane[5] – parmi tant d'autres « prières » et poètes. Pour son propre palimpseste dace, Nicolas Cavaillès a choisi de retenir des poèmes directement ancrés dans la lignée éminescienne, prolongeant le sillage de son appel éperdu au trépas. Sur un siècle (1912-2012), ce sont toutes de singulières variantes de la *Prière d'un Dace* originelle que Nicolas Cavaillès a su glaner, traduire et regrouper en un ensemble d'une si forte et si étrange cohérence. Le lecteur découvre alors les secrètes affinités existentielles qui lient entre eux des vers de : Ion Pillat (poète symboliste), Lucian Blaga (poète et philosophe de la culture), A. E. Baconsky (ancien poète réaliste et romancier qui se désillusionnera du pouvoir), Leonid Dimov (l'un des principaux protagonistes du mouvement de « l'onirisme roumain »), Nichita Stănescu (écrivain néomoderniste), Virgil Mazilescu (autre membre de « l'onirisme roumain »), Cezar Ivănescu (poète néosymboliste), jusqu'aux poèmes des contemporains Marta Petru (poète et exégète ciorannienne) et Dan Sociu (poète et romancier de la génération 2000). Mais à quoi bon encore de vaines estampilles esthétiques à l'heure de l'agonie ? Baconsky s'avère ici plus symboliste qu'Ivănescu qui fut parfois animé d'hermétisme ; Lucian Blaga aspire à se dévêtir de son corps[6] comme Ion Pillat et Marta Petreu veulent abandonner le leur[7] ; Pillat, Baconsky, Dimov, Stănescu évoquent la neige et la glace de la mort… Par-delà les différences stylistiques (« prière païenne », « psaume », matines, « soûtra »…) et les vicissitudes biographiques spécifiques de leurs auteurs, ces prières poétiques résonnent du même glas de la vie. Chacune à sa façon, toutes ces variations de l'intense mal d'exister, ou – pour parler à la manière

5 A. Macedonski, « Psaumes nouveaux », in *Opere*, Bucarest, Editura pentru literatură, 1967, p. 112. T. Arghezi, « Psaume (Je suis fautif d'avoir voulu) », in *Poeme-Poèmes*, trad. É. Gregorian, Bucarest, Minerva, 1977, p. 73-75 ; « Psaume (Elle est sans paroles ma prière) », *ibid.*, p. 81-83 ; « Psaume (Je ne te demande pas une chose impossible) », *ibid.*, p. 85 ; « Psaume (Je t'observe dans le bruit et le silence) », p. 91 ; « Psaume de mystère », p. 103-107. G. Bacovia, « Psaume », in N. Manolesco, *Georges Bacovia : étude, choix de textes*, trad. A. G. Boesteanu, Paris, Seghers, 1968, p. 110. B. Fondane, « Psaume (Voilà le crépuscule !) », in *Poèmes d'autrefois*, suivi du *Reniement de Pierre*, trad. O. Serre, Cognac, Le temps qu'il fait, 2010, p. 67-68 ; « Psaume (Si je pouvais penser) », *ibid.*, p. 71-72 ; « Psaume (Le matin est pur comme une cloche lorsqu'elle est pure », p. 71-72 ; « Le Psaume de la Sulamite », *ibid.*, p. 73-75 ; « Le psaume inédit de David », *ibid.*, p. 76-78.

6 L. Blaga, « Psaume », in *Mon cadavre aux chiens*, *op. cit.*, p. 11.

7 I. Pillat, « Prière païenne », *ibid.*, p. 9 ; M. Petreu, « Prière du matin », *ibid.*, p. 23.

de Chestov – toutes ces pérégrinations à travers l'âme du désespoir dace reconduisent le même et intime émoi de la mort.

Sous le titre *Mon cadavre aux chiens* – le ton funeste était ainsi donné d'emblée –, cette anthologie poétique du lugubre, établie par Nicolas Cavaillès, recueille tout le désarroi des damnés, elle capte l'éclat rare du crépuscule existentiel, c'est-à-dire le point d'orgue où s'effondre une âme brisée. C'est une anthologie de l'écriture littéralement *moribonde* la plus raffinée, dont la perspective agonistique ne cesse de se ruminer, comme si la poétique du funèbre autant que les tourments ultimes n'en finissaient pas, paradoxalement, de harceler leur charogne qui s'abandonne désespérément à sa propre fin. *La Prière d'un Dace*, accompagnée de ces fortes « émanations[8] » comme les présente Nicolas Cavaillès, distille une psalmodie de la malédiction d'être soi, une métaphysique en vers du désastre intérieur, une poétique qui creuse l'âme anéantie, laquelle ne vit ou survit encore que de son avide engloutissement de soi-même. Son insatiable soif de disparaître brûle les regards des lecteurs qui n'ont pas fini d'apprendre à mourir et peut-être même à se haïr. Les bibliophiles avertis, les adolescents brumeux, les esthètes de la mort, les âmes poétiques, les penseurs mélancoliques, etc. : qui ne se jettera sur ce cadavre grandiose ? Qui ne succombera avec lui pour se revigorer ensuite de ses vibrantes stances et s'étourdir encore de l'ivresse de son désespoir ?

Aurélien DEMARS
Université Savoie – Mont-Blanc

8 N. Cavaillès, *ibid.*, p. 2.

UNE LECTURE DÉCALÉE DE CIORAN ET DE QUENEAU

Pour étiques qu'elles soient, les informations dont nous disposons sur les liens entre Queneau et Cioran restent aussi méconnues que néanmoins déterminantes, puisque celui-là avait publié chez Gallimard le premier ouvrage français de celui-ci : *Précis de décomposition.* Afin d'y remédier, Jean-Pierre Longre – fort de sa profonde connaissance de Queneau[1] et de sa passion pour la littérature roumaine de langue française[2] –, nous en offre une petite étude aussi resserrée que stimulante, parue chez la sobre et élégante maison d'édition indépendante Black Herald Press, dans une version bilingue : *Richesses de l'incertitude, Queneau et Cioran*[3].

L'originalité de ce bel ouvrage tient à sa méthode d'analyse par association d'idées, innervée par un sentiment du *bizarre*, de *ce qui s'explique mal.* L'auteur s'en ouvre dès les premières lignes : « Bizarre. Lorsque je lis Cioran, je pense souvent à Queneau, et lorsque je lis Queneau, je pense parfois à Cioran[4] ». C'est pour vérifier cette intuition ou conjurer cette inclination que Jean-Pierre Longre a entrepris cet ouvrage. Il ne s'agit en rien de la libre association freudienne (l'auteur ne se complait nullement dans l'examen de ses représentations inconscientes) ni seulement d'une simple étude comparatiste (l'auteur ne se lance pas dans un fastidieux et roide inventaire exhaustif des éléments intertextuels), mais d'une circulation des idées par affinités, par ricochets, par échos.

1 Outre sa collaboration à l'édition de R. Queneau, *Œuvres complètes*, II, *Romans I*, Paris, Gallimard, « Bibliothèque de la Pléiade », 2002, Jean-Pierre Longre lui a aussi consacré plusieurs études, citons notamment : J.-P. Longre, *Raymond Queneau en scènes*, Limoges, Pulim, 2005.

2 On peut lire avec profit son beau recueil de chroniques littéraires : J.-P. Longre, *Une belle voyageuse. Regard sur la littérature française d'origine roumaine*, Clamart, Calliopées, 2013.

3 J.-P. Longre, *Richesses de l'incertitude, Queneau et Cioran / The Riches of Uncertainty, Queneau and Cioran*, éd. bilingue, trad. angl. R. Llyod, Paris-London, Black Herald Press, 2020.

4 *Ibid.*, p. 7.

Nonobstant l'indigence des indices d'échanges réels entre les deux protagonistes, Jean-Pierre Longre recueille cependant tout un faisceau de proximités biographiques ou livresques, délibérées ou peut-être fortuites, avérées ou seulement possibles. Jean-Pierre Longre met ainsi en lumière les collusions, les convergences, les analogies : même sentiment angoissé et même désespérance[5], même tempérament (« le pessimisme radical mâtiné d'un fatalisme ironique[6] »), même « abolition de la distance entre trivialité et gravité » comme moteur de l'écriture[7], même « culte de la langue[8] », même amour de la musique[9], même attachement pour Diogène le Cynique[10], etc. Sans compter les similitudes de certains titres chez Queneau et chez Cioran, notamment *Exercices de style* (1947) / *Exercices d'admiration* (1986) et *Exercices négatifs* (premier titre du *Précis de décomposition*, avant sa version définitive et sa parution en 1949) ou plus encore : *Le Dimanche de la vie* (1952) / « Les Dimanches de la vie » (*Précis de décomposition*). Dans ces deux derniers textes, chacun peut entendre une ironie narquoise à l'encontre de la célébrissime formule hégélienne[11]. Pourtant, celle-ci, chez Queneau, porte le sceau de l'influence de Kojève dont il avait publié le cours consacré à Hegel[12] cinq ans avant son propre roman ; tandis que Cioran, quant à lui, dans les années 1940, est plus que jamais proche de Fondane, dont le dernier texte, *Le Lundi existentiel et le Dimanche de l'histoire*[13] (1945), rediscute alors Hegel avec Kierkegaard, Nietzsche, Kafka et Chestov entre autres. Et à vrai dire, Cioran, dans son propre texte, se polarise sur les « interminables » dimanches de la vie, dont l'ennui atteint des

5 *Ibid.*, p. 10.

6 *Ibid.*, p. 9.

7 *Ibid.*, p. 11.

8 *Ibid.*, p. 24.

9 *Ibid.*

10 *Ibid.*, p. 9-10.

11 G. W. F. Hegel, *Esthétique*, trad. C. Bénard, rév. B. Timmermans et P. Zaccarias, Paris, LGF, coll. « Le Livre de poche », 1997, t. II, p. 316-317, à propos de « la vie champêtre rapprochée de la nature » que met au goût du jour la peinture hollandaise : « C'est dans cet abandon et ce sans-souci que consiste ici le moment idéal. C'est le dimanche de la vie qui égalise tout et qui éloigne toute idée du mal. »

12 A. Kojève, *Introduction à la lecture de Hegel : leçons sur la* Phénoménologie de l'Esprit *professées de 1933 à 1939 à l'École des Hautes Études*, réunies et publiées par R. Queneau, Paris, Gallimard, 1947.

13 B. Fondane, « Le Lundi existentiel et le Dimanche de l'histoire », in *Le Lundi existentiel*, Monaco, Éditions du Rocher, 1990, p. 7-68.

dimensions métaphysiques[14]. Ce simple pluriel « des dimanches » chez Cioran, synonyme d'un enfer qui s'éternise (autrement dit, c'est tous les jours un autre dimanche infernal, qu'importent les événements également vains), contraste avec Queneau et l'inanité du quotidien sous la forme d'un dimanche prorogé indéfiniment, ce fameux « moment idéal » aux dires de Hegel, que Queneau tourne en dérision sur un ton badin avant que ne reviennent les tourments de l'histoire. Quoi qu'il en soit, une atmosphère intellectuelle pousse manifestement l'acuité de certains esprits moqueurs ou désabusés à un relativisme avec l'histoire[15], loin des vexillaires de l'absolu hégélien et de ses avatars contemporains. Cioran aurait pu écrire comme Queneau : « Le temps est *mon* problème », mais il s'agit du problème « du cycle, de l'histoire, de la répétition[16] », quand Cioran est marqué par le révolu, l'irrémédiable, la fin de tout, la destruction jour après jour. La négativité des essais et des aphorismes cioraniens tranche par sa radicalité avec l'œuvre romanesque et l'esprit plus facétieux de Queneau. Les convergences sont nombreuses autant que les disparités. Du reste, Jean-Pierre Longre y insiste, il y a non pas « influence réciproque », mais « quelques points de rencontre[17] » entre ces deux esprits en butte avec leur temps ou le temps lui-même.

Alors qu'en est-il au juste entre Cioran et Queneau ? Complicités non sans fortes différences voire frictions, ou simples coïncidences et pures projections de lecteurs ? L'incertitude reste entière et c'est tout le charme et le mérite de cette analyse de maintenir un tel doute irrésolu, sans forcer les textes et les contextes. C'est d'ailleurs là que gît, selon Jean-Pierre Longre, l'un de leurs points communs majeurs : ils expriment « littérairement » le doute[18]. Autrement dit, alors qu'ils doutent de tous les idéaux et redoutent le temps, dans un monde où le vrai n'est jamais certain et le faux toujours imminent comme le mal, ils portent haut un scepticisme non de système ou de rhétorique, mais de viscérale

14 Cioran, *Précis de décomposition*, « Les Dimanches de la vie », in *Œuvres*, Paris, Gallimard, coll. « Bibliothèque de la Pléiade », 2011, p. 22-23 ; N. Cavaillès retrace les précédentes allusions cioraniennes à l'ennui du « dimanche » et en souligne le « motif schopenhauerien » et les accents bibliques, *cf. ibid.*, n. 22, p. 1322.

15 Cioran s'en explique dès son article de jeunesse « Hegel et nous » (1932), in *Solitude et destin*, trad. A. Paruit, Paris, Gallimard, coll. « Arcades », 2004, p. 169-170.

16 R. Queneau, *Journaux, 1939-1940*, Paris, Gallimard, 1986, 12 février 1940, p. 438.

17 J.-P. Longre, *Richesses de l'incertitude, Queneau et Cioran*, *op. cit.*, p. 9.

18 *Ibid.*, p. 22.

expression existentielle, d'écriture, ce dont *Richesses de l'incertitude, Queneau et Cioran* tire implicitement les leçons herméneutiques.

Effectivement, par-delà ce face-à-face de Cioran avec Queneau, Jean-Pierre Longre discerne le sens d'une autre rencontre, celle du lecteur et de l'auteur, en s'appuyant sur le concept d'*atopia* d'Éric Bonnargent[19], espace imaginaire de la rencontre de ceux qui ne se sont pas croisés, par l'entremise du lecteur. Si Jean-Pierre Longre ne s'est pas ingénié à excaver toutes les rares références explicites[20], et autres grêles traces de discussion[21] entre Queneau et Cioran, il a donc fait bien mieux : il nous incite à les regarder de plus près et à les confronter, il interroge notre lecture des deux protagonistes, il éveille en nous la question taraudante non seulement du sens de leurs allusions diaphanes mais de la pertinence de nos propres associations d'idées : le lecteur de Jean-Pierre Longre ne peut que lui être reconnaissant de goûter ainsi à ce que Remy de Gourmont appelait une *dissociation des idées*[22], une manière de dédoubler nos comparaisons, de remettre en cause nos idées reçues, nos idées fixes. Mais en retour, Jean-Pierre Longre achemine cette *atopia* de la critique littéraire, dans un effort pour mieux redoubler nos lectures, mettre en balance les pensées de chacun, discerner leurs nuances par effet de contraste et faire dialoguer leurs œuvres mêmes. Jean-Pierre Longre nous invite à une attention aux mouvements fluctuants et subtils des idées de Cioran et de Queneau, et à leur relecture *décalée*[23], qui fait s'entrecroiser, s'entrechoquer et résonner de concert ce qui sinon resteraient des œuvres *parallèles* et muettes. Si le mal est le triste ressort de l'histoire, le malentendu et ses incertitudes le sont donc heureusement de la littérature : « Un livre n'est fécond et ne dure que s'il est susceptible de plusieurs interprétations différentes. Les œuvres qu'on peut définir

19 *Ibid.*, p. 27. É. Bonnargent, *Atopia. Petit observatoire de littérature décalée*, Lyon, Le Vampire actif, 2011.

20 Relevons au moins cette piquante remarque de Cioran à l'encontre de Queneau : « Quelqu'un, tout à l'heure, à la radio, disait que *Saint Glinglin* (?) de Queneau était le chef-d'œuvre de notre temps… L'arbitraire en littérature est vraiment trop grand. C'est quand on s'en rend compte jusqu'à l'exaspération, que l'on comprend la volupté qu'il y a à cultiver la géométrie. » Cioran, *Cahiers. 1957-1972*, Paris, Gallimard, 1997, septembre 1968, p. 651.

21 Il subsiste notamment quatre lettres de Queneau adressées à Cioran, déposées à la Bibliothèque Littéraire Jacques Doucet.

22 *Cf.* R. de Gourmont, *La Culture des idées*, Paris, Mercure de France, 1900.

23 C'est en ce sens qu'Éric Bonnargent entend le terme *atopia*, *cf. Atopia*, *op. cit.*, p. 17.

sont essentiellement périssables. / Une œuvre vit par les malentendus qu'elle suscite[24]. » Ce singulier livre de Jean-Pierre Longre, riche de son incertitude foncière, inspire en filigrane une étonnante puissance d'évocations pour qui sait cultiver le sentiment du *bizarre* que lui procurent ses lectures.

Aurélien DEMARS
Université Savoie – Mont-Blanc

24 Cioran, *Cahiers*, décembre 1962, *op. cit.*, p. 137.

RÉSUMÉS/*ABSTRACTS*

Christiane RANCÉ, « Argument sur l'âme »

L'auteure ouvre le thème de ce numéro en circonscrivant la place qu'occupe l'âme et en captant les impulsions vers la création culturelle, issues des profondeurs psychologiques d'une personne. L'auteure souligne l'importance de la relation que tout être humain doit avoir avec Dieu.

Mots-clés : âme, Dieu, création, culture, poésie.

Christiane RANCÉ, "*An Argument for the Soul*"

The author opens the theme of this issue circumscribing the locus of the soul by capturing the impulses to cultural creation received from within a person's deepest psychological strata. She underscores the importance of the link a human being must established with God.

Keywords: soul, God, creation, culture, poetry.

Stéphane BARSACQ, « *Ça là* »

Le texte est un hommage au poète Salah Stétié, disparu le 19 mai 2020, et met en lumière ses traits d'esprit et son talent poétique.

Mots-clés : Salah Stétié, poésie, Liban, France, tombe.

Stéphane BARSACQ, "Ça là"

This tribute to the poet Salah Stétié, who died on the 19th of May 2020, highlights his spiritual traits and his talent.

Keywords: Salah Stétié, poetry, Liban, France, tomb.

José Thomaz BRUM, « Traces de Clément Rosset »

Le texte rend hommage à Clément Rosset et décrit l'amitié qui liait le philosophe brésilien et le philosophe français, en insistant sur les deux visites de Rosset à Rio de Janeiro.

Mots-clés : Clément Rosset, Rio de Janeiro, librairie, philosophie, piano.

José Thomaz BRUM, *"Traces of Clément Rosset"*

This tribute to Clément Rosset describes the friendship between the Brazilian philosopher and the French philosopher. The text is focused on the two visits Rosset made to Rio de Janeiro.

Keywords: Clément Rosset, Rio de Janeiro, bookstore, philosophy, piano.

Amandine GOUTTEFARDE, « L'âme est-elle exilée dans le corps ? Réflexions sur l'origine d'une croyance néoplatonicienne »

On peut souvent lire que, pour Platon, l'âme est exilée dans le corps. En se penchant sur les conceptions de l'âme et de l'exil chez Platon, on peut constater que cela est erroné. Certains penseurs néoplatoniciens ont attribué cette affirmation *a posteriori* à Platon, à la lumière de leur relecture de textes plus anciens. Ce serait par eux que cette affirmation s'est ancrée, à tort, dans notre imaginaire philosophique.

Mots-clés : âme, exil, métempsychose, philosophie grecque, littérature grecque.

Amandine GOUTTEFARDE, *"Is the Soul Exiled into the Body? Reflections on the Origin of a Neoplatonic Belief"*

We can often read that, for Plato, the soul is exiled in the body. By looking at the concepts of soul and exile in Plato, one can see that this is wrong. Certain neoplatonic thinkers attributed this assertion a posteriori to Plato, in the light of their rereading of older texts. It was through them that this claim was wrongly anchored in our philosophical imagination.

Keywords: soul, exile, metempsychosis, Greek philosophy, Greek literature.

Franck COLOTTE, « *Les Métamorphoses* d'Apulée, une quête de l'âme par le rire »

Les Métamorphoses d'Apulée est un roman picaresque, érotico-comique narrant les tribulations du jeune Lucius, transformé en âne à la suite d'erreurs de magie. Ce texte constitue une fête du rire tant il contient de scènes et de personnages comiques. Ainsi, s'appuyant sur les théories platoniciennes de l'âme, Apulée engage à la fois son personnage et son lecteur dans un processus dialectique ayant pour but de rendre son âme plus vertueuse, condition *sine qua non* de sa métamorphose ontologique.

Mots-clés : rire, conflits, Psyché, Platon, métamorphose.

Franck COLOTTE, "The Metamorphoses *of Apuleius, a Quest for the Soul through Laughter*"

The Metamorphoses *of Apuleius is a picaresque, erotic-comic novel narrating the tribulations of the young Lucius, transformed into a donkey following errors of magic. This text is a celebration of laughter as it contains scenes and comic characters. So, based on the Platonic theories of the soul, Apuleius engages both his character and his reader in a dialectical process aimed at making his soul more virtuous, a sine qua non condition for his ontological metamorphosis.*

Keywords: laugh, conflicts, Psyche, Plato, metamorphosis.

Odette BARBERO, « L'âme. Point fixe entre *cogito*, esprit et volonté »

En définissant l'âme par le seul concept de pensée ou *mens*, Descartes rompt avec Aristote et la conception hylémorphique d'une âme aux multiples fonctions. Mais, d'une part, quelles sont les relations entre cette définition issue d'une perception de l'entendement et le « je » d'un cogito ou d'un « moi » qui relèvent de l'union de l'âme et du corps ? Et, d'autre part, en l'absence d'une âme sensitive, Descartes ne laisse pas le corps animal sans sensation ni perfection.

Mots-clés : âme, *mens*, *cogito*, volonté, émotions intérieures, Aristote.

Odette BARBERO, "*The Soul. Fixed Point between* Cogito, *Spirit and Will*"

Defining soul only by the concept of mind or mens, Descartes breaks with the philosophy of Aristotle and his hylomorphic conception of the soul and its various functions. But, on the one hand, what are the relations between this definition derived from mind's perception and the "I" of cogito or the self which characterize the connection mind/body? Still, on the other hand, in the absence of a mind in the animal, Descartes agrees to animal's body sensation and perfection.

Keywords: mind, mens, cogito, will, spiritual emotions, Aristotle.

Ian Grivel, « Psyché, ou l'âme humaine. Origines, représentations et interprétations »

Psyché semble être un personnage mythologique relativement connu, non seulement comme épouse de Cupidon, mais surtout comme symbole de l'âme humaine. Or ses origines restent obscures, et les interprétations qui lui sont rattachées sont nombreuses et variées. Par cette étude littéraire, mythologique, philosophique, ethnologique et psychanalytique, il s'agit de montrer comment Psyché s'est métamorphosée au fil des siècles pour s'imposer en tant que figure importante de la culture occidentale.

Mots-clés : psyché, mythe, âme, interprétations, représentations.

Ian Grivel, "*Psyché, or the Human Soul. Origins, Representations and Interpretations*"

Psyche seems to be a fairly well known mythological character, not only as Cupid's wife, but especially as a symbol of the human soul. However, her origins remain obscure, and the interpretations attached to her are numerous and of a great variety. Through this literary, mythological, philosophical, ethnological and psychoanalytical study, Psyche is shown to have metamorphosed throughout the centuries to become an important figure of western culture.

Keywords: psyche, myth, soul, interpretations, representations.

Mihaela-Gențiana Stănișor, « Entretien avec Michel Tremblay »

Il s'agit d'un entretien avec un artiste canadien qui n'aimait pas qu'on dise de lui qu'il était écrivain lorsqu'il travaillait avec les mots et qui n'aime pas plus, maintenant, qu'on dise de lui qu'il est photographe parce qu'il capte des images avec son appareil photo. Que faisait-il alors, comme art, autrefois ou encore, aujourd'hui ? Comme il le dit lui-même, il a simplement toujours travaillé à réenchanter son monde et son quotidien.

Mots-clés : photographie, écriture, émerveillement, mysticisme, réenchantement.

Mihaela-Gențiana Stănișor, "*An Interview with Michel Tremblay*"

This is an interview with a Canadian artist who does not like to be called a writer even though he works with words and who moreover does not like to be called a photographer even though he captures images with his camera. What was he doing then, as an artist, before and even now? In his words, he simply worked at re-enchanting his world and daily life.

Keywords: photography, writing, wonder, mysticism, re-enchantment.

Michel LAMBERT, « Le porte-bonheur »

Un père de famille ne sait plus quoi faire pour sauver son fils en difficulté. Il se résout à suivre des passants dans la rue en espérant qu'ils lui serviront de porte-bonheur. Un couple attire son attention.

Mots-clés : drame, adolescence, paternité, malchance, chance.

Michel LAMBERT, "*The Talisman*"

A father does not know what to do to save his son in trouble. He decides to follow the people passing by and hope they will serve as a talisman. A couple catches his attention.

Keywords: drama, teenage, paternity, bad luck, chance.

Emmanuelle BRUYAS, « Où est passé Émile ? »

Une nouvelle qui nous convie à la recherche d'Émile, un vagabond doté d'une force d'âme attachante. Son itinéraire nous amène à arpenter la ville de Lyon, à porter un regard attentif à des lieux que nous traversons parfois sans réellement les voir.

Mots-clés : nouvelle, vagabondage, ville, bienveillance, attention.

Emmanuelle BRUYAS, "*Where did Émile Go?*"

This is a short story that invites us to search for Émile, a vagabond with an endearing strength of soul. His route leads us to walk the city of Lyon, to take a careful look at places that we sometimes cross without really seeing them.

Keywords: short story, wandering, city, benevolence, attention.

Mihaela-Gențiana STĂNIȘOR, « L'invivable »

La nouvelle porte sur la reconstitution sentimentale et mélancolique d'un été passé dans un village montagnard où une jeune fille se met à la recherche de l'amour et de son âme.

Mots-clés : amour, village, colline, nuit, mort, solitude, temps.

Mihaela-Gențiana STĂNIȘOR, "*The Unlivable*"

This short story stems from a melancholic reconstruction of a summer spent in a village up in the mountains by a little girl in quest for love and her soul.

Keywords: love, village, hill, night, death, solitude, time.

Ger LEPPERS, « Aphorismoïdes »

L'*aphorismoïde*, c'est l'aphorisme en liberté, plus léger, plus inconséquent : des notes sur tous les sujets possibles, tantôt prises sur le vif, tantôt fruits d'une heure d'insomnie. Aucune règle, aucune limite, mais toujours le plaisir de prendre le contre-pied.
Mots-clés : notes, improvisations, réflexions libres, plaisir, aphorisme.

Ger LEPPERS, *"Aphorismoïdes"*

The aphorismoïde, *which is the freed aphorism, easier and inconsequential: some instant notes on every subject possible, some others as fruits of an hour of insomnia. No rules, no limits, but always the pleasure of catching the opposite.*
Keywords: notes, improvisations, free reflexions, pleasure, aphorism.

Ciprian VĂLCAN, « Le rasoir d'Ockham »

L'ironie de Ciprian Vălcan surprend la fragilité des illusions humaines et dévoile sans pitié leur fatale précarité.
Mots-clés : Karl Kraus, Husserl, Ockham, Hitler, Michel-Ange.

Ciprian VĂLCAN, *"Ockham's Razor"*

Ciprian Vălcan's irony captures the fragility of human illusions and mercilessly reveals their fatal precariousness.
Keywords: Karl Kraus, Husserl, Ockham, Hitler, Michelangelo.

Jean Gabriel COSCULLUELA, « Sauf, l'oubli (Pas d'oubli, 3) »

Entre l'oubli déjà venu et l'oubli qui vient, il y a le vertige de la mémoire. Nous finissons par perdre leurs voix, sans perdre leurs visages. L'oubli finit par devenir habitable. Nous ne fermons pas l'œil de l'oubli, il est la langue inouïe de nous. D'ici là, nous disions-nous, l'oubli est peut-être l'instant de déplier à nouveau le monde d'un nous, sans retard.
Mots-clés : nous, vertige, oubli, inouï de nous, monde à déplier.

Jean Gabriel COSCULLUELA, *"Unless, Forgotten (No Forgetting, 3)"*

Between the oblivion already come and the oblivion that comes, there is the vertigo of memory. We end up losing their voices, without losing their face. The oblivion ends by becoming habitable. We do not close the eye of oblivion, it is the unheard language of us. Until then, we said to ourselves, the oblivion is perhaps the moment to unfold again the world of one of us, without delay.

Keywords: we, vertigo, oblivion, unheard of us, world to unfold.

Thierry RENARD, « Ce jour si loin du jour »

Toujours le même feu et toujours la même fatigue. On a beau dire, l'idée du futur reste précaire. L'espérance enfouie en chacun est à la fois résolue et altérable. Comme la vie, comme le vent, comme la lumière du jour et les poussières d'étoiles au beau milieu de la nuit.

Mots-clés : aube, nuit, parole, silence, visage.

Thierry RENARD, "*This Day So Far Away from Day*"

It is always the same fire and always the same fatigue. All the talk was in vain, the idea of future remains precarious. The hope inside everyone is determined and easily altered. It is the same with life, with the wind, with the light of day and the star dust in the beautiful middle of the night.

Keywords: dawn, night, word, silence, face.

Şerban FOARȚĂ, « Le baume de l'album »

Pour Şerban Foarță, la poésie est une modalité d'expérimenter, une texture caléidoscopique, polyglotte, un jeu linguistique dans lequel coexistent l'absurde, la parodie, l'humour, l'ambiguïté, le paradoxe. Bref, l'art de réinventer magistralement la langue. « Le baume de l'album » est un cycle de poésies qui, en ressuscitant l'ineffable d'un ancien conte populaire, cultive l'amour et *la musique (avant toute chose)*, par la figure de la répétition, par l'homophonie, par le calambour.

Mots-clés : cendrillon(iser), femme, quatrain, cantilène, amour.

Şerban FOARȚĂ, "*The Foam of the Album*"

For the author, the poetry is a mode of experimenting, a kaleidoscopic and polyglot texture, a linguistic game comprising the absurd, the parody, the humour, the ambiguity and the paradox. This is, in short, the art of masterfully re-inventing the language. The author presents a cycle of poetry reviving the ineffable of an ancient folk story. He cherishes love, the music above all, by means of repetition, homophony and pun.

Keywords: Cinderell(ization), woman, quatrain, cantilena, love.

Doina IOANID, « Quatuor poèmes »

Ces poèmes en prose se constituent tantôt de petites scènes de vie, avec portraits, histoires et rencontres, tantôt d'exercices pour surprendre le moi dans le monde, esquissant un envol ou chassant l'exil de ce monde.
Mots-clés : été, amitié, histoire, envol, exil.

Doina IOANID, "*Quatuor Poems*"

Sometimes, these prose poems constitute small scenes of life, with portraits, histories and encounters, and other times compositions attempting to discern the inner self in the world, sketching a flight or chasing the exile of this world.
Keywords: summer, friendship, history, flight, exile.

Jean-Pierre CHOPIN, « Pensées d'un confiné »

L'auteur a écrit ces textes durant la pandémie de 2020. Il explore des aspects du mode contemporain de vivre et de penser.
Mots-clés : pandémie, réclusion, société, présent, avenir.

Jean-Pierre CHOPIN, "*Thoughts of a Recluded*"

The author wrote these texts during the pandemic of 2020. He explores aspects of our contemporary mode of living and thinking.
Keywords: pandemic, reclusion, society, present, future.

Ko IWATSU, « Cioran au Japon. Traduction et réception »

Cet article présente la réception de Cioran au Japon, en s'appuyant sur l'analyse des postfaces des traducteurs. Cioran est connu et apprécié auprès des lecteurs japonais, grâce à dix-neuf livres traduits, alors qu'il n'existe pas de nombreuses études académiques sur lui, probablement à cause de sa place entre la philosophie et la littérature française.
Mots-clés : Cioran, Japon, traduction, littérature française, philosophie.

Ko IWATSU, "*Cioran in Japan. Translation and Reception*"

This article presents the acceptance of Cioran in Japan, by analyzing the afterwords of translators. Cioran is very popular and appreciated by Japanese readers, thanks to

his nineteen translated books, while there are not many academic studies of his work, perhaps because of his position divided between philosophy and French literature.
Keywords: Cioran, Japan, translation, French literature, philosophy.

Thierry GILLYBŒUF, « Journal de lecture(s) »

Ce journal se veut comme un vagabondage littéraire mais compose en creux un autoportrait en lecteur. On y devine des lignes directrices très personnelles, des convergences, et des chemins de fuite. Qui composent une célébration de la lecture comme pratique de la liberté.
Mots-clés : lecture, témoin, retrait, hubris, puritanisme.

Thierry GILLYBŒUF, "*Reading(s) Diary*"

This diary appears as a literary stray but it also sketches a self-portrait of the reader. We may guess intimate driving forces, convergences, and vanishing routes. It is a celebration of reading as a practice of freedom.
Keywords: reading, testimony, reclusion, hubris, puritanism.

Mihaela-Gențiana STĂNIȘOR, « En dialogue avec Laurent Jenny »

Il est question d'un entretien à partir du livre *La Brûlure de l'image. L'imaginaire esthétique à l'âge photographique.* Laurent Jenny évoque l'histoire de la photographie argentique, ses rapports avec la peinture et la poésie.
Mots-clés : photographie argentique, image, poésie, Baudelaire, Bonnefoy.

Mihaela-Gențiana STĂNIȘOR, "*A Dialogue with Laurent Jenny*"

This is an interview stemming from Jenny's book, La Brûlure de l'image. L'imaginaire esthétique à l'âge photographique. *Laurent Jenny retraces the history of photography taken on film and its connections with painting and poetry.*
Keywords: film photography, image, poetry, Baudelaire, Bonnefoy.

Aurélien DEMARS, « Comment rendre l'âme ? L'apothéose pour les chiens »

Réflexions à propos de *La Prière d'un Dace*, poème intensément désespéré d'Eminescu, à l'occasion de sa traduction par Nicolas Cavaillès.
Mots-clés : Eminescu, Cavaillès, désespoir, mort, suicide.

Aurélien DEMARS, *"How to Give Up the Ghost? The Apotheosis for Dogs"*

Reflections on The Prayer of a Dace, *Eminescu's intensely desperate poem, translated by Nicolas Cavaillès.*

Keywords: Eminescu, Cavaillès, Despair, Death, Suicide.

Aurélien DEMARS, « Une lecture décalée de Cioran et de Queneau »

Critique de l'analyse comparée de Jean-Pierre Longre dans son ouvrage *Richesses de l'incertitude, Queneau et Cioran* (2020).

Mots-clés : Cioran, Queneau, Longre, comparaison, herméneutique.

Aurélien DEMARS, *"An Offbeat Reading of Cioran and Queneau"*

Critical review of the Jean-Pierre Longre's comparative analysis in his book Richesses of Uncertainty, Queneau and Cioran *(2020).*

Keywords: Cioran, Queneau, Longre, Comparaison, Hermeneutics.

Achevé d'imprimer par Corlet Numéric,
Z.A. Charles Tellier, Condé-en-Normandie (Calvados), en décembre 2020
N° d'impression : 169758 - dépôt légal : décembre 2020
Imprimé en France

Bulletin d'abonnement revue 2021

Alkemie

2 numéros par an

M., Mme :

Adresse :

Code postal : Ville :

Pays :

Téléphone : Fax :

Courriel :

Prix TTC abonnement France, frais de port inclus		Prix HT abonnement étranger, frais de port inclus	
Particulier	Institution	Particulier	Institution
52 €	69 €	62 €	79 €

Cet abonnement concerne les parutions papier du 1er janvier 2021 au 31 décembre 2021.

Les numéros parus avant le 1er janvier 2021 sont disponibles à l'unité (hors abonnement) sur notre site web.

Modalités de règlement (en euros) :

- Par carte bancaire sur notre site web : www.classiques-garnier.com
- Par virement bancaire sur le compte :
  Banque : Société Générale – BIC : SOGEFRPP
  IBAN : FR 76 3000 3018 7700 0208 3910 870
  RIB : 30003 01877 00020839108 70
- Par chèque à l'ordre de Classiques Garnier

Classiques Garnier
6, rue de la Sorbonne – 75005 Paris – France
Fax : + 33 1 43 54 00 44
Courriel : revues@classiques-garnier.com

mis à jour le 10/09/2020

Abonnez-vous sur notre site web :
www.classiques-garnier.com